Pour la semaine de quatre jours

Pierre Larrouturou

Pour la semaine de quatre jours

Sortir du piège des 35 heures

La Découverte / Poche

DU MÊME AUTEUR

Ça ne peut plus durer : douze propositions pour une société plus humaine, Seuil, 1994 (coll. « L'Histoire immédiate »).

Du temps pour vivre : la semaine de quatre jours à la carte, Flammarion, 1995.

35 Heures, le double piège, Belfond, 1998.

Catalogage Électre-Bibliographie

Larrouturou, Pierre
Pour la semaine de quatre jours. Sortir du piège des 35 heures. –
Paris : La Découverte, 1999. – (La Découverte poche ; 66. Essais)
ISBN 2-7071-2961-5

RAMEAU :	Réduction du temps de travail : France.
	Travail, marché du : France.
DEWEY :	331.3 : Économie du travail.
	Conditions de travail, salaires, horaires.
Public concerné :	Tout public.

Si vous désirez être tenu régulièrement au courant de nos parutions, il vous suffit d'envoyer vos nom et adresse aux Éditions La Découverte, 9 *bis*, rue Abel-Hovelacque, 75013 Paris. Vous recevrez gratuitement notre bulletin trimestriel **À La Découverte.**

« La difficulté n'est pas de comprendre les idées nouvelles, elle est d'échapper aux idées anciennes qui ont poussé leurs ramifications dans tous les recoins de l'esprit des personnes ayant reçu la même formation... »

« Vers la fin de ce siècle, nous travaillerons trente heures par semaine, sinon moins. »

John Maynard KEYNES
Essays in Persuasion

« La République, c'est la société où chacun a le temps et la liberté pour agir en citoyen. »

Jean JAURÈS
Discours à la jeunesse

Prologue

Le chômage est-il une fatalité ? Cette question est présente, obsédante, dans tous les pays d'Europe et particulièrement en France où aucune des politiques engagées depuis vingt ans n'a obtenu de résultats convaincants. La croissance, indispensable, ne suffit pas : malgré 60 % de croissance depuis 1974, le chômage et la précarité n'ont pratiquement pas cessé d'augmenter. La réduction du temps de travail ? Plus personne ne pense que la loi sur les 35 heures sera efficace contre le chômage de masse. La grande loi de la gauche plurielle devait créer 700 000 emplois. On en est très loin ! L'effet de cette loi sur le chômage sera faible ; l'effet sur l'exclusion risque d'être marginal. L'enlisement des négociations semble confirmer l'impuissance du politique, renforcer le scepticisme des citoyens et conforter les discours les plus libéraux.

Dans une économie mondialisée, la justice sociale n'est-elle donc plus possible ? C'est ce que les apparences nous font croire. Pourtant, si l'on dépasse les apparences et les non-dits, si l'on veut bien analyser précisément le bilan des lois de Robien et Aubry, il apparaît clairement que, dans certaines conditions, la réduction du temps de travail peut être une arme puissante contre le chômage. Tout est affaire de volonté et de méthode !

En 1992 et 1993, aidé par un certain nombre de syndicalistes, de patrons de PME et d'économistes de différentes sensibilités, j'avais essayé de mieux comprendre les causes du chômage. Constatant l'importance des gains de productivité réalisés en vingt ans, nous avions entrepris de bâtir le projet de la « semaine de quatre jours à la carte ». Nous avons réfléchi ensemble tant aux problèmes d'organisation ou de financement qu'aux évolutions culturelles liées à une réduction massive du temps de travail [1]. Le niveau d'expertise de ceux qui m'ont aidé et la diversité de leurs parcours et de leurs engagements me rendaient optimiste sur la faisabilité économique et sociale de la semaine de quatre jours. Mais ce n'était qu'une utopie, couchée sur du papier. Aucune réalisation concrète ne permettait de confirmer nos raisonnements.

Aujourd'hui, plus de deux cents entreprises de tous métiers et de toutes tailles ont mis en place les quatre jours. Un grand nombre d'économistes se sont penchés sur nos calculs pour « trouver la faille ». Ils ne l'ont pas trouvée. La semaine de quatre jours n'est pas la panacée, mais elle pourrait créer 1,6 million d'emplois.

Trente-cinq ou 32 heures ? Financées par qui ? Quelle gestion des heures supplémentaires ? Ce ne sont pas des querelles d'experts. C'est de notre avenir et de celui de nos enfants qu'il s'agit. Au-delà même de l'emploi, l'enjeu est de taille : lutter contre l'exclusion, moderniser l'accès à la formation, repenser l'éducation et rénover la démocratie.

Dans ce livre, sous la forme d'un dialogue afin d'en faciliter l'accès au plus grand nombre, j'ai voulu donner à tous ceux qui sont sincèrement préoccupés par le chômage les moyens de mieux comprendre un dossier sur lequel règne un épais brouillard. Si l'on dissipe ce brouillard, entretenu par tous ceux qui se satisfont de la situation actuelle, le choix apparaît clairement : précarité ou cohésion sociale ? Libéralisme ou liberté ?

Il est temps d'ouvrir un vrai débat public sur cette question. Le changement est possible. Une nouvelle société peut naître de l'ancienne. À condition que nous le voulions vraiment et que nous prenions le temps d'y réfléchir et d'en parler ensemble.

---

1. Ce qui nous a amenés à créer l'association « Référendum 4 jours », dont on trouvera les coordonnées en annexe (p. 248).

I

Réduire le temps de travail, c'est bien. Réduire le chômage, c'est mieux !

1

Pourquoi réduire le temps de travail ?

Marie DEFAY *: « Nous ne pouvons pas rester sans rien dire. Nous ne voulons plus demeurer impuissants ou inactifs. Aujourd'hui, l'esprit se révolte contre le sort qui est promis à l'homme. »*

Votre premier livre commençait par un cri de colère. Pourtant, quand on vous entend dans un débat public, vous tenez un discours plein d'optimisme. Êtes-vous toujours en colère ?

Pierre LARROUTUROU : Oui. Ma colère est double. Je suis d'abord scandalisé par le gâchis humain qu'accepte notre société. Notre pays n'a jamais été aussi riche, humainement, économiquement, culturellement. Jamais nous n'avons été aussi riches et jamais sans doute, depuis deux siècles, on n'a eu l'impression d'un tel gâchis. Des générations entières sont sacrifiées. Ceux qui ont moins de 30 ans stagnent devant des portes fermées et les plus de 55 ans sont poussés vers la porte. Comme tout le monde je suis choqué par le chômage, la précarité et la misère qui gagnent nos villes.

Mais ma colère vient aussi de l'incapacité des politiques à prendre leurs responsabilités. Depuis 1993, j'ai rencontré un très grand nombre de nos ministres et députés, de droite comme de gauche. La plupart ont compris maintenant la gravité du problème. Un certain nombre ont accepté de réfléchir pour trouver des solutions, mais on peut compter sur les doigts de la main ceux qui s'engagent publiquement pour proposer des réponses à la hauteur de la crise. Cette paresse ou ce manque de courage sont scandaleux à mes yeux.

Mais je ne suis pas seulement en colère. J'ai surtout la conviction qu'il existe réellement des solutions. Sortir de la crise est possible. Après avoir rencontré un grand nombre de chefs d'entreprise, de salariés, de syndicalistes, je suis convaincu que, si nous le voulons, nous pouvons en quelques années sortir du chômage de masse et faire reculer la précarité et l'exclusion. L'objectif de ce livre n'est pas de dénoncer les dégâts de la crise mais de faire partager mon optimisme, de permettre à chacun d'avoir en main tous les éléments pour comprendre, décider et pouvoir agir.

Contre le chômage, la réduction du temps de travail

Depuis 1993, vous défendez la semaine de quatre jours à la carte. Vous êtes le principal inspirateur de la loi de Robien. Qu'est-ce qui vous a amené à penser que la réduction du temps de travail pourrait être une arme efficace dans la lutte contre le chômage ?

Nous voyons tous autour de nous que les gains de productivité, faits et à faire, sont considérables. Grâce à ces gains, on produit de plus en plus de biens et de services avec de moins en moins de travail humain. Si l'on ne réduit pas le temps de travail, on continuera à diminuer les effectifs. Je ne pense évidemment pas que la baisse du temps de travail soit la seule solution. Il y a bien d'autres choses à faire pour l'emploi. Mais, sans une réduction massive de la durée du travail, nous ne parviendrons pas à sortir du chômage.

La réduction du temps de travail est un mouvement inscrit dans l'histoire : au début du siècle, on travaillait 7 jours sur 7, 12 heures par jour, dans la plupart des métiers, puis on est passé à 6 jours, puis à 5... Il s'agit simplement de relancer un mouvement qui s'est bloqué.

Vous dites que la réduction du temps de travail ne constitue pas la seule arme contre le chômage. Quelles sont d'après vous les autres mesures utiles pour l'emploi ?

Sur cette question, en effet, il est impossible d'être schématique. Le problème du chômage est trop grave et trop complexe pour l'aborder sous un seul angle. Il serait ridicule de dire que la mauvaise distribution du temps de travail est la seule cause du chômage. Nous avons essayé de faire un arbre des causes du chômage. On utilise souvent cette méthode dans une entreprise. Quand on rencontre un problème, plutôt que de partir bille en tête sur une seule idée – même si elle est bonne –, on se met à plusieurs pour faire le tour de ses différentes causes afin de l'attaquer de plusieurs côtés. Pour le chômage, c'est pareil. Les causes sont nombreuses. Je ne prétends pas d'ailleurs que mon arbre des causes soit complet.

Quelques causes du chômage

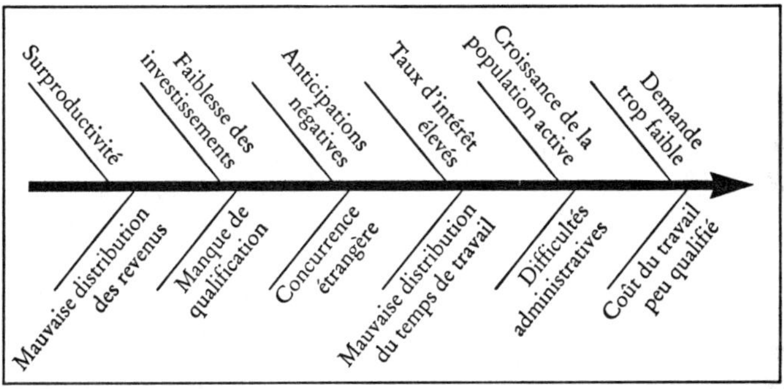

Une des causes du chômage, c'est le coût du travail peu qualifié. Il y a des branches où, avant même d'agir sur le temps de travail, il faut agir sur le coût du travail sans baisser les salaires. Dans l'habillement, le jouet ou le meuble, la question du coût du travail est une question urgente. J'ai été invité à Lille par des patrons de l'industrie du vêtement. Pendant une heure, nous avons d'abord parlé du coût du travail. Comment baisser ce coût sans baisser les salaires ? Pour ces chefs d'entreprise, c'est une question clé si on veut éviter les délocalisations, la robotisation accélérée ou le développement du travail au noir. Cette question du coût du travail est sans doute aussi importante dans certains secteurs que la question du temps de travail.

Une autre cause de chômage : les rigidités de notre économie. Rigidités dans l'organisation du travail comme dans le dialogue social ; il faut avancer dans ces deux domaines.

Il y a aussi la concurrence internationale, des problèmes de dumping commercial et de déséquilibres monétaires. Quel sera le niveau de l'euro par rapport au dollar ou au yen ? Qui gérera cette parité ? Avec quels objectifs et quels indicateurs ? Ce sont des questions essentielles pour l'emploi en Europe.

Le manque de qualifications : c'est un des paradoxes de notre époque. Dans un pays où il y a 4 millions de chômeurs, on a parfois du mal à trouver quelqu'un de qualifié quand un poste se libère. Nous reviendrons sur ce sujet, je pense. La formation, à tous les âges de la vie, c'est essentiel !

Une autre cause du chômage est sans doute à chercher dans l'évolution de la répartition de la valeur ajoutée des entreprises. C'est un débat que nous avons du mal à aborder sereinement en France mais les statistiques montrent que la part des salaires dans cette valeur ajoutée a baissé de presque 10 % en quinze ans. Peut-être était-elle trop élevée il y a quinze ans mais n'a-t-elle pas trop diminué aujourd'hui ? La part des salaires dans le PIB est aujourd'hui plus faible en France qu'aux États-Unis. Si la part des salaires était plus importante, la consommation serait plus soutenue et la croissance plus forte. Il y a sans doute des branches où l'on pourrait négocier sur ce sujet.

Il faudrait bien sûr parler de la faiblesse des investissements. Elle a des causes multiples mais on devrait développer le capital-risque et baisser les coûts de financement des PME. Une grande entreprise peut généralement emprunter des capitaux à 3 % ou 3,5 % d'intérêt alors que les PME doivent souvent payer 8 % ou 9 % (si elles arrivent à convaincre un banquier de soutenir leur projet).

On peut également, dans certains secteurs, regretter une surproductivité sans intérêt : quand vous prenez le métro à Lyon, il n'y a pratiquement personne pour vous renseigner. Il y a des distributeurs automatiques de billets mais très peu de personnel. N'est-on pas allé trop loin dans certains secteurs pour remplacer l'homme par des machines ? On a détruit des emplois sans gagner en qualité de service, bien au contraire.

Il faut, bien sûr, mentionner les anticipations négatives : comme l'avenir semble assez noir, les particuliers et les entreprises sont inquiets et du coup ils investissent et consomment moins. La crise entretient la crise.

Un autre dossier urgent concerne les difficultés administratives des PME. Pour créer une entreprise et la gérer, mois après mois, c'est le parcours du combattant. Il faut au moins un mois, et parfois trois ou quatre simplement pour être enregistré au Registre du Commerce et des Sociétés. Aux États-Unis, on peut créer une entreprise en deux jours. On pourrait, hélas, multiplier les exemples et les arguments. À l'heure d'Internet, est-il normal d'avoir à affronter encore autant de complications quand on veut créer une entreprise ou embaucher quelqu'un ? Un grand nombre de patrons de PME seraient plus ouverts spontanément à la baisse du temps de travail si eux-mêmes ne passaient pas souvent leurs week-ends à se débattre avec toutes les paperasses qu'on leur demande de remplir.

Enfin, nous en venons à la mauvaise distribution du temps de travail, dont nous allons longuement parler. Il est clair que c'est une cause importante de chômage mais non la seule.

Si l'on veut vraiment sortir du chômage, si l'on veut vraiment prendre le taureau par les cornes, il faut l'attaquer de plusieurs côtés à la fois. À causes multiples, réponses multiples. Il nous faut agir pour une croissance plus forte, une baisse des charges qui pèsent sur le coût du travail peu qualifié, une réduction du temps de travail, une simplification des procédures administratives, une amélioration de la formation... Il n'y a pas de solution miracle ! Mais il n'y a pas non plus de fatalité. Ce n'est qu'en attaquant le chômage de plusieurs côtés à la fois que l'on sera efficace.

Vous dites bien que la réduction du temps de travail n'est pas la solution miracle, mais vous estimez quand même que c'est l'une des armes les plus efficaces contre le chômage. Pourquoi ?

Si l'on parle tellement du temps de travail, en France comme en Allemagne, en Italie, en Belgique ou ailleurs, c'est que l'on a enfin compris que les solutions classiques – en particulier la croissance – ne seront pas suffisantes.

Pourquoi renoncer à la croissance ? Certains considèrent que réduire le temps de travail, c'est « partager la pénurie ». Que répondez-vous à ceux qui disent que les nouveaux emplois sont à inventer, pas à partager ?

C'est un faux débat. Il n'y a aucune opposition entre la réduction du temps de travail et la croissance. Il nous faut plus de croissance – c'est sûr – mais cela ne suffira pas pour nous sortir du chômage. Entre 1988 et 1991, la France a bénéficié d'une croissance forte. Grâce aux conséquences du contre-choc pétrolier de 1986, à la construction européenne qui poussait les entreprises à stocker et à investir davantage, la France a bénéficié d'une embellie économique : 4 % de croissance pendant deux ans et demi. Avec ces 4 % de croissance, l'économie au total a créé près de 800 000 nouveaux emplois, mais le chômage n'a baissé que de 100 000 chaque année et le chômage de longue durée n'a pas vraiment reculé.

Il faut, en France, une croissance très forte pour que le chômage commence à reculer. Et, dès que la croissance ramollit, le chômage repart rapidement. Pour cette raison, un grand nombre d'économistes estiment que si l'on compte principalement sur la croissance, comme beaucoup de politiques le font encore à droite comme à gauche, il nous faudrait 5 % à

Taux de croissance en France (en %)

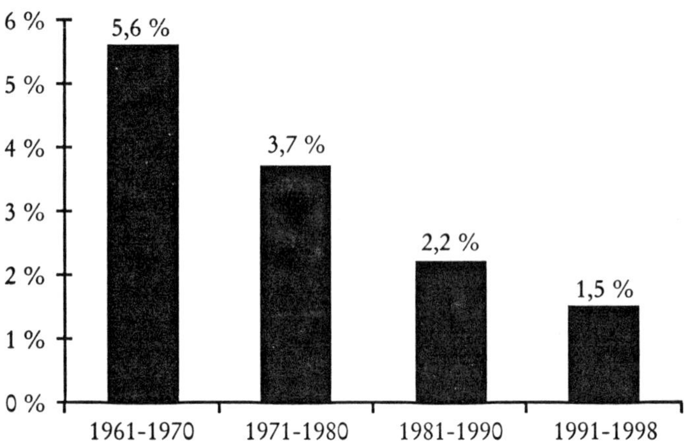

Source : INSEE.

Taux de croissance en Europe, aux États-Unis et au Japon (en %)

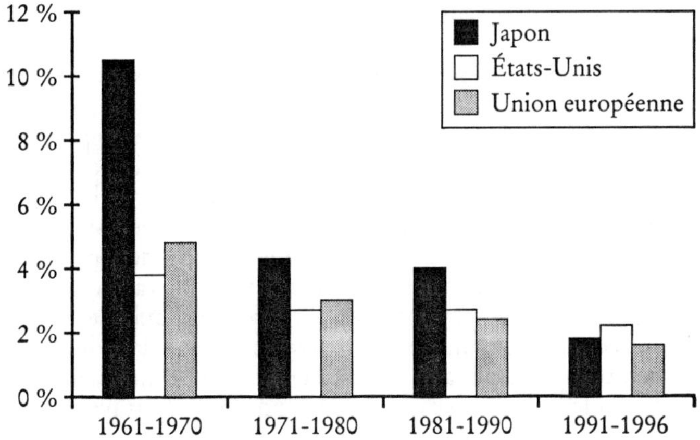

Source : Eurostat / DG II Commission européenne.

6 % de croissance pendant dix ans pour diviser par deux le nombre des chômeurs (à « précarité constante »).

Or, on constate sur ces tableaux qu'il faut être plus qu'optimiste pour croire que nous pourrons bientôt atteindre de tels chiffres. Des problèmes de saturation des marchés font que la croissance est de plus en plus faible en France comme en Europe. Encore une fois, il ne s'agit pas de se résigner à une croissance inférieure à 2 % mais simplement de comprendre que la croissance ne suffira pas pour nous sortir du chômage.

La France n'est pas le seul pays à connaître cet atterrissage de la croissance.

En outre, il ne faut pas opposer la croissance et la baisse du temps de travail, parce que, loin de s'exclure, elles doivent se renforcer mutuellement. C'est bien quand il y a un peu plus de croissance que la baisse du temps de travail est la plus facile à négocier. La question des salaires par exemple est plus facile à régler quand il y a plus de « grain à moudre ». C'est ainsi que la croissance favorise la baisse du temps de travail. Les années qui viennent seront donc propices à ce type de négociation puisque tous les économistes annoncent une petite vague de croissance. Sachons vraiment en tirer le meilleur profit.

Inversement, la réduction du temps de travail va renforcer la croissance.

Prenons un exemple concret : chez Mamie Nova, les salariés et la direction ont signé un accord pour que tous les personnels passent à la semaine de quatre jours. L'entreprise a embauché plus de 120 personnes en CDI : 120 embauches, ce sont 120 familles qui retrouvent le moral, 120 familles qui peuvent consommer davantage, donc quelques centaines de clients en plus pour les PME et les commerçants des environs de Ploudaniel, dans le Finistère, où Mamie Nova est installée... Si toutes les entreprises de Bretagne suivaient cet exemple, nul doute que les affaires repartiraient : la réduction du temps de travail va relancer la croissance. Il ne s'agit pas de travailler moins, mais d'être plus nombreux à travailler et donc aussi plus nombreux à consommer.

Si je simplifiais, je dirais que vous n'êtes pas hostile à la création de nouvelles richesses, à plus de croissance, mais que vous pensez que, croissance ou pas, il faut partager le travail.

Oui. Mais, en fait, la question n'est pas vraiment là. Excusez-moi, mais c'est une mauvaise façon de poser la question. La question aujourd'hui n'est plus « pour ou contre le partage du travail ? », mais plutôt « quel partage du travail ? » Parce que, en fait, à bien y réfléchir, il existe déjà un certain « partage » du travail en France. Le « partage du travail » actuel, c'est d'un côté 4 millions de chômeurs, qui font zéro heure par semaine, et de l'autre côté 20 millions de gens qui travaillent 40, 45 ou 50 heures par semaine. On l'oublie, il n'a jamais été décidé, débattu, mais il existe ! Seulement, ce « partage » est tout à fait injuste et binaire : ou bien vous ne travaillez pas du tout, ou bien vous travaillez « plein pot ». Voilà, aujourd'hui, le partage du travail « à la française ».

Et si nous faisons un rapide tour de la planète, nous verrons que dans tous les pays occidentaux existe déjà, d'une façon ou d'une autre, un certain « partage » du travail. Il y a quatre ans, j'ai rencontré une journaliste japonaise qui, à la fin de notre entretien, me disait : « Nous aussi, au Japon, nous avons notre "partage" du travail : les femmes à la maison et les hommes au bureau. » Elle m'a expliqué que les esprits sont en train d'évoluer. Les femmes et les jeunes remettent en cause ce modèle, ils font bouger la société japonaise. Mais le taux d'activité des femmes de plus de 25 ans au Japon est encore de 20 % plus faible qu'en France. Je ne crois pas évidemment que cela soit un modèle à importer mais c'est bien une façon de « partager le travail ».

Le tour du monde du temps de travail

Et les États-Unis ? Ils sont souvent cités comme contre-exemple par les adversaires de la réduction du temps de travail : le chômage y est faible et le temps de travail, élevé...

On lit souvent dans la presse cet argument : « C'est dans les pays qui travaillent le plus, les pays où la durée du travail est la plus élevée, que le chômage a le plus reculé. » Il est intéressant de regarder d'un peu plus près quelle est vraiment la durée du travail aux États-Unis. On constate qu'il existe des branches, comme l'automobile ou la pétrochimie, où les salariés font un peu plus de 42 heures de durée réelle par semaine. Mais, par ailleurs, certaines branches comptent un grand nombre de *bad jobs*, de petits boulots, de travailleurs à temps partiel.

Le temps partiel a augmenté aux États-Unis ?

Non. La proportion de temps partiel est stable à 20 % depuis plusieurs années mais la durée moyenne du temps partiel a baissé. Ce sont vraiment des petits boulots : 10 heures ou 15 heures par semaine, voire moins. Et, si l'on fait la moyenne entre ceux qui sont à 42 heures et ceux qui n'en font que 10, les chiffres du ministère du Travail américain établissent la durée moyenne du travail aux États-Unis à 34 heures 30. Un Américain qui travaille (les chômeurs ne sont pas comptabilisés dans la moyenne) effectue en moyenne 34 heures 30 par semaine. En France, la durée moyenne – temps partiel compris – est de 37 heures. Il est donc faux de dire que les Américains travaillent plus que nous.

Trente-quatre heures et demie par semaine en moyenne, c'est bien aussi une façon de « partager le travail ». Simplement ce n'est pas négocié, il n'y a pas de débat politique comme en Europe actuellement. C'est le marché qui « partage ». C'est le marché qui donne à certains une grosse part et à d'autres des miettes. Cela provoque une pauvreté considérable : il y a actuellement 27 millions de travailleurs pauvres aux États-Unis. Vingt-sept millions de personnes qui ont du travail (et parfois deux ou trois jobs) et qui vivent quand même en dessous du seuil de pauvreté. Et, dans certains quartiers, cela engendre une violence forte : lorsque l'on ne peut pas trouver un emploi pour faire vivre sa famille, on peut être tenté de trouver un *business* plus rentable, pas toujours très légal mais rentable. Deux pour cent des actifs masculins sont en prison actuellement aux États-Unis (quatre fois plus qu'en France). Un journaliste américain me disait : « Nous n'avons pas le chômage de longue durée, nous avons la prison. » Et lui non plus ne trouvait pas qu'il puisse s'agir d'un modèle acceptable...

Pour revenir à l'Europe, le Royaume-Uni est un pays qui est souvent cité en modèle parce que, là aussi, les statistiques du chômage sont bonnes. Mais, là aussi, si on regarde d'un peu plus près, on se rend compte que, derrière de bonnes statistiques du chômage, les problèmes sociaux se posent avec une gravité probablement plus redoutable que chez nous. Actuellement, au Royaume-Uni, selon les chiffres officiels, il y a 500 000 personnes qui travaillent moins de 5 heures par semaine. Comme ces personnes ont travaillé au moins une heure dans la période qui précède l'enquête, elles ne sont pas comptées comme chômeurs. Mais expliquez-moi comment on peut faire vivre sa famille avec 3 ou 4 heures de travail par semaine ? Là aussi, une répartition sauvage du travail a permis de faire baisser les statistiques du chômage, mais provoque une pauvreté considérable. En quinze ans, la proportion des enfants qui vivent dans une famille en dessous du seuil de pauvreté est passée de 11 % à 32 % : actuellement, un tiers des enfants anglais vivent dans une famille pauvre (en France, cette proportion est restée stable, autour de 12 %). Vingt-cinq pour cent des adultes vivent en dessous du seuil de pauvreté.

Est-il acceptable qu'un pays riche, un pays européen, laisse ainsi se multiplier les familles ne vivant qu'avec des miettes de travail et de revenu ? Cinq cent mille personnes en

La pauvreté au Royaume-Uni

Population vivant en-deçà du seuil de pauvreté (en %)

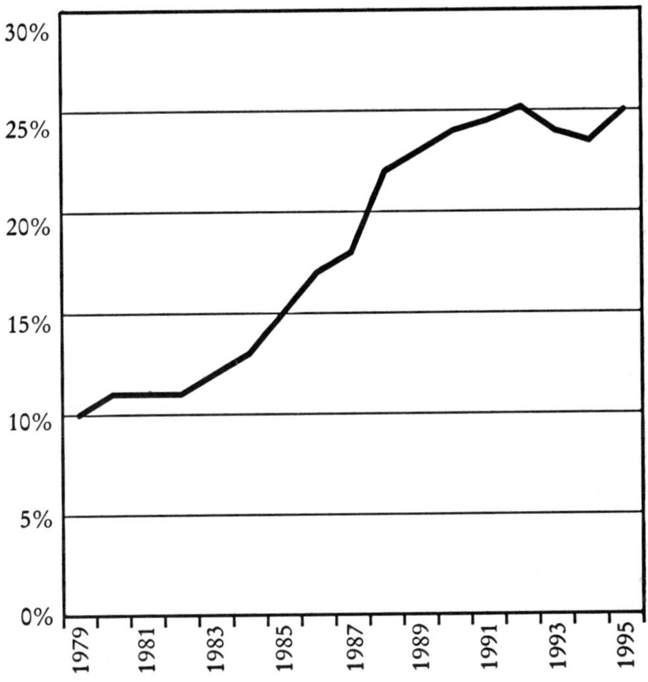

Source : Ministère britannique de la Sécurité sociale (cité par *Les Échos*).

dessous de 5 heures par semaine : voilà le partage du travail « à l'anglaise ».

Un autre pays européen est très fréquemment cité en exemple : ce sont les Pays-Bas. L'exemple néerlandais peut-il constituer pour vous la voie à suivre ?

Je crois qu'il faut arrêter de toujours chercher ailleurs des modèles à imiter. Nous devons évidemment nous intéresser à ce qui se passe hors de nos frontières mais, au bout du compte, il faut avoir le courage et le bon sens d'inventer notre propre modèle. La France doit reprendre confiance en son « génie » propre.

L'expérience des Pays-Bas réunit néanmoins deux paramètres dignes d'intérêt : le taux de chômage y a diminué fortement (de 12 % en 1982 à moins de 7 % aujourd'hui) alors que, dans le même temps, la durée moyenne du travail baissait fortement, pour s'établir cette année à 31,7 heures par semaine (durée moyenne pour l'ensemble des salariés). Le lien entre les deux facteurs est évident. La modération salariale et la flexibilité ne peuvent pas constituer à elles seules des explications suffisantes. Elles ne font qu'accompagner le phénomène de création d'emplois, et sans doute le renforcer. Le cas hollandais montre donc, encore une fois, que l'argument selon lequel « ce sont les pays où on travaille le plus qui réussissent le mieux en termes d'emploi » est inexact.

Mais la baisse du temps de travail aux Pays-Bas s'est faite, pour l'essentiel, par le biais du développement du temps partiel individuel. Il concerne aujourd'hui 35 % des actifs occupés (contre 17 % en France). Ce phénomène comporte deux risques majeurs. D'une part, le temps partiel est facteur d'inégalité hommes/femmes. Cinquante et un pour cent seulement des femmes hollandaises travaillent (contre 80 % en France), et parmi celles qui travaillent, les deux tiers sont à temps partiel (seulement 17 % des femmes ont un travail « normal »). Les rythmes scolaires, le nombre insuffisant de crèches les incitent fortement à faire ce « choix », qui n'en est pas toujours un. Ce qui est possible aux Pays-Bas ne l'est sans doute pas en France, où l'arrivée des femmes sur le marché du travail est ancienne et probablement irréversible. Il nous semble qu'une réduction collective du temps de travail apporte, en même temps qu'une réponse au chômage, un modèle de société plus juste, plus conforme à nos valeurs.

D'autre part, le temps partiel induit d'importantes inégalités de revenus, souvent déconnectées de choix individuels. Dans les entreprises hollandaises, on trouve pour l'essentiel des salariés qui travaillent 5 jours payés 5 jours, 4 jours payés 4 jours, 3 jours payés 3 jours... Certains salariés doivent accepter un emploi à temps réduit et salaire réduit, faute de mieux. Une certaine frugalité présente dans la culture hollandaise et un rapport au travail différent du nôtre ont sans doute facilité le développement massif du temps partiel aux

Pays-Bas. Les différences culturelles entre ce pays et le nôtre rendent sans doute difficilement transposable le « modèle » hollandais.

Ceci étant dit, le cas hollandais me semble intéressant sous un autre aspect. L'observation macroéconomique fait apparaître une baisse régulière, sans à-coups, de la durée moyenne du travail aux Pays-Bas. S'en tenant à ce constat, de nombreux « experts » prônent pour notre pays un mouvement similaire : on entendait encore récemment certains proposer une « étape à 37 heures » ou un « passage progressif à 35 heures »... Or, derrière ce raisonnement macroéconomique, il y a peut-être une méconnaissance des mécanismes microéconomiques de la réduction du temps de travail. Si les Pays-Bas ont créé de l'emploi, c'est bien parce que dans les entreprises les baisses du temps de travail sont massives et comptées en jours : pour l'essentiel, on travaille 5 jours, 4 jours, 3 jours... Le temps de travail moyen baisse progressivement mais, dans les entreprises, ce sont des journées entières qui sont libérées, créant ainsi de l'emploi. La « répartition des gains de productivité » entre salaires et temps de travail n'est pas un exercice comptable, qu'on peut appréhender par un mouvement faible et progressif s'appliquant à tous. Concrètement, ni le temps ni le travail ne peuvent se découper en tranches trop fines.

En résumé, on peut tirer quatre enseignements forts de l'observation du cas hollandais : la baisse du temps de travail peut être bénéfique pour l'emploi ; elle doit être souple mais massive ; elle doit s'accompagner d'efforts salariaux (à l'exception des plus faibles salaires) et, enfin, elle doit se réaliser sous forme d'une réduction du nombre de jours travaillés (et non par un « passage progressif de 39 à 35 heures »).

Si je vous comprends bien, dans tous les pays occidentaux on « partage » déjà le travail d'une façon ou d'une autre.

Oui. On pourrait finir notre tour du monde en revenant à la France, où l'on a laissé s'installer un partage du travail par âge : avant 30 ans, un grand nombre de jeunes alternent emplois précaires et périodes de chômage, et à partir de 45 ans, dans beaucoup d'entreprises on vous fait remarquer que votre dynamisme diminue et qu'il faudrait peut-être laisser la place. C'est là aussi une forme assez binaire de « partage du travail ».

Je ne voudrais pas être trop long sur ce point mais il me paraît essentiel : la question n'est plus « pour ou contre le partage ? » puisque un certain « partage du travail » existe dans tous nos pays. La question est plutôt de savoir quelles sont nos convictions, quelles sont nos valeurs et, à partir de ces valeurs, dans quelle société nous voulons vivre. Voulons-nous renvoyer les femmes à la maison ? Voulons-nous ne laisser que des petits boulots aux moins qualifiés et à tous ceux qui à un moment ou un autre de leur carrière décrochent un peu ? Voulons-nous laisser les jeunes devant des portes fermées ou sommes-nous capables de réfléchir ensemble pour définir un nouveau contrat social, une nouvelle donne qui permette à tous d'avoir une place normale dans notre société ?

Économiquement, tous les « modèles » de partage du travail que je vous ai décrits sont rentables. Le modèle japonais, avec les femmes à la maison, est rentable économiquement. Le modèle américain avec les petits boulots est rentable économiquement. Le modèle français, avec ses 4 millions de chômeurs dont 600 000 jeunes, est rentable économiquement. Donc le débat n'est pas simplement économique. Bien sûr, on ne peut pas faire n'importe quoi économiquement. Il y a des contraintes à respecter, mais sous ces contraintes économiques identiques pour tous coexistent des modèles très différents de « partage du travail ». Il existe donc bel et bien des marges de manœuvre ! Il y a de la place pour la liberté. À nous de mettre notre volonté en mouvement.

On a parfois l'impression que notre choix est limité : la peste ou le choléra ? Le chômage massif européen ou la précarité américaine ? Et s'il y avait mieux à faire ? Et si, avec les mêmes contraintes mais en réaffirmant nos valeurs, nous pouvions inventer un nouveau modèle ? Ce ne sont pas les règles de l'économie qui peuvent nous guider. C'est à nous de choisir. C'est une question de dignité humaine, une question de justice avant d'être une question économique.

Vous justifiez la nécessité de réduire le temps de travail par l'importance des gains de productivité. Pouvez-vous préciser votre raisonnement ?

Pour mieux comprendre la situation, on peut partir du tableau ci-dessous. Ce tableau est très important dans la réflexion sur le chômage. Il nous a aidés à convaincre un certain nombre d'hommes politiques. Deux dates : 1974, le début de la crise, et 1998, la dernière année pour laquelle on a des chiffres fiables pour les trois variables suivies. Sur la première ligne on mesure l'évolution du PIB (Produit intérieur brut), c'est-à-dire le total des richesses marchandes produites. Sur la deuxième ligne, vous pouvez voir le total des heures travaillées : on fait la somme, quel que soit le métier ou le statut, de toutes les heures de travail humain consommées par l'économie. Cela fait des milliards d'heures. Et sur la troisième ligne, c'est la population active, c'est-à-dire les actifs occupés et les chômeurs. Que constate-t-on ?

Production, activité et population active en France (1974-1998)

	1974	1998	Évolution
Produit intérieur brut	Base 100	160	+ 60 %
Total des heures travaillées	37,9 milliards	33,4 milliards	– 12 %
Population active	22,3 millions	25,7 millions	+ 15 %

Sources : INSEE et Comptes de la Nation.

On voit d'abord que le PIB a progressé de 60 %. Notre pays est en crise, mais cette crise ne vient pas d'un manque de richesse. Jamais nous n'avons été aussi riches. Le chômage dont nous souffrons est un chômage d'abondance, très différent du chômage que l'on observe dans certains pays qui n'ont pas réussi leur décollage économique. J'insiste sur ce point : en 1974, déjà, nous ne vivions pas trop mal et il y avait très peu de chômeurs. Depuis, notre niveau de vie a considérablement progressé (60 %) mais le chômage a été au moins multiplié par 10.

La richesse globale a augmenté de 60 % en vingt ans, dites-vous. Mais il y a de plus en plus de pauvres. Notre niveau de vie a-t-il réellement progressé ou l'essentiel de cette richesse a-t-il été confisqué par des spéculations financières ?

Ne mélangeons pas tout ! Il est choquant de voir les fortunes qu'amassent certains en peu de temps. Il est scandaleux de voir s'accroître chaque année le nombre des personnes pauvres ou exclues alors que la richesse globale augmente. Mais la réalité, c'est que la majorité des Français a vraiment profité de la croissance. Si on prend un peu de recul, on constate que le niveau de vie a augmenté considérablement en vingt ans. En 1974, seulement 21 % des Français avaient le téléphone, contre 94 % en 1994. Pour le « logement tout confort » (WC, grande baignoire, chauffage central), on est passé de 19 % en 1970 à 61 % en 1992. Et cette progression du niveau de vie ne concerne pas seulement les biens matériels. Le nombre d'étudiants à l'université est passé de 800 000 à 2,2 millions en vingt-cinq ans... La mortalité infantile est passée de 15 ‰ à 6 ‰ et l'espérance de vie a augmenté : elle est passée de 68 à 73 ans pour les hommes et de 77 à 82 ans pour les femmes.

Il ne s'agit pas de faire l'apologie de la croissance (les questions de pollution, notamment, sont préoccupantes ; il est vrai aussi que la consommation d'anxiolytiques ou la réparation des dégâts après une émeute sont comptabilisées dans la croissance ! Il y a certainement des indicateurs plus fins à inventer), mais la croissance est tout de même profitable aux personnes et non spécialement à la Bourse. Quand le PIB augmentait de 60 %, la consommation des ménages augmentait de 63 % en moyenne (grâce aux transferts) !

Certes, nous sommes tous choqués lorsque quelques spéculateurs deviennent millionnaires très rapidement. Mais il ne faut pas perdre de vue l'essentiel, les grandes masses. Le pire serait que cette indignation nous enferme dans le fatalisme et nous empêche d'agir sur les problèmes qui nous concernent tous et sur lesquels nous avons prise. Si nous attendons qu'il n'y ait plus de spéculation pour réfléchir à une plus juste répartition du travail, rien ne changera jamais.

Revenons au tableau général.

Le volume de production total a donc augmenté de 60 %. Sur la deuxième ligne, on mesure que, grâce à tous les gains de productivité, grâce à notre intelligence, grâce aux nouvelles organisations du travail, grâce à l'informatique, à la robotique et à l'amélioration de la formation, l'économie a besoin de 12 % de travail en moins pour produire ces 60 % de richesses en plus. L'économie consommait 38 milliards d'heures de travail en 1974 et elle n'en consomme plus que 33,4 milliards en 1997. Si l'on raisonne globalement et non pas individuellement, on peut donc dire que la baisse du temps de travail a déjà eu lieu !

On produit 60 % de plus avec 12 % de travail en moins. C'est dire si l'effort de modernisation économique a été efficace ! Cette divergence très nette entre augmentation du PIB et diminution du besoin de travail est un élément de réponse possible à tous ceux qui sont choqués de voir un pays de plus en plus riche laisser un nombre croissant de gens au bord de la route : le travail est en même temps ce qui permet de produire la richesse et ce qui permet d'accéder au revenu. Le gâteau augmente mais le passage pour y accéder rétrécit. Jacques Rigaudiat, qui fut le conseiller social de Michel Rocard, compare la situation au renard à qui la cigogne sert une soupe très appétissante mais dans un récipient au col trop étroit pour qu'il puisse y accéder. Il doit se contenter de l'odeur et repartir furieux, le ventre vide. En France, chaque année, le volume de « soupe » produite augmente, mais le col qui permet d'y accéder (le travail) rétrécit.

La mondialisation alibi

Quelle est la part de la mondialisation dans cette baisse globale du besoin de travail ? Quelle est la part due notamment à la concurrence des pays du Sud ?

Il y a une façon simple de le voir. Prenons le cas d'un secteur bien concret de notre économie, la charcuterie industrielle. Elle ne subit pas la concurrence des pays à faible niveau de salaires : le lardon thaïlandais ou le jambonneau tunisien n'ont pas encore envahi les rayons des supermarchés français... Cette branche a même bénéficié de la mondialisation, puisqu'elle exporte. Donc, s'il y a du chômage dans la charcuterie, ce n'est pas la faute de la mondialisation. Il faut comprendre « entre nous » d'où vient ce chômage.

La charcuterie industrielle

	1979	1994	
Production (tonnes)	650 000	980 000	+ 51 %
Total des heures travaillées	70,9 millions	55,9 millions	– 21 %

Sources : Fleury Michon.

Vous voyez que, dans cette branche, la tendance est encore plus forte que pour l'ensemble de l'économie : on produit 51 % de jambon, de rillettes ou de pâté en plus avec 21 % d'heures de travail humain en moins. On a inventé des picoteuses qui prennent la viande de porc pour la saler. La cuisson du jambon, la coupe, la mise sous sachet plastique sont presque totalement automatisées. Les salariés ont essentiellement pour fonction de veiller à la qualité et d'éviter les pannes. S'il y a besoin de moins de travail, ce n'est pas à cause de la mondialisation, c'est parce que l'homme a inventé des machines pour le remplacer dans toutes les tâches répétitives ou dangereuses. Il me semble d'ailleurs que cela n'est pas négatif en soi.

La mondialisation est le dernier alibi que nous ayons trouvé pour ne pas prendre nos responsabilités, au niveau national, contre le chômage. Il y a, c'est vrai, des branches où la mondialisation a détruit de l'emploi (le vêtement par exemple) mais dans un grand nombre d'autres branches, les exportations font vivre des milliers de familles. Vous le savez comme moi, notre balance commerciale est équilibrée et même excédentaire.

Cet excédent ne saurait prouver à lui seul que la mondialisation ne détruit pas d'emplois. Nous pouvons très bien être excédentaires grâce à des secteurs qui créent peu d'emplois, et subir en revanche de plein fouet la concurrence internationale dans des branches qui emploient beaucoup de main-d'œuvre. Quand on exporte pour un milliard de francs d'Airbus, il n'y a pas autant d'heures travaillées que quand on importe pour un milliard de francs de chemises.

Vous avez raison, j'allais y venir. Il y a effectivement une différence dans le contenu en emplois des échanges. Des économistes ont analysé, poste par poste, nos exportations et nos importations. Ils sont arrivés à la conclusion qu'il fallait un excédent de 30 ou 40 milliards pour que l'échange soit équilibré en termes de volumes d'heures de travail. À ces 30 ou 40 milliards, il fallait rajouter 20 milliards qui correspondaient à nos échanges avec les DOM-TOM (qui jusqu'en 1997 étaient considérés comme des exportations !). Donc, au total, il fallait que notre excédent annuel soit au moins de 60 milliards (aujourd'hui de 40 milliards) pour que globalement la France ne perde pas d'emplois dans l'échange international. Je vous rappelle que l'an dernier l'excédent était supérieur à 130 milliards. On peut donc l'affirmer : la baisse du besoin de travail n'est pas due à la mondialisation mais bien aux gains de productivité.

Mais cela ne devrait pas nous surprendre. Depuis des siècles, les hommes inventent des machines pour se fatiguer moins, depuis des siècles, un des objectifs du « progrès » aussi bien technique que social est de travailler moins. Pourquoi s'étonner ou s'inquiéter d'approcher ce qui était notre objectif ?

Revenons une nouvelle fois au tableau général.

Je récapitule : l'économie produit 60 % en plus et, pour cela, a besoin de 12 % d'heures de travail en moins. Or, dans le même temps, la population active, le nombre de personnes qui souhaitent travailler a augmenté de 15 %. Pour des raisons démographiques (le baby-boom) et pour des raisons culturelles (le travail des femmes), on est passé de 22,3 à 25,7 millions d'actifs.

Plus quinze pour cent pour la population active, -12 % pour le besoin de travail : un écart de 27 % entre l'offre et la demande de travail s'est creusé depuis 1974, dernière année de quasi-équilibre sur le marché du travail. En principe, si tout se passait comme dans les livres d'économie, une « main invisible » aurait dû procéder aux ajustements nécessaires. La durée individuelle aurait dû baisser en moyenne de 27 %. Or on constate qu'elle a très peu diminué. Si l'on tient compte aussi bien des vacances que des heures supplémentaires, on constate que la durée du travail pour ceux qui *travaillent à plein temps* a très peu baissé depuis vingt ans. C'est donc le chômage et la précarité qui ont augmenté. Voilà du point de vue macroéconomique l'argument principal pour affirmer aujourd'hui qu'il faut réduire le temps de travail.

Vous proposez de relancer énergiquement le mouvement de réduction du temps de travail. Pouvez-vous en faire un bref historique ?

Au début de ce siècle, on l'a vu, tout le monde travaillait 7 jours sur 7, souvent 12 heures par jour, soit 84 heures par semaine. En un siècle, on est passé de 84 heures à 40 heures. Comme l'affirme Jacques Rigaudiat : « Nous travaillons tous à mi-temps par rapport à nos aïeux. »

Le temps annuel de travail en France depuis 1830

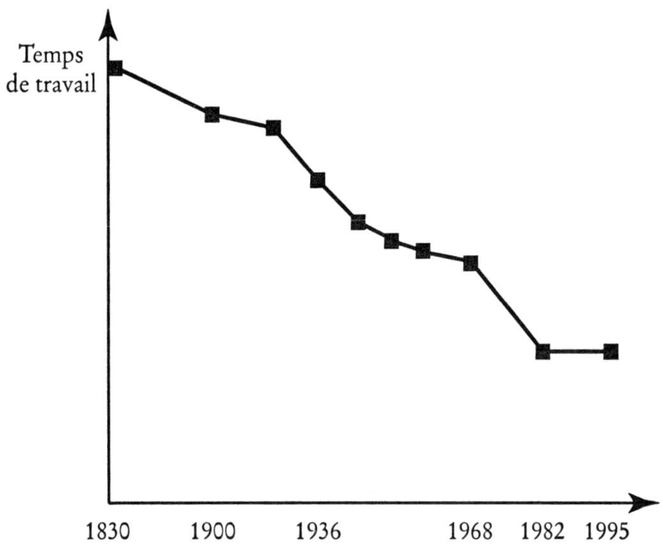

Ce mouvement de réduction du temps de travail s'est ralenti depuis la fin des années soixante. René Monory, président du Sénat, remarquait en 1994 que : « En trente ans, entre 1930 et 1960, on a baissé de 20 heures la durée du travail en passant de 60 heures à 40 heures. Et sur les trente années suivantes, entre 1960 et 1990, on n'a baissé que d'une heure la durée du travail. »

Est-ce que le passage à 39 heures en 1982 n'a pas contribué à bloquer la situation ?

C'est indiscutable. Pour relancer le mouvement de réduction du temps de travail aujourd'hui, il me semble extrêmement important d'analyser les erreurs de 1982, et d'éviter à tout prix de les reproduire... Sans vouloir accabler les politiques de l'époque, force est de constater que la manœuvre a complètement échoué : on pensait aller jusqu'aux 35 heures mais on s'est arrêté en route devant la conviction générale que cela ne marcherait pas. Il faut donc tirer les leçons de cet échec pour bien préparer l'avenir.

Les 7 facteurs clés du succès

1982 : Erreurs et faiblesses	7 facteurs clés de succès
Décision unilatérale	1. Débat, décision démocratique, négociation par branches et dans l'entreprise
Réduction faible (39 h / 40 h = – 2,5 %)	2. Réduction massive
Augmentation des coûts salariaux	3. Masse salariale inchangée
Application immédiate et générale	4. Temps laissé aux entreprises pour se préparer 5. Souplesse de mise en œuvre 6. Dérogations possibles
Liberté totale de ne pas embaucher	7. Incitations fortes à l'embauche

La première erreur, en 1982, a été de vouloir imposer le mouvement d'en haut. C'est l'Élysée qui décide et promulgue une ordonnance. Cette façon de faire me paraît dangereuse.

On ne modifie pas le temps de travail et les modes de vie de quelques millions de personnes par un décret ou une ordonnance. Sur un dossier aussi complexe et aussi important, il faut prendre le temps de l'explication et du débat démocratique. La décision ne peut pas être unilatérale; il faut une décision démocratique. Il faut aussi laisser du temps à la négociation tant au niveau des branches qu'au niveau de l'entreprise.

Pensez-vous que la loi-cadre sur les 35 heures ait laissé assez de place au débat ?

J'y reviendrai dans quelques minutes si vous me le permettez. Je voudrais d'abord vous expliquer le projet que nous défendons. Ensuite, nous pourrons parler de l'actualité.

La seconde erreur de 1982 est d'avoir choisi une réduction faible du temps de travail. Une heure de moins par semaine, c'est environ dix minutes de moins par jour : personne ne va embaucher un employé de plus pour dix minutes. On va plutôt gagner sur la productivité, qui augmente en moyenne de 2,5 % par an. Cela n'a pratiquement aucun effet sur l'emploi.

Quand on entend les 3 ou 4 millions de chômeurs qui cherchent du travail, quand on voit l'écart de 27 % qui s'est creusé en quelques années entre offre et demande de travail, quand on a conscience des gains de productivité facilement disponibles dans certains secteurs, on se dit qu'il faut aujourd'hui négocier une réduction massive du temps de travail. Une réduction trop faible n'aurait pas d'effet sur l'emploi. Une réduction massive ne doit pas nous faire peur. Il ne faut pas s'inquiéter d'un passage à quatre jours. Le passage de 6 jours à 5 jours date des années cinquante et soixante : ce n'est pas très ancien, et l'économie n'en a pas souffert, bien au contraire.

2

Quelles modalités

Trente-cinq heures ou quatre jours ?

Vous parlez de semaine de quatre jours alors que le PS parle des 35 heures. Quelles différences y a-t-il entre les deux projets ?

Il y a une différence dans l'importance de la réduction du temps de travail et il y a une différence essentielle dans les modalités (financement notamment) entre les 35 heures Aubry et les quatre jours tels que nous les défendons. Restons sur le premier point. Parler d'une semaine de 35 heures signifie *a priori* que l'on continue à travailler cinq jours par semaine mais que l'on va faire des journées plus courtes, des journées de 7 heures au lieu de 8 (7 × 5 = 35). Faire des journées plus courtes, c'est possible dans certaines professions mais, dans un grand nombre de métiers, cela n'a pas de sens. J'ai été invité à Lille par la CFDT pour un débat avec des salariés d'une banque. Une des femmes présentes expliquait pourquoi elle ne croyait pas aux 35 heures : « On ne va pas fermer les agences une heure plus tôt chaque soir (les clients n'apprécieraient pas). On ne va pas non plus embaucher quelqu'un pour une heure par jour. Il n'est pas possible de faire des journées plus courtes. Il faut réduire le nombre de journées travaillées et pas seulement le nombre d'heures. » Je crois que ce raisonnement est valable dans un grand nombre de cas car il y a de plus en plus de métiers ou d'entreprises dans lesquels les personnes ne comptent pas leurs heures (les camionneurs, les cadres, les commerciaux et les salariés de nombreuses PME). Toute journée commencée est faite jusqu'au bout.

Le seul moyen de réduire vraiment le temps de travail pour l'ensemble des professions est de réduire le nombre de journées travaillées. À Grenoble, un cadre affirmait : « Nous, les cadres, nous continuerons à faire 10 heures par jour mais nous aurons un jour de repos et on embauchera d'autres cadres. La semaine de quatre jours, c'est le seul moyen pour un cadre de faire 40 heures. »

Certaines entreprises sont passées à 35 heures avec la loi de Robien ou la loi Aubry et s'arrangent pour libérer des après-midi.

Sans doute. Mais il est trop tôt pour savoir comment leur organisation va évoluer dans le temps. Il y a quelque temps, Kléber Beauvillain, ancien P-DG de Hewlett Packard, m'avait invité pour exposer mon projet devant les cadres et les principaux clients de son entreprise. Il avait vraiment insisté sur la nécessité de passer d'un coup de 5 jours à 4 jours. Il expliquait que chez Hewlett Packard on avait mis en place les « quatre jours et demi ». Mais assez vite, dans les bureaux, on commençait à voir des « petites réunions » se glisser au début des après-midi censées rester libres. Puis que, grignotage après grignotage, le travail reprenait toute la journée. « C'est cinq jours ou c'est quatre mais cela ne peut pas être longtemps entre les deux », témoignait-il.

J'étais récemment en Bretagne, invité par une section du PS. À la fin du débat, une salariée est venue me voir et m'a expliqué qu'elle travaillait dans une entreprise qui avait signé un accord de Robien à 35 heures. « Ce n'est que de la flexibilité. Vous avez bien fait de ne pas donner notre entreprise comme exemple. Nous n'avons pas gagné grand-chose dans cet accord. »

Le « confort » des salariés n'est pas le seul élément qui nous fait militer pour la semaine de quatre jours. L'effet sur l'emploi des 35 heures est nettement plus faible que celui des quatre jours/32 heures. Dans plusieurs entreprises passées à

35 heures, les salariés craignent qu'au bout de deux ans les effectifs baissent car les gains de productivité rendus possibles par l'annualisation sont importants. Prenons un exemple : si les gains de productivité liés à la réorganisation sont de 4 % (c'est l'hypothèse retenue par le ministère du Travail) et que la réduction du temps de travail n'est que de 10 % (35 heures), l'effet sur l'emploi sera en gros de 6 %. Si, en revanche, avec la même annualisation, avec les mêmes gains de productivité, vous descendez à 32 heures (–18 %), l'effet sur l'emploi peut être schématiquement de 14 %: le double ! Une étude de la Direction de l'animation de la recherche, des études et des statistiques (DARES) montre que dans le cadre de la loi de Robien, dans les entreprises qui ont mis en place une réduction du temps de travail de 15 %, 16,9 % d'emplois ont été créés. D'après un premier bilan de la loi Aubry publié en décembre 1998 par la revue *Liaisons sociales*, les entreprises qui ont mis en place les 35 heures, ont créé ou sauvegardé 7,6 % d'emplois. Vous voyez pourquoi nous insistons pour que la réduction soit massive.

Cependant, dans les deux cas, il faut être prudent : une partie des embauches peut être liée à une croissance du chiffre d'affaires. Il y a dans certains cas un « effet d'aubaine ». Mais la différence est claire : dans une entreprise donnée, les quatre jours créent en moyenne deux fois plus d'emplois que les 35 heures.

Il faut signaler aussi que, dans de nombreux secteurs, la durée actuelle du temps de travail est déjà inférieure à 39 heures. Dans la métallurgie ou la chimie, on travaille souvent 37 ou 38 heures. Dans ce cas, réduire le temps de travail à 35 heures en annualisant ne créera pratiquement aucun emploi. Le directeur des ressources humaines (DRH) d'un grand groupe industriel m'a parlé d'une étude que le patronat de la métallurgie (UIMM) avait réalisée et qui montrait que, s'il obtenait l'annualisation « en échange des 35 heures », il n'avait pas à s'inquiéter : on ne créerait aucun emploi. C'est pour cela que la CFDT demande un passage à quatre jours. Les 35 heures n'auraient pratiquement aucun sens dans ce secteur !

En Allemagne, Klaus Zwickel, le président d'IG Metall (syndicat de la métallurgie fort de 2,4 millions d'adhérents), demande la semaine de quatre jours pour 2001. En Belgique aussi, les syndicats ne parlent plus des 35 heures mais des quatre jours. En mai 1998, le vice-Premier ministre belge et le ministre wallon du Travail m'ont invité afin que j'expose mon projet. Ils ont clairement souligné l'insuffisance des 35 heures.

La CFDT de la chimie a interrogé 11 000 salariés pour connaître leurs attentes sur le temps de travail. La même enquête a été menée dans le secteur hospitalier. Partout, c'est un plébiscite pour la semaine de quatre jours. À Canal +, le comité d'entreprise a demandé aux salariés quelles modalités de baisse du temps de travail avaient leur préférence. La semaine de quatre jours arrive en tête : 92 % d'avis favorables.

Le laboratoire Iris-CNRS de l'université Dauphine a interrogé 7 000 salariés. Soixante-quinze pour cent d'entre eux plébiscitent la semaine de quatre jours.

Que ce soit pour la qualité de vie ou pour l'emploi, c'est un point clé : il faut cesser de raisonner en termes d'heures. Si la réduction n'est pas assez massive, on va recommencer comme en 1982 : un coup pour rien. Et il faudra de nouveau attendre dix ou douze ans pour pouvoir parler à nouveau de ce dossier.

Outre une décision démocratique et une réduction massive, quels sont selon vous les autres points clés pour la réussite du processus ?

La maîtrise de la masse salariale. Le passage à quatre jours ne doit pas augmenter la masse salariale. C'est un point clé pour éviter les délocalisations ou un arbitrage entre personnel et robots défavorable à la création de postes. Quand les bénéfices correspondent à 3 % ou 4 % de la masse salariale et que vous augmentez celle-ci, cela peut « plomber » l'entreprise et détruire de l'emploi... Un principe fort de notre projet est de ne pas augmenter la masse salariale : nous allons jouer sur les exonérations, les salaires et la productivité, mais en partant du principe que la manœuvre doit être neutre pour les coûts de production. J'y reviendrai dans quelques minutes si vous le permettez.

La quatrième erreur de 1982, à mon sens, c'est que tout le monde devait passer aux 39 heures d'un seul coup. Toutes les entreprises et toutes les branches étaient logées à la même enseigne. Au contraire, la mise en place de la semaine de quatre jours doit se faire avec un maximum de souplesse.

Il faut bien sûr préciser que l'amplitude d'ouverture de l'entreprise reste la même, il ne s'agit pas de fermer l'usine ou le bureau le jeudi soir. L'entreprise reste à cinq jours (ou six jours selon les cas) même si les employés sont à quatre jours. Cela semble évident à certains mais d'autres se posent la question !

Il faut laisser aux entreprises et aux branches le temps de mettre en place les quatre jours. Ce doit être l'occasion pour l'entreprise de réfléchir à sa stratégie : quels sont mes marchés ? Quelles sont les attentes de mes clients et de mes non-clients ? Le passage à quatre jours permet en effet de moderniser profondément l'organisation du travail mais aussi d'améliorer le portefeuille des compétences présentes dans l'entreprise. Ce n'est pas tous les jours que, à masse salariale constante, une entreprise peut embaucher 10 % ou 15 % de salariés nouveaux. Cela n'arrive qu'une fois dans la vie de l'entreprise. Autant y réfléchir vraiment. Près de Marseille, un laboratoire pharmaceutique est passé à quatre jours. Cela lui a permis d'embaucher, à masse salariale constante, une dizaine de chercheurs et une quinzaine de commerciaux en plus. Pour une PME, c'est considérable ! Mais cela ne s'est pas fait sans une réflexion stratégique sur les attentes des clients, les points faibles de l'entreprise, etc. Si le passage à quatre jours n'est pas l'occasion de repenser l'entreprise, on passe à côté de quelque chose d'important !

Il faut du temps aussi pour réfléchir aux problèmes concrets d'organisation du travail, service par service. Il faut du temps pour expérimenter dans telle partie de l'usine avant de généraliser la manœuvre. Il faut du temps pour embaucher les nouveaux salariés et les former. Ceux qui militent pour une réduction immédiate du temps de travail n'ont peut-être pas mis les pieds dans une entreprise depuis longtemps. Vus les dégâts que provoque le chômage, il y a urgence mais ce n'est pas une raison pour abîmer les entreprises en leur imposant un mouvement trop rapide. Nous serions perdants sur tous les tableaux.

Concrètement, quel calendrier proposez-vous ?

Il ne faut pas définir de règle uniforme : pour certaines entreprises, quelques mois sont suffisants. Pour d'autres il faudra un an ou deux. Dans certains secteurs, les problèmes de compétences disponibles rendent difficile un mouvement général en moins de trois ou quatre ans. Dans la plupart des cas, il semble plausible d'établir un calendrier sur deux ou trois années.

Je voudrais évoquer de nouveau les questions d'organisation pour insister sur la souplesse qui est nécessaire dans la mise en place des quatre jours. Vous avez peut-être noté que nous parlons souvent de la semaine de quatre jours à la carte et le « à la carte » est presque aussi important que le « semaine de quatre jours ».

Selon les métiers et les secteurs, l'application n'est pas la même. La plupart des salariés pourront passer effectivement à quatre jours. L'entreprise continuera à être ouverte comme avant mais, chaque semaine, le salarié bénéficiera d'un jour de liberté. Dans d'autres métiers, il est difficile d'être chaque semaine à quatre jours. Je vous ai dit que les salariés de Canal + s'étaient massivement prononcés pour les « quatre jours ». Pour certains d'entre eux, ce sera plutôt une semaine libre toutes les quatre semaines. Nous avons parlé avec des éclairagistes par exemple. Ils ont une organisation du travail assez complexe. Personne n'a envie de chambouler les plannings hebdomadaires. En revanche, une semaine libre toutes les quatre semaines semble facile à mettre en place.

Dans le Nord de la France une entreprise du bâtiment est passée à quatre jours. Si la plupart des salariés travaillent effectivement quatre jours par semaine, en ce qui concerne l'encadrement des chantiers, plusieurs formules sont possibles. Chacun doit choisir le « 1 sur 5 » qu'il préfère puis s'y tenir : 1 jour sur 5, 1 semaine sur 5 ou 1 mois sur 5.

À Saclay, au Centre d'études atomiques, un grand nombre de techniciens et de chercheurs demandent à « passer à quatre jours ». Certains d'entre eux pensent vraiment travailler un jour de moins par semaine. Pour d'autres, ce pourrait être une année sabbatique tous les quatre ans ou six mois tous les deux ans. « Cela nous ferait du bien de nous aérer la tête de temps en temps, explique l'un d'eux. Et c'est peut-être le seul moyen pour que tous les jeunes qui viennent faire des thèses dans nos laboratoires ne repartent pas ensuite au chômage ! »

À l'AFER (Association française d'épargne retraite), une entreprise qui gère plus de 130 milliards de francs d'épargne, c'est le directeur général, André Lesaux, qui a proposé le passage à quatre jours en janvier 1994. Cela fait donc quatre ans maintenant que l'ensemble des salariés bénéficie de ces « petites semaines ».

Le directeur général se l'appliquait-il à lui même ?

Bien sûr. Il a choisi un système de week-ends prolongés : un week-end de quatre jours toutes les trois semaines : du jeudi soir au mardi matin ! Et l'entreprise se porte très bien. « Nul n'est irremplaçable. »

Chez Volkswagen, en Allemagne, 100 000 salariés sont passés à quatre jours depuis novembre 1993. Ils ont tous l'étiquette « semaine de quatre jours » mais il existe plus de soixante-dix organisations du travail un peu différentes : les gens de l'assemblage ne travaillent pas exactement comme ceux de la peinture. Ceux du montage n'ont pas les mêmes rythmes que ceux de la gestion de production mais tous, en moyenne, sont bien passés à quatre jours (28,8 heures en moyenne).

Vous voyez que dans tous les cas il y a une réduction massive et générale du temps de travail, mais une réduction mise en place service par service, avec beaucoup de souplesse.

Toutes les possibilités de la semaine de quatre jours

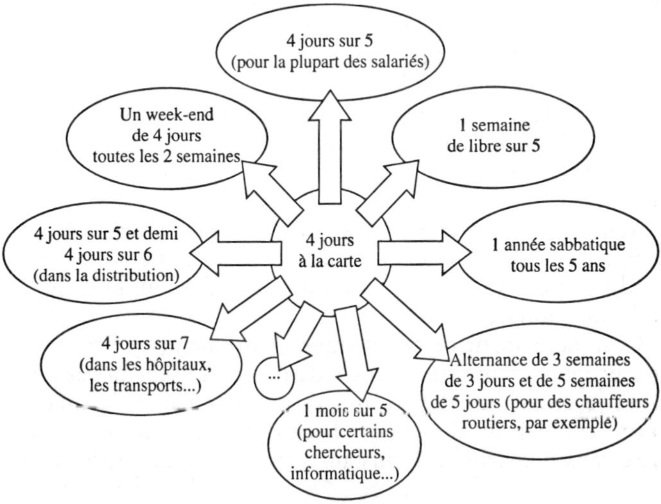

À propos de souplesse, que pensez-vous des débats actuels sur la flexibilité ?

Je ne sais pas si on peut vraiment parler de débats. On devrait plutôt parler de dialogues de sourds, non ? D'un côté, un patronat qui ne parle que de flexibilité ; de l'autre un grand nombre de syndicats qui ne veulent pas en entendre parler. Pourtant, chacun de nous, comme consommateur, a des exigences de plus en plus fortes : horaires d'ouverture des magasins plus larges, produits toujours plus sophistiqués et personnalisés, services après-vente toujours plus disponibles, livraisons plus rapides et plus fiables, prix écrasés... Quand nous achetons un paquet de yaourts, nous avons tous le même réflexe : nous prenons le premier paquet, nous regardons la date de fraîcheur et puis nous prenons un autre paquet (derrière le premier) pour regarder si la date limite est plus lointaine. Par ce simple geste, nous mettons une « pression » considérable sur ceux qui fabriquent les yaourts, ceux qui les transportent et ceux qui les mettent dans les rayons. Quand nous commandons une chemise à La Redoute, nous voulons être livrés en 24heures chrono et recevoir la petite chemise qui nous plaît bien (la bonne couleur, la bonne taille...). Nous ne nous demandons pas comment s'organisent ceux et celles qui font les chemises ou les salariés du picking qui tous les matins font les paquets.

Que nous soyons proches du PC ou du RPR, tous, nous sommes de plus en plus exigeants vis-à-vis des entreprises. Comme consommateurs, nous leur demandons d'être plus flexibles.

Mais, comme salariés, nous voulons de la sécurité. Nous sommes scandalisés par l'accroissement de la pénibilité des conditions de travail, de la précarisation des emplois, de la multiplication des CDD...

Comment sortir de ce dilemme ? Comment, en France et en Europe, inventer un modèle de flexibilité sans précarité ? C'est je crois l'un des avantages de la semaine de quatre jours : elle permet d'accroître la flexibilité interne à l'entreprise sans précarité. Elle instaure un nouvel équilibre entre les contraintes de l'entreprise et les attentes des salariés. Voilà pourquoi nous pensons que la semaine de quatre jours à la carte peut être la pierre angulaire d'un nouveau contrat social alliant liberté et sécurité, compétitivité économique et bien-être social.

Avez-vous des exemples ?

Il y a aujourd'hui deux cents entreprises qui sont passées à quatre jours. Je pourrais donc vous citer plusieurs exemples [1]. Je vous parlerai d'une entreprise du Gers, les Ducs de Gascogne, qui produit et distribue du foie gras et des produits du terroir. Ils sont passés à quatre jours début 1997. Cet accord a permis l'embauche de quatorze personnes en CDI (contrat à durée indéterminée). Ce sont de vrais emplois, des emplois solides. Le temps de travail a été réduit de 39 heures à 33 heures en moyenne. En pratique, les salariés travaillent 32 heures par semaine sur quatre jours durant la majeure partie de l'année. Et pendant deux mois, en fin d'année, quand les commandes de confit et de foie gras augmentent avant Noël, ils repassent à 5 jours pour absorber le pic d'activité.

Pour les salariés, il n'y a aucune précarité. Ils gagnent nettement en qualité de vie et vous disent leur fierté d'avoir été capables de solidarité. Grâce à leur négociation, quatorze personnes ont été embauchées. Pour l'entreprise, le passage à quatre jours permet avec la même masse salariale d'avoir plus de monde à mettre sur le pont dans les moments de surchauffe. « Cela permet de passer les fêtes de fin d'année pratiquement sans emplois précaires (CDD, intérim). C'est mieux socialement. Mais c'est mieux aussi pour l'entreprise car des salariés permanents qui sont bien formés et assurés de leur avenir sont plus efficaces que les CDD qu'on embauchait autrefois pour quelques semaines. »

L'intérêt pour l'entreprise est double. Avec la même masse salariale, elle a plus de salariés à « mettre sur le pont » quand

1. Demandez- nous les monographies : « 20 cas d'entreprises appliquant la semaine de 4 jours » (*cf.* adresse de l'association « 4 jours nouvel équilibre » en annexe).

c'est nécessaire. Et, pour chaque salarié, la « marge de manœuvre » est plus importante. Comme le montre ce schéma, entre 39 et 44 heures (durée maximum), il n'y a que 5 heures de réserve individuelle. Tandis qu'entre 32 et 44 heures il y a 12 heures de « réserve » individuelle. Ainsi, avoir un horaire moyen plus bas favorise l'absorption de pics d'activité sans précarité. C'est un des paradoxes de ce dossier : plus on descend la durée du travail, plus on peut avoir de flexibilité.

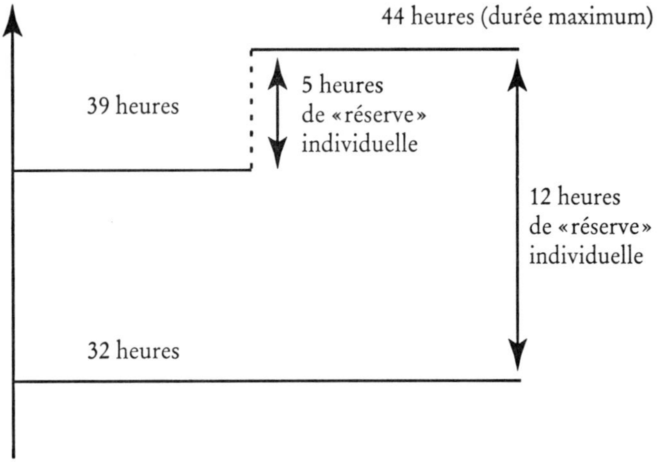

C'est aussi l'un des avantages de la semaine de quatre jours/32 heures sur les 35 heures. La réserve individuelle étant plus forte, il est possible, même dans une usine qui a un fort besoin de flexibilité, de répartir les salariés en deux équipes qui seront alternativement « de réserve ». Un mois sur deux, les salariés savent qu'il y a un risque que leurs horaires soient modifiés pour répondre aux coups d'accordéon des commandes mais, le mois suivant, ils savent qu'ils sont tranquilles, qu'on ne leur demandera pas de faire plus de 32 heures. Ils peuvent donc organiser leur vie personnelle sans aucune contrainte. Alors que l'on constate dans certaines entreprises descendues seulement à 35 heures que, avec un besoin de flexibilité identique, les salariés sont beaucoup plus souvent d'astreinte et gagnent donc très peu en qualité de vie.

Avec les Ducs de Gascogne, on voit comment la semaine de quatre jours à la carte peut, sans aucune précarité, accroître la souplesse, la flexibilité sur l'année.

J'ai envie de vous présenter un deuxième exemple. Il est un peu moins appétissant que les Ducs de Gascogne, mais en termes de flexibilité sans précarité, c'est tout à fait intéressant. L'entreprise s'appelle INPIG. C'est une PME béarnaise. Certains affirment que la baisse du temps de travail n'est pas possible dans les petites structures. Voilà un beau contre-exemple. Chez INPIG, il y avait six salariés avant le passage à quatre jours. L'accord a permis d'embaucher une septième personne. Je peux vous assurer que tous, les salariés comme le patron, sont très satisfaits de cet accord. Étant béarnais moi-même, je suis allé leur rendre visite ; j'en suis reparti avec un jambon de Bayonne en cadeau ! Les salariés vous disent que le gain en termes de qualité de vie valait bien l'effort sur les salaires et le patron, Bernard Dupont, explique que le passage à quatre jours a nettement amélioré la qualité du service aux clients.

INPIG en effet avait besoin de « flexibilité » sur la semaine. L'entreprise travaille dans le domaine de la génétique et plus particulièrement de l'insémination porcine. L'entreprise est fermée le week-end. Le lundi et le mardi sont les deux jours de très forte activité : 70 % des éleveurs souhaitent être servis sur ces deux journées et exigent de l'être très rapidement : « Venez vite ou je rate le coche ; je vais perdre de l'argent ce mois-ci ! » Avant le passage à quatre jours, il n'y avait que quatre techniciens pour répondre à la demande. Que l'on soit le lundi, le mercredi ou le vendredi, il n'y avait que quatre techniciens. Le passage à quatre jours a permis, à masse salariale constante, d'embaucher un cinquième spécialiste, un ingénieur, ce qui a permis d'améliorer le niveau des compétences scientifiques de l'équipe et d'être cinq au lieu de quatre pour le début de la semaine. Cinq au lieu de quatre au moment des pointes, c'est 25 % de clients servis en plus dans de bonnes conditions. Et il n'y a, pour les salariés, aucune précarité : ils sont tous en CDI. Les deux salariés qui prennent le mercredi sont libres tous les mercredis, les deux du jeudi sont libres tous les jeudis et celui qui a choisi le vendredi a toutes les semaines un week-end de trois jours.

Nombre de techniciens	Lundi	Mardi	Mercredi	Jeudi	Vendredi
Avant les 4 jours	4	4	4	4	4
Grâce aux 4 jours	5	5	3	3	4

Cette souplesse sur la semaine intéresse de nombreux métiers : dans la banque par exemple, il est fréquent que les clients soient très nombreux certains jours et que l'agence soit presque déserte à d'autres moments. En combinant flexibilité sur la semaine et flexibilité sur l'année, une entreprise peut, à coût constant et sans désagréments pour les salariés, mieux répondre aux attentes de ses clients.

En outre, les entreprises appliquant la semaine de quatre jours à la carte démontrent souvent que leur nouvelle organisation génère une souplesse supplémentaire : polyvalence et disponibilité individuelle accrue, motivation, solidarité entre les salariés. À l'AFER par exemple, où l'on a maintenant cinq ans de recul, l'absentéisme reste à un niveau très faible. Tout ceci favorise la réactivité de l'entreprise à son environnement et constitue une alternative efficace et humaine à la flexibilité *externe*.

Refuser d'entrer dans cette négociation sur la flexibilité interne, c'est, en fait, accepter la flexibilité externe qui se développe actuellement. Affirmer, la main sur le cœur, que la France n'a pas besoin de plus de flexibilité, que l'on refuse toute annualisation, c'est faire porter sur les CDD, intérimaires et autres pigistes tout l'effort d'ajustement que, comme clients, nous exigeons des entreprises.

J'ai dit tout à l'heure que la question n'était plus « pour ou contre le partage du travail ? » mais plutôt « quel partage du travail ? » car un partage du travail injuste et massif existe déjà. De même, la question n'est plus « pour ou contre la flexibilité ? » mais « quelle flexibilité ? ». Quatre-vingt pour cent des embauches se font actuellement en CDD ; le temps partiel annualisé (avec souvent un salaire très faible) s'est considérablement développé depuis quelques années. Ne serait-il pas temps de mettre vraiment ces problèmes sur la table ? Le passage à quatre jours doit déboucher sur des embauches en CDI mais cet emploi stable peut être souple.

Pour vous, il n'y a donc pas d'opposition entre flexibilité et création d'emplois ?

S'il y a seulement annualisation sans réduction forte de la durée du travail, on peut craindre que l'emploi ne diminue (sauf dans quelques secteurs comme le vêtement, où une plus grande réactivité permet de rapatrier en France de la charge délocalisée. Dans ce cas, l'effet volume corrige l'effet productivité). Mais si la négociation concilie annualisation et réduction massive du temps de travail, on peut obtenir simultanément un gain en termes de qualité de vie, en termes d'emplois et en termes de compétitivité.

Je pense qu'une des faiblesses du débat actuel en France vient du fait qu'on oppose souvent quatre idées qui devraient être associées. Certains, contre le chômage, n'ont qu'un mot à la bouche : « Baissez les cotisations ! » D'autres ne jurent que par la baisse du temps de travail. Une grande partie du MEDEF a un mot d'ordre principal : « La flexibilité ! » Enfin, d'autres parlent d'améliorer la formation. Et s'ils avaient tous raison ? Et s'il fallait, en même temps baisser le temps de travail, baisser les cotisations, améliorer la formation et augmenter la flexibilité interne ? C'est en réunissant ces quatre principes que l'on arrive à la semaine de quatre jours.

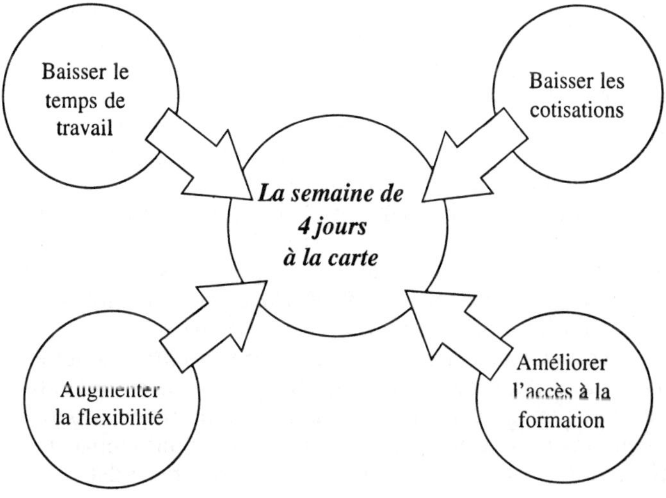

Vous avez dit que les Ducs de Gascogne avaient pu embaucher quatorze personnes à masse salariale constante. C'est un point clé. Quel financement du passage aux quatre jours proposez-vous pour l'entreprise ?

Quand j'ai commencé à réfléchir à cette question, je me suis dit que l'on marchait sur la tête en France : plus le chômage augmente et plus on augmente les cotisations. Lorsque les cotisations Unedic ont été créées, en 1974, elles correspondaient à 0,5 % du salaire brut. Aujourd'hui, elles représentent plus de 8 %. Ce n'est pas en continuant comme cela que l'on sortira du chômage. J'ai donc eu une idée simple : supprimer complètement les cotisations chômage (aussi bien la part salariale que la part patronale) pour toutes les entreprises qui passeront à quatre jours et créeront de nouveaux emplois.

La condition d'embauche est très importante. On a trop fait de plans pour l'emploi, à droite comme à gauche, qui donnaient des exonérations aux entreprises sans forcément qu'elles créent d'emplois. Cela a vidé les caisses et abîmé la confiance entre les différents acteurs. C'est la raison pour laquelle il nous semble important de conditionner l'exonération à des créations d'emplois.

Sans doute ne faut-il pas être trop optimiste sur le volume d'emplois créés. Si tout était mécanique, on pourrait s'attendre à ce que les quatre jours créent 20 % d'emplois. En fait, nous préférons laisser les entreprises faire de la productivité pour que les emplois créés soient durables. Cela explique que nous proposons que l'on coupe la poire en deux et que l'on mette la barre à 10 % : pour avoir droit à l'exonération, l'entreprise doit être passée à quatre jours, en moyenne, et embaucher au moins 10 % de nouveaux salariés en CDI.

Si, pour créer 10 % d'emplois, l'entreprise bénéficie d'une exonération de 8,2 %, on comprend facilement que pour équilibrer la masse salariale il n'est pas nécessaire que les salaires baissent fortement : 2 % ou 3 % en moyenne suffisent.

Ce tableau montre qu'il est possible de passer aux quatre jours et d'embaucher sans surcoût pour l'entreprise. Avec en moyenne 3 % de gagnés sur les salaires et 8,2 % sur les cotisations chômage, chaque salarié, ancien ou nouveau, « coûte » à peu près 11 % de moins. L'entreprise peut donc embaucher 10 % ou 12 % de personnes en plus sans accroître ses dépenses.

Effets du passage aux quatre jours sur la masse salariale

✔ Salaires	**À négocier** (souvent – 3 % en moyenne au-dessus d'un certain niveau)
✔ Cotisation Unedic	– 8,2 %
✔ Embauche en CDI	+ 10 %
Total	**Équilibre**

Ce tableau est évidemment schématique. Il faut intégrer dans la négociation les coûts de réorganisation, de formation et d'équipements des nouveaux salariés (les fax des commerciaux, les bleus des ouvriers, les ordinateurs portables des consultants...). Il faut aussi tenir compte des économies possibles : les nouveaux embauchés n'ont pas de prime d'ancienneté. Ils coûtent donc moins cher que les anciens. Si la réactivité est meilleure, les frais de stock peuvent diminuer...

Les chiffres que je vous donne dessinent un schéma général, un « cas moyen ». Le ou les niveaux de création d'emplois ouvrant droit à l'exonération pourraient être discutés par les partenaires sociaux au niveau des branches. En juillet 1996, une première branche a signé un accord pour favoriser la mise en place des quatre jours : la FNCL (Fédération nationale des coopératives laitières) qui regroupe les coopératives laitières. Syndicats de salariés et patrons se sont mis d'accord pour constater la difficulté de faire de nouveaux gains de productivité dans ce secteur. Ils ont mis la barre des embauches à 15 % d'emplois et prévoient donc des exonérations plus importantes pour les entreprises qui créeraient ces 15 % d'emplois.

Baisser les salaires ?

Au sujet des baisses de salaires, on constate que de nombreuses entreprises ont su mettre en place un système équitable. Dans la plupart des cas, la perte de salaire est de 2 % ou 3 % en moyenne, et limitée à 5 % pour les cadres (qui calculent vite les économies qu'ils vont faire sur les impôts). À l'AFER, la baisse a été de 3 % en moyenne, avec une grille de 1 % à 6 % selon le niveau de salaire. Chez Brioche Pasquier, on a un peu augmenté la prime de panier pour les ouvriers, ce qui a permis que leur revenu annuel ne baisse que de 1 %. À l'Imprimerie artésienne, les plus bas salaires ont été intégralement maintenus, et au-delà la baisse est de 5 %. Chez Mamie Nova, on a simplement bloqué les salaires pendant un an mais on a négocié sur la prime de salissure, les congés payés, la formation (voir tableau ci-contre). D'autres entreprises ont mis en place un système d'intéressement pour compenser la perte de revenus. Ainsi, l'amélioration de la qualité de service a permis aux salariés d'INPIG de retrouver le salaire de départ au bout de dix-huit mois. On garde la semaine de quatre jours, on garde les embauches et on retrouve le salaire de départ. C'est tout bénéfice !

Quelques entreprises, qui pouvaient se le permettre, ont maintenu intégralement les salaires. Tant mieux ! Mais je préfère être clair et honnête en disant que, dans la plupart des cas, une légère baisse de salaire est nécessaire pour pouvoir passer à quatre jours. Notre proposition prévoit un maintien intégral des revenus pour les salariés qui gagnent moins de 8 500 francs bruts par mois.

Les salaires ont déjà tendance à stagner ces dernières années. Ne faudrait-il pas plutôt augmenter les rémunérations comme le disent certains responsables du Parti socialiste ?

Les travaux de l'INSEE montrent effectivement que la part des salaires dans la valeur ajoutée des entreprises a baissé de 10 % en quinze ans. Ce qui est réellement préoccupant dans l'évolution des salaires, c'est l'écart grandissant entre d'une part les plus jeunes et les chômeurs, dont le revenu moyen a beaucoup baissé depuis vingt ans, et, d'autre part, ceux qui ont un emploi solide et continuent à voir leur niveau de vie augmenter (3 % en moyenne en 1998).

Simulation financement RTT (francs constants)**

Années	1	2	3	4	5	6	7	8	9	10	11	12	Cumuls
Coût													
Embauches (15 %)	15	15	15	15	15	15	15	15	15	15	15	15	180
Financement													
Exonération charges sociales	10	8	8	8	8	8	8	0	0	0	0	0	58
Blocage salaires *	1	2	2	2	2	2	2	2	2	2	2	2	23
(N+8)								(3)	(4)	(4)	(4)	(4)	
Induit*			0,02	0,04	0,06	0,08	0,1	0,12	0,14	0,16	0,18	0,2	1,1
Désindexation 6/38*			0,3	0,6	0,9	1,2	1,5	1,5	1,5	1,5	1,5	1,5	12
Salissure	0,5	0,5	0,5	0,5	0,5	0,5	0,5	0,5	0,5	0,5	0,5	0,5	6
C.P. ancienneté maxi 2,22 %	1,3	1,4	1,5	1,5	1,6	1,6	1,7	1,7	1,8	1,8	1,9	1,9	19,7
Prime ancienneté*	0,5	1	1,5	2	2,5	3	4	4,5	5	6	7	7,5	44,5
Induit*			0,03	0,04	0,05	0,06	0,08	0,09	0,1	0,12	0,14	0,15	0,86
Co-investissement base 2,5 %	1,25	1,25	1,3	1,3	1,4	1,4	1,5	1,5	1,5	1,5	1,6	1,6	17,1
TOTAL	14,55	14,15	15,15	15,98	17,01	17,84	19,38	11,91	12,54	13,58	14,82	15,35	182,26
Écart	-0,45	-0,85	0,15	0,98	2,01	2,84	4,38	-3,09	-2,46	-1,42	-0,18	0,35	2,26
Provision	-0,45	-1,3	-1,15	-0,17	1,84	4,68	9,06	5,97	3,51	2,09	1,91	2,26	

Hypothèse augmentation des prix de 2 %/an
* La contribution des salariés représente, à terme de 12 ans et en cumul, 47 % du financement total.
Si on excepte la suppression de la prime de salissure, peu sensible (3,33 % du cumul à 12 ans), aucune diminution de rémunération n'a été appliquée.
La modération salariale a pris la forme d'un ralentissement de la progression salariale.
Des gains de productivité propres à la RTT ont néanmoins été réalisés et serviront de base dans les tout prochains mois à l'ouverture de la négociation avec les partenaires sociaux sur la mise en place d'intéressement visant à atténuer l'impact pour les salariés de la modération salariale RTT.
** Ce tableau a été établi sans prendre en compte l'évolution de la productivité.

L'évolution globale des salaires est inquiétante. Mais je crois qu'il ne faut pas se tromper dans le diagnostic ni surtout dans la stratégie à mettre en œuvre pour lutter contre cette évolution.

Comment expliquer la stagnation des salaires ? Il faut d'abord constater que la croissance est très faible. De ce fait, les entreprises sont soumises à une concurrence de plus en plus forte et doivent tout faire pour baisser leurs coûts. Mais pourquoi la croissance est-elle si faible ? En grande partie à cause du niveau élevé de chômage. Quatre millions de chômeurs, c'est 8 ou 10 millions de personnes qui consomment peu. De plus, l'anxiété provoquée par le chômage, même auprès de ceux qui ont un emploi, limite fortement la consommation des ménages.

Un autre élément explique la stagnation des salaires : les 4 millions de chômeurs sont souvent prêts à accepter un travail même s'il est peu rémunéré. Autour de nous, nous voyons tous des gens qui acceptent un stage ou un emploi pour 6 000 francs par mois alors qu'ils sont parfois très qualifiés. Le fait qu'il y ait 4 millions de chômeurs dans notre pays, 4 millions de personnes qui ont besoin d'un travail et d'un revenu, déséquilibre complètement la négociation sur les salaires dans l'entreprise. C'est là aussi un facteur qui empêche un meilleur équilibre dans la répartition de la valeur ajoutée.

Une troisième clé d'explication, c'est évidemment l'accroissement du coût du chômage. Si le salaire net moyen a baissé en 1996, c'est à cause de l'augmentation des cotisations, et en particulier des cotisations liées au chômage (CSG, RDS).

Augmenter un peu les salaires plus ou moins artificiellement comme certains veulent le faire n'aura pas un effet déterminant sur le problème. L'inquiétude des ménages les pousse à mettre de l'argent de côté au lieu de consommer ce surplus. Paradoxalement, accepter individuellement une petite baisse de salaire pour être plus nombreux à consommer et faire baisser massivement le chômage est la seule stratégie gagnante possible.

Vous ne craignez pas que la baisse des salaires perturbe la reprise économique ?

Non, si la semaine de quatre jours est mise en œuvre sans réduire ni notre compétitivité, ni notre capacité de production, ni la demande de biens et services (voir en annexe l'analyse des conséquences macroéconomiques du passage à la semaine de quatre jours effectuée par Patrick Artus). On distingue classiquement trois facteurs influant sur la consommation et donc la croissance : le volume total du pouvoir d'achat distribué aux ménages, sa distribution (les ménages à faibles revenus consomment plus – en proportion – que ceux qui ont des revenus élevés) et les anticipations (la consommation et l'investissement augmentent quand l'avenir est rassurant). La question est donc de savoir quel effet la semaine de quatre jours aura sur ces trois facteurs.

Le volume total de pouvoir d'achat des ménages (salaires + allocations chômage + autres ressources) va rester constant : une partie des sommes, qui étaient consacrées aux allocations chômage, sera versée sous forme de salaires (« activation des dépenses passives ») mais la somme des deux enveloppes (salaires + allocations) reste constante. De ce point de vue, le passage aux quatre jours est donc neutre. En revanche, il y aura bien un effet de redistribution : dire que le nombre des emplois va augmenter de 1,6 ou 2 millions, cela signifie qu'un nouveau salaire va rentrer chez près de 2 millions de ménages. Or, selon l'INSEE, un chômeur réduit de 25 % sa consommation et les salariés qui se sentent plus ou moins menacés réduisent, eux aussi, leur consommation. L'augmentation du pouvoir d'achat des ménages actuellement touchés par le chômage devrait faire plus que compenser la perte de revenu de ceux qui ne bénéficieront pas des créations d'emplois et donc relancer la consommation (du fait de la plus forte propension marginale à consommer). L'effet sur les anticipations devrait également être positif : enregistrer une baisse massive du nombre des chômeurs, constater que son entreprise ne licencie plus mais, au contraire, embauche devraient inciter une partie des ménages (bénéficiaires ou non des créations d'emplois) à puiser dans leur épargne de précaution et à augmenter leur consommation. Le discours classique « la croissance engendre l'emploi » peut donc être inversé : la création massive d'emplois engendre la croissance en relançant la consommation.

À ces facteurs « classiques », il faut ajouter le facteur « temps libéré » : une grande partie des biens achetés, il y a trente ou quarante ans, avait pour objectif de nous faire gagner du temps (machine à laver, voiture, robots ménagers...). Aujourd'hui, ces marchés sont globalement saturés. Les produits ou services qui seraient susceptibles d'avoir le plus fort développement commercial semblent, au contraire, nécessiter du temps pour être « consommés » (culture, formation, sport, médias, tourisme de proximité...). Ces services sont fortement créateurs d'emplois. Donner à chacun plus de temps libre permet de développer ces nouveaux marchés[2]. « Le passage à la semaine de quatre jours peut avoir sur notre économie un effet comparable à celui qu'avait eu l'invention du crédit à la consommation et du fordisme, de la production de masse. Les États-Unis s'y sont lancés vingt ans avant l'Europe, ce qui a assuré leur avance dans le secteur des biens durables », affirme un économiste proche du MEDEF. En 1936, il semblait antiéconomique d'accorder des congés payés : on allait payer des gens à ne rien faire ! Un demi-siècle plus tard, il ne viendrait à l'idée de personne de revenir en arrière et l'on peut penser que le tourisme ou la construction de résidences secondaires et de centres de vacances n'auraient pas connu un essor semblable si l'on n'avait pas inventé les congés payés.

IMPACT SUR LA DEMANDE	
Volume total de pouvoir d'achat	→
Effet redistribution	↗
Effet anticipations	↗
Effet temps	↗

2. Voir à ce sujet les études sur l'élasticité-temps libre des différents segments de marché et l'évolution de la consommation des nouveaux retraités (leur revenu baisse mais leur temps libre augmente).

Si je vous comprends bien, vous expliquez qu'il faut accepter pendant un temps de perdre un peu de salaire pour sortir de la spirale déflationniste dans laquelle le chômage nous entraîne et, à terme, améliorer les salaires. C'est du judo social ?

Oui, peut-être. Je pense en tout cas que la gravité de la crise, l'état des finances publiques et la mobilité des capitaux nous empêchent d'utiliser les méthodes classiques de relance. Il faut se montrer plus rusé que le marché. Accepter ses contraintes (non-augmentation des coûts, souplesse de l'organisation...) pour le « retourner », changer le « rapport de forces ». Si le chômage diminue nettement, le coût du chômage baissera lui aussi, l'État se financera plus facilement et les salaires augmenteront un peu.

Justement, ne craignez-vous pas avec la diminution du nombre de chômeurs que les salaires se mettent à augmenter un petit peu trop vite et que les entreprises aient du mal à suivre ?

Il y a une minute vous me reprochiez presque de baisser les salaires et voilà maintenant que je rallume l'inflation ! Nous en sommes loin. Il y a malheureusement de grosses « réserves » de main-d'œuvre non employées : les 4 millions de chômeurs. Il y en a environ 2 millions qui sont au chômage depuis moins d'un an et qui sont tout à fait qualifiés, insérables immédiatement. Un autre million de chômeurs pourraient, avec un peu de formation, assez vite reprendre le chemin de l'entreprise. À cela s'ajoute actuellement une sous-utilisation des capacités professionnelles d'un certain nombre de salariés qui engendre de nombreuses frustrations. Combien d'ingénieurs occupent des postes de techniciens ? Combien de techniciens sont à la place de bacheliers ? Combien de jeunes sont embauchés depuis dix ans sur des postes où ils n'utilisent qu'une faible partie de leur potentiel ? On ne va pas manquer de gens qualifiés. Dans la plupart des branches, on pourrait avoir un mouvement vers la semaine de quatre jours en deux ou trois ans sans vraie tension sur les salaires.

Une baisse de salaires, même de 3 %, sera-t-elle acceptée par les salariés ?

Ce n'est jamais facile mais la plupart des salariés acceptent cette perte de salaire s'il y a de vraies contreparties. Lorsqu'il y a réellement un gain en qualité de vie et un effet sur l'emploi, on constate que des baisses de salaires de l'ordre de 2 %, 3 % ou 5 % sont bien acceptées. Plus de 500 entreprises ont déjà signé des accords de réduction du temps de travail incluant une baisse des salaires : c'est-à-dire que 100 000 ou 150 000 salariés, en France, ont déjà accepté de voir leur salaire baisser en échange d'une diminution collective du temps de travail dans leur entreprise.

Deux sondages montrent que 65 % des Français sont prêts à voir baisser leur salaire de 5 % en échange de la semaine de quatre jours avec création massive d'emplois[3].

Malheureusement, de nombreux sondages faussent le jugement des politiques sur ce sujet. Généralement, la question posée aux sondés est : « Accepteriez-vous une baisse de salaire proportionnelle à la réduction du temps de travail ? » Effectivement, peu de gens sont prêts à perdre 10 %, 15 % ou 20 % de leur salaire ! C'est là qu'il est important de clarifier le débat : une perte de salaire proportionnelle à la baisse du temps de travail n'est pas nécessaire. Aujourd'hui la question est de savoir si les salariés sont prêts à accepter des baisses de salaire de 2 %, 3 % ou 5 % maximum... Et la réponse est très largement OUI, lorsqu'il s'agit de la semaine de quatre jours avec des créations d'emplois.

Au Crédit agricole, une étude réalisée auprès de 60 000 salariés montre même que, dans ce cas, 75 % des salariés accepteraient une baisse de salaire de 6 %.

N'oubliez pas que, dans notre projet, les plus bas revenus seraient intégralement maintenus (du SMIC jusqu'à 8 500 francs bruts mensuels). Par conséquent, la question de la baisse de salaires ne se poserait pas vraiment à ceux pour qui c'est le plus difficile...

L'essentiel, c'est que la contrepartie pour le salarié soit réelle, et que le *deal* soit clair, présenté de manière intelligente et qu'il soit respecté. Gagner une journée de liberté par

3. CSA / *La Vie*, 9 mai 1997 et *L'Événement du jeudi*, 29 janvier 1998.

semaine (ou l'équivalent en vacances), c'est un vrai gain en qualité de vie ; cela fait réfléchir. Savoir que, tous ensemble, on va faire reculer le chômage, cela compte aussi. C'est l'effet Téléthon : si vous êtes tout seul dans votre coin à donner 200 francs, vous vous dites que cela ne sert pas à grand-chose. En revanche, si on est des millions à être solidaires, on peut changer la donne en quelques années. On connaît tous des personnes au chômage. Pour leur donner une chance de retrouver un travail, perdre 2 % ou 3 %, c'est peu de chose.

À Bruxelles, l'un des responsables du PS belge affirmait : « Si on ne touche pas aux plus faibles salaires, 3 % c'est acceptable. C'est revenir au niveau de vie qu'on avait il y a un ou deux ans. Il ne faut pas exagérer, il y a deux ans, on ne vivait pas si mal. »

Il devrait en parler aux socialistes français.

Je le lui ai proposé.

Une autre façon de répondre à votre question sur les salaires, c'est de reprendre le raisonnement de Chantal Cumunel, de la CFE-CGC : « Il faut être clair : la question n'est pas de savoir si nous acceptons ou pas les 3 % de perte ; de toute façon, si le chômage continue à augmenter, nous allons perdre ces 3 % *via* les augmentations de TVA, de CSG ou de RDS... Le choix, en fait, est limité : cotiser pour le chômage ou payer pour l'emploi. Les salariés ne sont pas idiots et ils savent très bien que la lutte contre le chômage a un coût. Dans leurs familles ils voient ce que coûte un enfant au chômage ou un conjoint sans travail. La question n'est donc pas pour ou contre ces 3 % de baisse de salaire mais plutôt : « Continuons-nous à mettre toujours plus d'argent dans des systèmes qui prennent l'eau de toute part ou sommes-nous capables de changer de logique ? »

Dans le Gers, un délégué CGT disait : « Trois pour cent, pour moi, ce n'est même pas une baisse de salaire ; c'est vraiment minime. » À Brest, un responsable CFDT expliquait à des collègues de sa banque : « Parler de la semaine de quatre jours en refusant de baisser les salaires, c'est parler seulement de vacances supplémentaires. À une époque où il y a 3 ou 4 millions de chômeurs, c'est obscène ! », et il a été longuement applaudi par les salariés.

Je crois que les Français en ont assez des plans d'austérité qui ne mènent nulle part. Mais contre le chômage, s'il y a vraiment des embauches, ils sont prêts à être réellement solidaires.

« Refuser de parler des salaires, c'est refuser le partage du travail et donc laisser les jeunes au chômage. Dans vingt ans, c'est eux qui refuseront de payer nos retraites », affirmait un père de famille dans un débat public à Metz.

Pour les personnes qui vivent en couple, le passage aux quatre jours peut favoriser l'emploi des deux conjoints. Ainsi, même si celui qui travaille actuellement perd 3 % de son salaire net, l'obtention d'un deuxième salaire est favorisée, ce qui peut augmenter nettement et durablement le pouvoir d'achat total du ménage. Le même type de raisonnement est valable lorsqu'un enfant du couple est au chômage et reste en partie à la charge des parents...

À Toulouse, une syndicaliste expliquait devant ses collègues : « J'ai fait mes comptes. Je prends ma voiture tous les jours pour aller au travail : vingt kilomètres à l'aller et vingt kilomètres au retour. Si on compte 2 francs par kilomètre, cela nous fait 80 francs par jour. Donc j'économise 80 francs chaque semaine si on passe à quatre jours. C'est-à-dire 320 ou 350 francs par mois. Avec la semaine de quatre jours, je vais perdre 300 francs de salaire et économiser 350 francs sur la voiture, sans compter le plaisir, messieurs dames. Le plaisir de faire ce que je veux un jour par semaine... Pourquoi ne parlons-nous jamais du plaisir dans nos réunions syndicales ? »

À vos yeux, la question des salaires est une fausse question ?

Non. C'est une question importante mais ce n'est pas un point de blocage dès que l'on parle concrètement avec les personnes concernées. Il faut rappeler aussi que baisser son salaire net de 3 % ne signifie pas perdre 3 % de son pouvoir d'achat. En effet, certains en économiseront une partie sur les impôts, sur la garde des enfants ou le budget nourriture (un repas à la maison coûte moins cher qu'un déjeuner à l'extérieur). Et puis, n'oublions pas que se retrouver au chômage, c'est subir une baisse de 40 % de son salaire, et même plus par la suite...

Je ne vais pas être plus long sur ce point mais je crois vraiment que, à droite comme à gauche, les politiques surestiment ce problème de la baisse des salaires. Je finirai en vous racontant une visite que j'ai faite dans le Nord de la France dans une entreprise passée à quatre jours. Le patron me propose de faire le tour des ateliers pour rencontrer les nouveaux embauchés et recueillir l'avis des anciens salariés. « Vas-y seul. Ils parleront plus librement que si je t'accompagne. Tu vas sans doute te faire un peu engueuler par les deux qui travaillent au fond de l'usine. Ils ont voté non au référendum. Ils sont tous les deux en train de construire une maison et ils ont besoin d'argent. Alors ils n'ont pas apprécié quand on a parlé d'une baisse de salaires. »

Prévenu des difficultés possibles, je commence ma visite. Tous les salariés étaient satisfaits de l'accord malgré les efforts que l'accueil des jeunes avait demandés. « Pendant quelques semaines, on a plutôt travaillé 45 heures que 32 », explique un des contremaîtres en souriant. J'arrive au fond de l'usine, là où, en théorie, je devais me faire prendre à partie par les deux salariés mécontents. L'un d'eux après m'avoir salué m'explique : « Vous savez, la semaine de quatre jours, c'est un vrai progrès social. Je vais toutes les semaines à la piscine avec mon fils. Ça a tout changé dans notre relation. Avant, quand on se voyait avec les enfants, il y avait aussi ma femme. Les enfants lui parlaient surtout à elle. Mais, aller à la piscine tous les deux ensemble, ça nous a rapprochés. La semaine de quatre jours, c'est un vrai progrès social ; il faudrait que tout le monde en profite. » Pas un mot sur la perte de salaire !

Les politiques devraient arrêter de voir les citoyens uniquement comme des porte-monnaie sur pattes. Quand j'entendais Edouard Balladur nous répéter « il faut consommer davantage » et quand j'entends aujourd'hui un responsable du PS expliquer que le but du gouvernement est « d'augmenter le pouvoir d'achat des couches moyennes », je crois qu'ils sous-estiment la part non économique de nos raisonnements, toutes nos aspirations, nos désirs non marchands. En oubliant que nous sommes des personnes, et non des atomes de « couches moyennes », ils se privent sans doute de marges de manœuvre importantes pour changer la donne sociale et réformer l'économie.

Et dans les entreprises qui font d'importants bénéfices, pensez-vous aussi qu'il faille baisser les salaires ?

Ce n'est pas à moi de dire s'il faut ou non baisser les salaires. Chaque entreprise est un cas différent. Notre association est intervenue dans un bon nombre de PME comme médiateur. À chaque fois, on découvre des questions nouvelles et, à chaque fois, des solutions appropriées. Chaque négociation est singulière.

Le politique n'a pas à marcher sur les plates-bandes des négociateurs mais simplement à baliser le terrain pour que la négociation se passe bien. Je ne suis pas un « accro » de la baisse de salaire. Je ne suis pas un « fanatique » des - 3 %. Tant mieux si dans la négociation on peut éviter la baisse de salaire, soit parce que l'entreprise peut sans danger augmenter un peu ses coûts de production, soit parce que l'on fait des économies sur d'autres facteurs de coûts (non-qualité, invendus, frais financiers, absentéisme, etc.). La moitié des accords de réduction du temps de travail se sont d'ailleurs faits sans perte de salaire. Et c'est tant mieux ! Je m'en réjouis évidemment.

Il faut aussi distinguer l'évolution du salaire d'un poste et l'évolution des salaires des personnes. Dans une entreprise, tous les salaires liés à des postes ont un peu baissé (2,5 % ou 3 %) mais pratiquement aucun salarié n'a perdu d'argent du fait de la délégation mise en place : le directeur de fabrication est absent un jour par semaine, donc il délègue quelques-unes de ses responsabilités à son adjoint. Mais son adjoint aussi est passé à quatre jours, donc il doit répartir certains dossiers à ses deux collaborateurs, etc. On a pris six mois pour réfléchir sur le contenu initial des postes, sur ce que l'on pouvait ne plus faire et sur ce que l'on ne faisait pas assez ou pas bien (en fonction des attentes des clients et de la stratégie de l'entreprise), puis on a re-réparti les responsabilités et la charge de travail de façon claire. Bilan : on est passé à quatre jours pratiquement sans aucune baisse de salaire pour ceux qui étaient déjà dans la maison.

Je le répète, je ne suis pas un fanatique des – 3 % mais je préfère faire passer l'idée qu'il faudra que certains acceptent un effort plutôt que de reprendre le refrain du « sans perte de salaire », peu crédible à mes yeux. Refuser *a priori* toute baisse de salaire, c'est souvent refuser d'aller vers une réduction du temps de travail créatrice d'emplois. C'est donc, en fait, accepter le partage du revenu actuel. Combien de chômeurs ont moins de 3 000 francs par mois ?

« L'État peut payer » me paraît être un slogan aussi dangereux. Quand on voit le besoin d'investissements lourds en matière d'urbanisme, de logement, d'éducation, de lutte contre l'exclusion..., continuer à faire croire que l'État peut tout financer – surtout en disant qu'on va réduire les prélèvements obligatoires –, c'est s'enfermer dans des politiques de petits pas inadaptées à la gravité de la crise actuelle.

Dans son livre sur l'Édit de Nantes[4], Michel Rocard explique qu'il y a quatre conditions à réunir pour construire la paix, que ce soit en France il y a quelques siècles, en Nouvelle-Calédonie il y a dix ans ou en entre Israéliens et Palestiniens dans les années qui viennent. La première condition est : « Vouloir la paix. » La vouloir vraiment, radicalement, de façon indiscutable. Que nul ne puisse douter de la volonté du politique. Ni ses proches ni le peuple.

La seconde condition est : « Briser le tabou principal. »

Pour le chômage et le temps de travail, cette analyse s'applique aussi : vouloir vraiment, radicalement, lutter contre le chômage et pour un plus juste partage du travail (est-ce le cas aujourd'hui ?) et briser le tabou principal, le tabou financier. Voilà pourquoi, même si ce n'est pas nécessaire partout, nous continuons à parler d'une petite baisse des salaires.

Dans Du temps pour vivre, *vous répondiez à un grand nombre de questions que l'on peut se poser sur la semaine de quatre jours. Je ne vais pas revenir sur ces questions. J'ai quand même encore quelques questions importantes à vous poser. Nous n'avons à aucun moment parlé du risque de travail au noir. Ne croyez-vous pas que le passage à quatre jours va faire croître fortement l'économie parallèle ?*

C'était l'un de nos principaux soucis il y a cinq ans, lorsque nous avons lancé le débat sur les quatre jours : est-ce qu'on ne va pas augmenter le travail au noir ? Pour essayer de

4. Michel ROCARD, *L'art de la paix, in L'Édit de Nantes* (sous la dir. de Janine GARRISON), Atlantica, Paris, 1997.

répondre à cette question, nous avons rencontré des artisans, des patrons de PME, des gens du bâtiment...

Que nous ont-ils dit ? D'abord que le travail au noir est déjà massif aujourd'hui. Il faut être aveugle pour ne pas s'en rendre compte. Il y a des salariés qui font quelques heures au noir chaque semaine après leur travail pour « arrondir les fins de mois ». Mais il y a surtout tous les chômeurs qui sont libres sept jours sur sept et qui ont besoin d'argent. La moitié des chômeurs vivent avec moins de 3 000 francs par mois. Comment vivre décemment sans travailler au noir quand on a une famille à charge et que l'on touche 100 francs par jour d'indemnités ? En fait, comme l'expliquent les experts, ce sont surtout les chômeurs bien qualifiés et disposant d'un bon réseau social qui se livrent au travail au noir. Ils ont à la fois le temps, la compétence et le réseau relationnel. Ils touchent leurs allocations tout en gagnant de l'argent au noir. C'est tout bénéfice. Puis, au bout de quelques mois, ils reprennent un travail salarié pour remettre les compteurs à zéro pour la Sécurité sociale ou les retraites. Or, ce sont ces chômeurs, bien qualifiés et bien intégrés, que l'on va remettre au travail les premiers si l'on crée des emplois grâce à la semaine de quatre jours.

Pour vraiment lutter contre le travail au noir, je crois qu'il y a au moins trois choses à faire : premièrement, il faut créer massivement des emplois. C'est le chômage qui alimente le travail au noir ; ne l'oublions pas. Deuxièmement, il faut baisser le coût du travail. Si le peintre qui paie ses cotisations et ses taxes était moins cher, on serait moins tenté de faire travailler quelqu'un au noir. Troisièmement, il faut sanctionner beaucoup plus fortement ceux qui travaillent au noir et ceux qui donnent le travail au noir. Il faut mettre des peines d'amende qui dissuadent tous ceux qui seraient tentés de contourner la loi.

Je me souviens d'un artisan qui dans un débat public a fait rire toute la salle. Mais ses arguments étaient tout à fait justes. Il expliquait qu'il avait réfléchi à ce problème du travail au noir avant de venir : « Il ne faut pas s'inquiéter. C'est vrai qu'il y en a qui vont profiter de leur journée libre pour travailler au noir. Mais il y en a aussi qui vont être embauchés : ils auront quatre jours de moins de libre pour travailler au noir. On va donc faire un double partage du travail. On va partager le travail au blanc et le travail au noir. Mais, globalement, le volume total de travail au noir ne va pas augmenter ! » Son raisonnement me paraît incontournable.

Pour finir sur cette question du travail au noir, il faut avoir conscience que, depuis le début du siècle, à chaque fois que l'on parle de baisser le temps de travail, ce sont les mêmes objections : « les ouvriers vont devenir fainéants », « ils vont travailler au noir » – et je vous passe les arguments sur le thème : « ils vont passer leurs journées à boire ». C'est un argument qui a été très utilisé contre les congés payés dans les années trente mais que l'on n'entend plus. Je pourrais aussi vous retourner votre question : croyez-vous que, actuellement, les salariés travaillent au noir pendant leurs week-ends ? Vous-même, pendant vos vacances, vous travaillez au noir ?

3

Les quatre jours en action

La semaine de quatre jours en pratique

Dans Du temps pour vivre, *vous donniez seulement cinq ou six exemples d'entreprises passées à quatre jours. Vous décriviez précisément leur nouvelle organisation. Vous écriviez que Serge Pasquier réfléchissait au passage éventuel d'une usine à quatre jours. Depuis, c'est l'ensemble du groupe Pasquier qui est passé à quatre jours. Au total, combien d'entreprises ont mis en place cette nouvelle organisation du travail ?*

En 1995, il y avait effectivement moins d'une dizaine d'entreprises passées à quatre jours. Grâce à la bataille d'amendements que notre association avait incité à mener fin 1993 autour de la loi quinquennale, nous avions obtenu un dispositif (l'article 39 de cette loi) qui permettait à des entreprises de passer à quatre jours. Il n'y avait que trois ans d'exonération. C'était vraiment risqué. Mais c'est grâce à ce petit dispositif que INPIG, Jaoul, l'Apajh, Wents & Castel et Pasquier sont passés à quatre jours. Ces quelques pionniers nous ont énormément aidés pour la deuxième partie de lobbying qui nous a amenés à la loi de Robien. Avec cette loi, les exonérations étaient plus longues. Les entreprises pouvaient donc se lancer avec plus d'assurance. Plus de deux cents entreprises sont passées en moyenne à quatre jours en utilisant la loi de Robien. Je reviendrai tout à l'heure sur les faiblesses de cette fameuse loi, mais elle a permis de casser des tabous considérables et d'expérimenter, dans tous les métiers, la faisabilité de la semaine de quatre jours. Vous trouverez, parmi les entreprises passées à quatre jours, aussi bien une librairie qu'une entreprise de charcuterie, une imprimerie et un fabricant de murs d'escalade, un concepteur de logiciels de gestion de production et une PME spécialisée dans l'air comprimé, une entreprise de poutres métalliques et un cabinet de conseil en gestion, un groupe d'assurances et les Gîtes de France...

Nous savons maintenant que, bien négociée, « à la carte », la semaine de quatre jours est applicable dans tous les secteurs, dans des entreprises de toute taille, et à tous les types de métiers.

Vous présentez surtout des exemples de PME. Les grands groupes sont-ils absents ?

Il y a 800 salariés chez Mamie Nova (Coop Even) et 600 chez Prado-Prémalliance. À EDF, un accord sur les 32 heures a été négocié en 1997. Quand l'accord-cadre a été signé au niveau national, *Le Figaro* annonçait qu'il y avait 15 000 emplois à la clé. Il y a trois ans, dans *La Tribune Desfossés*, c'est le directeur des ressources humaines d'AXA qui annonçait que les 32 heures pourraient créer 830 emplois. La fusion avec l'UAP a gelé la négociation mais je pense qu'elle devrait reprendre. À l'UAP, j'ai été invité à exposer mon projet devant l'ensemble des DRH du groupe et, pendant le dîner qui a suivi notre séance de travail, Jacques Friedman, qui en était alors le P-DG, a expliqué aux cadres présents qu'il était « convaincu depuis de nombreuses années qu'il faut aller à quatre jours ».

En 1993 nos détracteurs affirmaient que la baisse du temps de travail ne serait possible que dans les grands groupes (type Volkswagen) et jamais dans les PME. Il serait cocasse aujourd'hui que l'on nous reproche d'avoir trop d'exemples de PME. Vous savez comme moi qu'une majorité de salariés travaillent dans des PME. Il était important de vérifier que la semaine de quatre jours était possible pour eux et de mesurer toutes les difficultés spécifiques que peuvent rencontrer les PME pour passer à quatre jours.

Pouvez-vous nous parler de ces difficultés ?

Oui. C'est important. Je ne voudrais pas donner l'impression que la mise en place de ces nouvelles organisations se fait sans aucun problème. Je ne voudrais pas non plus que l'on croie qu'une entreprise passée à quatre jours n'aura plus jamais de problèmes d'emploi. La vie économique est faite de hauts et de bas. Ce n'est pas parce qu'une entreprise est passée à quatre jours qu'elle ne perdra jamais de clients ou que, à l'inverse, elle n'aura pas de problèmes pour financer sa croissance. Je vous dis cela car, dans les entreprises qui ont déjà mis en place les 32 heures, un cabinet d'avocats, au bout de deux ans, a dû supprimer un poste car son chiffre d'affaires avait baissé et, dans la métallurgie lourde, une entreprise qui avait réduit son temps de travail a actuellement de sérieuses difficultés avec le banquier qui devait financer son développement et qui, apparemment, est en train de changer d'avis. Ces deux types de problème n'ont aucun rapport avec la baisse du temps de travail mais il faut être honnête et dire que la baisse du temps de travail ne règle évidemment pas tous les problèmes. Ceci étant dit, pour revenir au cabinet d'avocats, les effectifs étaient passés de six à sept grâce aux quatre jours. Ils redescendent à six. Cela fait quand même un emploi de plus que si ce problème de chiffre d'affaires était intervenu dans une structure à six salariés pour la faire descendre à cinq.

Je vous ai parlé de deux entreprises qui, en raison de problèmes économiques ou financiers, suppriment des postes. Mais il faut dire aussi que certaines entreprises passées à quatre jours embauchent plus que prévu. Pasquier, par exemple, devait embaucher « seulement » 100 salariés pour rentrer dans le cadre de l'article 39 de la loi quinquennale. Ils ont embauché en fait 220 personnes (130 grâce à l'accord « quatre jours » et 90 grâce à la croissance du chiffre d'affaires) et continuent d'embaucher depuis.

Revenons aux difficultés liées à la mise en place de la semaine de quatre jours.

Je peux vous donner quelques exemples concrets : dans une entreprise d'agro-alimentaire, le passage à quatre jours a provoqué deux ou trois mois de cafouillage. On avait laissé trop de latitude aux salariés pour choisir leurs journées de liberté. Cela a causé des problèmes de qualité de production, de transmission de l'information, de coordination. C'était assez usant pour les contremaîtres, les cadres et le service qualité parce qu'ils dépensaient beaucoup d'énergie pour récupérer des erreurs ou des bêtises en préparation. Au bout de trois mois, il a fallu corriger le tir et poser une règle qui s'impose à tous ceux qui ont des fonctions d'animation et de coordination, les cadres, les contremaîtres, les chefs d'équipe, les gens de la gestion de production, les ingénieurs des méthodes, le service qualité, les biologistes... Ils doivent tous être présents le mardi et le jeudi. Avec cette règle simple, le système fonctionne maintenant très bien.

Dans une autre entreprise, nous avons rencontré des problèmes d'organisation du travail difficiles à régler. C'est une imprimerie du Nord de la France, les salariés avaient vraiment envie de conclure un accord et le patron y était tout à fait favorable. Mais nous avons été bloqués pendant trois mois sur l'organisation d'une nouvelle ligne de production. Peu auparavant, l'imprimerie avait investi plus de 3 millions de francs dans cette ligne de production et nous n'arrivions pas à trouver un schéma d'organisation avec des salariés travaillant quatre jours pour que la ligne fonctionne bien. Une première solution avait été acceptée par la direction, mais les salariés n'en voulaient pas. Une deuxième solution, conçue avec les salariés, a été rejetée par la direction : « Ça marche sur le papier, mais il y a un risque important pour la rentabilité globale du système. » Finalement, une troisième façon de s'organiser a été trouvée, qui marche effectivement. Mais pendant trois mois, alors que la bonne volonté était totale chez tous les acteurs, nous avons dû retourner le problème dans tous les sens, avant de trouver la bonne formule.

Autre exemple, une entreprise où il y avait un seul acheteur international. Nous avons buté sur cette question pendant assez longtemps. Pour tous les autres métiers de l'entreprise, il était assez facile de passer en moyenne à quatre jours mais, pour l'acheteur international, il n'y avait pas de solution évidente, puisque embaucher une deuxième personne ne se justifiait pas et que le faire passer à quatre jours allait priver l'entreprise de 20 % de ses capacités de négociation. Finalement, la réponse est venue de l'intéressé : il a proposé d'embaucher une assistante de direction, alors qu'il avait jusque-là une secrétaire peu qualifiée. Sa secrétaire est allée dans un autre service et sa nouvelle assistante est capable de le décharger d'une partie importante des formalités : une fois que le contrat est finalisé, il arrête son travail d'acheteur et c'est l'assistante qui fait le traitement administratif et le suivi. L'acheteur peut ainsi se concentrer sur ses tâches essentielles, étant soulagé d'une bonne partie des formalités qui l'encombraient. En étant passé à quatre jours, il dit travailler moins, mais mieux.

La négociation sur les salaires est évidemment une difficulté dans certaines entreprises. Il y a souvent des inquiétudes sur cette question et il faut être très imaginatif. Certains salariés sont très attachés au fait qu'on ne touche pas au salaire mensuel. Dans ce cas, il est préférable, de manière un peu formelle, de jouer plutôt sur les primes de panier, le treizième mois, la prime de vacances, les heures supplémentaires, l'intéressement... Il faut aussi être très concret : quand Serge Pasquier a proposé aux salariés de son groupe de passer à quatre jours, beaucoup se sont étonnés. Un patron qui propose de travailler moins, ce n'est pas courant. Surtout que Pasquier était vraiment un pionnier. Quelques rumeurs ont commencé à courir. Certains pensaient qu'ils allaient perdre 10 % ou 20 % de leurs salaires (ils confondaient avec du temps partiel). Voyant cela la direction a eu l'idée de coller sur les murs d'un couloir allant vers la cantine les feuilles de salaire pour soixante-dix postes de l'entreprise. Comme cela, en allant déjeuner, chacun pouvait voir pour son poste quelle serait la perte de salaire : on avait affiché, pour chaque poste, la feuille de salaire « sans quatre jours » et, à côté, « avec quatre jours ». Un salarié m'a raconté que lorsqu'il a vu que ce qu'il allait perdre, « c'était le prix de deux pizzas », il ne s'est plus inquiété.

Ce n'est pas toujours facile de passer à quatre jours, mais si on prend le temps d'y réfléchir, si vraiment il y a une volonté d'avancer, ça marche... et ça peut provoquer des changements bénéfiques. Je pense à une entreprise d'agro-alimentaire où, depuis longtemps, dans la partie logistique de l'usine, les rôles étaient assez figés. Un manutentionnaire, en particulier, passait sa vie à pousser les cartons au fond des camions et à manier les palettes. Avec le passage à 4 jours, le chef de quai, qui gère sur l'ordinateur les commandes, allait être absent un jour par semaine... C'est alors que l'on s'est rendu compte que l'homme qui jusque-là était utilisé uniquement pour pousser les palettes et les cartons dans les camions, faisait de l'informatique, chez lui, avec ses enfants ! Il était tout à fait capable, avec un peu de formation, d'occuper le poste de gestionnaire des commandes sur l'ordinateur, une fois par semaine. L'image de ce salarié a complètement changé dans l'entreprise, et les relations dans l'équipe ont été nettement améliorées. Il n'y avait plus d'un côté le chef compétent, et de l'autre côté l'exécutant un peu limité... il y avait maintenant une équipe, avec des rôles distincts mais avec un dialogue et une cohésion renforcés. Ce qui était au début une difficulté est devenu une chance.

On ne règle ces problèmes qu'en négociant vraiment unité par unité, équipe par équipe. Le fait que le manutentionnaire soit capable de faire de l'informatique, le directeur du personnel ou le directeur général de l'usine étaient incapables de le savoir. En demandant à l'équipe logistique de réfléchir pendant un mois sur la mise en place des quatre jours, la solution est venue naturellement des intéressés.

Les difficultés liées à la mise en place peuvent-elles aussi être surmontées en ce qui concerne les cadres ?

Bien sûr. Dans toutes les entreprises dont je vous ai parlé, les cadres sont, eux aussi, passés à quatre jours. Les cadres sont très demandeurs d'une réduction intelligente du temps de travail. Ils sont actuellement très loin des 39 heures. Pour eux comme pour un nombre croissant de salariés, les 35 heures n'ont guère de sens, ils veulent des journées entières de liberté. *La Tribune Desfossés* titrait le 23 janvier 1995 : « Les cadres plébiscitent la semaine de quatre jours », avec, en sous-titre : « La semaine de quatre jours pourrait être une réponse à la fois au stress des cadres et au chômage ». L'article s'appuyait sur les résultats d'une enquête selon laquelle 80 % des cadres de l'industrie souhaitaient passer à quatre jours. Dans cet article, le syndicat FO Cadres annonçait qu'il allait faire de la semaine de quatre jours son cheval de bataille.

Deux mois plus tard, c'est le journal *Entreprises et Carrières* qui titrait : « La semaine de 32 heures, c'est pour bientôt ! » Au terme d'une enquête réalisée auprès de ses lecteurs (essentiellement des cadres chargés des questions de ressources humaines), il annonçait que la semaine de quatre jours recueillait 86 % d'avis favorables. Chez Merlin-Gérin, à Grenoble, c'est l'amicale des cadres supérieurs qui a lancé le débat sur les quatre jours.

Le terme « cadres » est un terme général qui regroupe une grande variété de professions. Une caractéristique commune est souvent une compétence propre qui semble les rendre indispensables. En fait, il y a déjà en France plus de 80 000 cadres ou professions libérales à temps partiel : ce développement récent montre la faisabilité concrète de nouveaux rythmes de travail pour les cadres. De même, lorsqu'un cadre part en vacances, en formation ou en visite chez un client, l'entreprise continue de tourner et les dossiers d'avancer. Dans les usines qui tournent en 3 × 8 ou 5 × 8, les cadres sont absents (ou très peu présents) la nuit ou le week-end, ce qui n'empêche pas la production de se faire.

En fait, le discours tendant à refuser au responsable d'encadrement la capacité à être périodiquement relayé par une autre personne (comme il l'est supposé dans la semaine de quatre jours) est fondé sur une triple conviction : le cadre serait indispensable (rien ne peut se faire, aucun dossier n'avance en son absence), il serait irremplaçable (nul autre que lui n'a les capacités et les connaissances pour agir), le cadre travaille dans l'urgence (toute décision doit être immédiate).

Cette triple conviction est discutable. Le responsable d'encadrement n'a pas en permanence pour fonction d'agir lui-même, mais aussi d'organiser et de coordonner l'action de ses collaborateurs. À ce titre, une de ses qualités principales est sa capacité à déléguer (cette délégation peut porter sur des tâches qui ne sont pas directement du ressort du responsable – délégation classique – ou sur certaines des siennes propres en son absence). Lorsqu'une tâche est déléguée à un collaborateur, celui-ci la réalise, prend les décisions correspondantes et en rend compte. Un responsable d'encadrement sachant déléguer peut s'absenter un jour par semaine.

De même, l'élévation du niveau général de formation témoigne probablement de ce que les capacités intellectuelles et les connaissances techniques générales du responsable d'encadrement ne sont plus des ressources aussi rares que par le passé.

Enfin, l'urgence, si elle est valorisante et nerveusement excitante (et donc parfois entretenue à cette fin), est une circonstance rare dans les décisions de haut niveau. Au contraire, l'importance d'une question est en règle générale en proportion inverse de son urgence : on prend rarement une décision stratégique sous la pression forte de l'événement. Les tâches urgentes sont donc celles ayant une vocation préférentielle à être déléguées. De surcroît, leur urgence signifie également que leur durée caractéristique est courte : l'événement disparaît très vite, donc ne nécessite pas d'être ensuite transmis.

Vous dites que l'élévation du niveau de formation simplifie les problèmes de remplacement des cadres. Que se passe-t-il pour des postes qui demandent des compétences particulières ?

Pour les chargés d'études, de recherche et de développement, les consultants, les experts, le problème crucial est celui de la connaissance approfondie des dossiers et du respect des délais. Lors de la réalisation d'une tâche complexe, le cadre reçoit, stocke et traite un grand nombre d'informations.

Nous voyons alors l'intérêt de la période de négociation, de concertation et d'adaptation prévue avant le passage effectif aux quatre jours : elle permet d'ajuster la durée du travail continu à chaque cas. Ainsi, selon les fonctions, le 4/5 pourra se traduire par des semaines de 4 jours, des 8 mois sur 10, des 4 ans sur 5, et toutes les formules intermédiaires imaginables. Le principe est de respecter d'une part une proportion entre la durée de transmission de l'information (« passage de consigne ») et la durée de travail continu et, d'autre part, de garder une correspondance entre la durée de travail continu et la durée caractéristique des tâches complexes.

Comme les autres salariés, les cadres sont passés de 7 jours à 6, puis de 6 jours à 5. Comment expliquer que le passage aux 4 jours ne puisse pas les concerner ? Rappelons aussi qu'il y a actuellement 200 000 cadres au chômage.

Vous n'avez pas convaincu le MEDEF (ex-CNPF). Il semble très réticent à la baisse du temps de travail des cadres.

Les membres du MEDEF sont la preuve vivante qu'un cadre, un cadre supérieur ou un patron, peut passer à quatre jours. Les responsables du MEDEF alternent des journées passées dans leurs entreprises et des journées passées à Paris, au siège du MEDEF ou dans des réunions paritaires... Or, que je sache, leurs entreprises n'en sont pas mortes. C'est bien la preuve que, si l'on prend le temps de réfléchir à la question, il est possible de déléguer une partie des tâches que l'on effectuait. Je ne dis pas que c'est très facile. Je ne dis pas que cela se fait en trois semaines mais c'est possible. Les membres du MEDEF en sont la preuve vivante. Je dirai la même chose des quelques députés chefs d'entreprise qui s'opposent à l'idée d'un partage du travail plus juste. Soit ils ne remplissent pas leurs fonctions de députés, soit ils sont absents de leurs entreprises deux, trois ou quatre jours par semaine.

C'est un argument que je n'avais encore jamais entendu.

À notre époque, madame, on est forcé d'innover !

Redevenons sérieux. Une raison de fond milite spécifiquement pour le passage à quatre jours des cadres d'entreprise : ils ont pour mission d'innover, de transformer, de prendre des risques. Aujourd'hui, le chômage les touche aussi : la peur de la faute, l'angoisse ou tout simplement la fatigue limitent ou cassent leur créativité. Le passage à la semaine de quatre jours devrait permettre de renouer les liens entre entreprises et salariés, actuellement mis à mal par la multiplication des plans sociaux. Disposer d'un jour par semaine pour souffler leur permettrait aussi de lever le nez du guidon et de mieux se consacrer à leurs fonctions spécifiques.

À Draguignan, dans une concession Peugeot passée à quatre jours, le chef d'atelier explique : « J'étais complètement hostile aux quatre jours. C'était l'idée de l'un de nos patrons mais je pensais que, pour moi, ce n'était pas possible et que pour les mécanos, ce serait très dur : quand on commence à démonter un moteur, on ne peut pas laisser le travail à finir par un collègue. Je peux vous dire avec le recul que je m'étais trompé. Une fois la période de rodage passée, le bilan est vraiment bon. Chacun se sent plus responsabilisé et moi, je suis moins stressé. Comme responsable des ateliers je reçois souvent des clients stressés : il faudrait presque leur avoir réparé la voiture avant qu'ils nous l'aient portée ! Une fois par semaine, je fais une grande balade en vélo dans l'arrière-pays. Ça me fait un bien fou. J'élimine le stress. Je suis plus détendu. Ma famille en profite autant que les clients. »

Dans un cabinet de conseil, un des associés témoigne. « Dès la première semaine, j'ai pris mon mardi. Je tenais à marquer que les quatre jours s'appliqueraient aussi à moi. Cela me paraît essentiel. La deuxième semaine, j'ai eu un appel du bureau : un ordinateur était planté ; un salarié me demandait comment reprendre l'exploitation normale. Avant que nous passions à quatre jours, ce genre d'incidents arrivait assez fréquemment et, à chaque fois, on faisait appel à moi pour remettre en route le système. Ce jour-là, ce fut la dernière fois : comme j'étais absent, ils ont fait davantage attention et ont retenu comment il fallait réparer la panne si nécessaire. C'est un exemple des progrès apportés par la baisse du temps de travail ; j'en aurais d'autres à vous donner. Mais j'insiste sur un point : il faut que les dirigeants montrent l'exemple ! »

Dans certaines entreprises, les cadres passent à quatre jours avec un peu de retard sur les non-cadres pour gérer la transition. Mais eux aussi veulent en bénéficier.

Avez-vous un exemple de commercial « à quatre jours » ?

Les commerciaux de Brioche Pasquier sont passés à « quatre jours » en même temps que leurs collègues de la production. Ils ont désormais onze semaines de vacances par an. Ils sont organisés en binômes. Auparavant, chaque commercial avait une zone de 50 clients ; maintenant, ils sont souvent deux sur un secteur de 86 clients. Cette nouvelle organisation présente des avantages pour les commerciaux (moins de stress, plus de recul), comme pour l'entreprise : les clients ont un interlocuteur en permanence, même quand l'un des deux ou trois commerciaux de la zone est absent (vacances ou maladie). De plus, l'entreprise est moins dépendante de « passages à la concurrence » de l'un de ses vendeurs.

Chez Hewlett Packard, Kléber Beauvillain m'avait présenté des commerciaux qui étaient vraiment à quatre jours (quatre jours hebdomadaires) et qui étaient parmi les meilleurs de l'entreprise pour le taux de clients nouveaux dans le portefeuille ou pour le taux de rentabilité.

Aux Ducs de Gascogne, c'est le directeur des ventes qui a eu l'idée des quatre jours.

Les professions libérales, les artisans peuvent-ils passer à quatre jours ?

Ce n'est sans doute pas le cas le plus facile. Ces professions ont souvent été à la traîne pour la réduction du temps de travail... mais elles finissent toujours par y venir. Tous les boulangers de France prennent maintenant cinq semaines de vacances. Pourquoi les boulangers ont-ils ces cinq semaines de congés ? C'est parce que les salariés les ont obtenues et que, quelque temps après, les boulangers l'ont demandé aussi et l'ont organisé. D'une façon ou d'une autre, en quelques années, l'ensemble des professions converge vers le mode de vie des salariés, à l'exception peut-être des agriculteurs – dont le rapport au travail évolue aussi depuis quelques années parce qu'un nombre croissant est marié à un(e) salarié(e).

Il faut rappeler que plus de 50 000 professions libérales sont déjà à 4/5. L'organisation en cabinets regroupant plusieurs professionnels (médecins, dentistes, avocats...) facilite cette dynamique.

Les avantages pour l'entreprise

Vous avez évoqué la souplesse, la flexibilité que l'entreprise pouvait gagner avec la semaine de quatre jours à la carte. Pouvez-vous nous parler, globalement, des avantages de ces nouvelles organisations ? Pourquoi une centaine d'entreprises se sont-elles déjà jetées à l'eau alors que rien ne les obligeait à le faire ?

Ces avantages sont variés et différents d'une entreprise à l'autre (et d'un service à l'autre). Ce qui est essentiel, c'est que l'entreprise peut, et doit, sortir gagnante de la réduction du temps de travail.

Dans certaines entreprises, la semaine de quatre jours, flexible et à coût constant, peut permettre d'augmenter la durée d'utilisation des équipements (chaque salarié travaille moins mais les équipements tournent plus longtemps). Elle peut donner à l'entreprise la faculté de mieux répondre à la saisonnalité et aux pics d'activité occasionnels, sans recourir à des emplois précaires ou aux heures supplémentaires. J'en ai parlé tout à l'heure avec les Ducs de Gascogne et INPIG. La disponibilité au client peut être améliorée (grâce à des horaires mieux adaptés, grâce à la réorganisation ou grâce aux nouvelles embauches).

Les nouvelles embauches permettent aussi de rééquilibrer la pyramide des âges (par exemple en recrutant des jeunes), la structure des métiers (ici, ce sera en engageant des commerciaux ou des compétences dont l'entreprise manquait), ou l'implantation géographique. Un grand réseau bancaire peut être intéressé par la semaine de quatre jours pour régler un problème de sureffectif de son grand centre administratif sans licencier personne : imaginons qu'une banque ait dans la région parisienne un grand *back-office* avec une moyenne d'âge élevée et des sureffectifs importants liés à l'informatisation du site. Imaginons que la même banque souhaite développer son réseau dans l'Ouest de la France mais sans augmenter ses frais fixes. Que peut-elle faire si pour différentes raisons elle ne veut pas licencier les personnes en sureffectif à Paris ?

L'idéal pour le directeur des ressources humaines serait évidemment que les salariés âgés de 50 ans, administratifs et Parisiens depuis vingt ans, quittent la capitale avec leur famille pour aller jouer les jeunes commerciaux dans l'Ouest de la France. Cela paraît difficile ! En revanche, avec la semaine de quatre jours, il peut baisser le coût du centre administratif, n'y embaucher pratiquement personne (mais éviter les licenciements) et créer tous les emplois en Bretagne en recrutant de jeunes commerciaux. Ainsi, il est possible de déplacer des postes sans déplacer des personnes.

La négociation est aussi l'occasion de remettre à plat l'organisation de l'entreprise ou de certains services (ce qui peut s'accompagner d'une démarche qualité). Autre avantage non négligeable, elle permet d'améliorer considérablement le climat social (ce qui peut se traduire pour l'entreprise par un regain de motivation et de disponibilité des salariés). C'est aussi l'occasion de passer de la théorie à l'action en matière de gestion prévisionnelle des emplois et des compétences. Avoir, en deux ans, à recruter 10 % ou 15 % de salariés supplémentaires devrait permettre de « lever le nez du guidon » et de s'interroger : quelles sont les évolutions prévisibles de mon marché ? de mon métier ? Quelles sont les qualifications (techniques et culturelles) dont j'aurai besoin dans un, deux ou quatre ans ? Comment répondre à ces besoins ? Passer aux quatre jours peut ainsi être une occasion de moderniser la gestion des ressources humaines là où cela s'avérerait nécessaire. Enfin, elle peut permettre de développer la polyvalence et la formation (par exemple en négociant la mise à disposition d'une partie du temps libre pour la formation professionnelle).

Dans une imprimerie du Nord de la France, le passage à la semaine de quatre jours a permis à l'entreprise d'investir dans de nouvelles technologies. L'entreprise souhaitait installer une nouvelle machine mais ne pouvait pas payer les ingénieurs qualifiés indispensables pour l'exploiter. La semaine de quatre jours a permis à l'entreprise d'embaucher à masse salariale constante cinq personnes, dont les deux ingénieurs qualifiés. Elle a aussi permis de recruter un jeune en difficulté.

La semaine de quatre jours, c'est encore la possibilité de proposer des développements de carrière à un certain nombre de salariés : des ouvriers peuvent passer contremaîtres, des contremaîtres qui ont fait le tour de leur métier peuvent passer cadres... Dans une entreprise de services, on va ouvrir une « bourse interne des emplois libres » avant de recruter à l'extérieur.

Tous ces avantages ne sont pas acquis au détriment des salariés : eux aussi sortent gagnants d'un accord qui réduit massivement leur temps de travail tout en baissant faiblement leur salaire. Dans certaines entreprises, ce sont les salariés qui demandent le passage à quatre jours. Ailleurs, c'est la direction qui le propose. C'est bien la preuve que tout le monde y gagne !

La France peut-elle se lancer seule dans une réduction massive du temps de travail, ou doit-elle tenir compte, notamment, de l'évolution en la matière de ses partenaires européens ?

Puisque la semaine de quatre jours est neutre ou bénéfique pour l'entreprise, elle peut être mise en œuvre sans attendre que les concurrents (français ou étrangers) en fassent autant. Depuis que Brioche Pasquier est passée à quatre jours en 1995, je peux vous dire que sa compétitivité n'a pas baissé ! Un ami m'a envoyé un extrait de la rubrique boursière du *Figaro Magazine*[1] : le « conseil de la semaine » c'était d'acheter des actions Brioche Pasquier, « devenue en dix ans le leader de la viennoiserie en grandes surfaces, avec des investissements qui permettent aux brioches d'être mises en place 48 heures après leur fabrication. [...] Elle a capitalisé dix-huit fois les bénéfices escomptés pour cette année et seize fois ceux de 1998 ». Ce qui est valable vis-à-vis des concurrents français n'a pas de raison de ne pas l'être face aux étrangers. Il faut vraiment sortir de cette idée que la semaine de quatre jours serait un « cadeau » aux salariés, néfaste pour les entreprises.

Le passage à quatre jours, bien négocié, doit constituer un avantage et nous donner une longueur d'avance, puisqu'il peut accroître la compétitivité de l'entreprise. En libérant du temps, cette évolution ouvre véritablement à tous les actifs les voies de la formation professionnelle. Elle peut aussi donner une vigueur nouvelle à la croissance de notre économie (effet redistribution, effet anticipation et effet temps libre). Finalement, en rompant avec la crise et l'ambiance délétère qu'elle entraîne, en redonnant espoir à un grand nombre de personnes, en prouvant la capacité des corps intermédiaires (syndicats et partis politiques) à agir pour le bien de tous, en laissant plus de temps pour la vie personnelle, la vie familiale, l'éducation des enfants, la vie associative et politique, la semaine de quatre jours est sans doute un gage de compétitivité globale à long terme.

1. *Le Figaro Magazine*, 27 septembre 1997.

Non seulement nous pouvons aller vers les quatre jours avant les autres, mais nous n'avons même aucun intérêt à les attendre. Être les premiers nous donnera une longueur d'avance, par la croissance renforcée et par le savoir-faire acquis dans les activités d'avenir développées sur le marché national. C'est en inventant et en mettant en pratique le crédit à la consommation et la production de masse que les États-Unis ont pris vingt ans d'avance sur l'Europe dans l'industrie des biens durables : pourquoi ne pas prendre la même avance dans les services qualifiés autour du temps libre, industrie de l'avenir ?

Certains s'inquiètent aussi de l'image internationale de la France si elle passait aux quatre jours, et aussi de la réaction des marchés financiers.

On peut d'abord constater que, lorsqu'en novembre 1993 Volkswagen a signé l'accord sur la semaine de quatre jours, le cours de son action a progressé de plus de 3 % à la cotation suivante : les marchés ont su analyser l'impact bénéfique d'un tel accord social sur le résultat net de l'entreprise. On peut aussi indiquer que les marchés réagissent mal à l'accroissement des déficits publics, eux-mêmes étroitement liés à l'augmentation des problèmes sociaux et qu'ils devraient accueillir positivement la mise en place de politiques conciliant compétitivité économique (à court, moyen et long terme) et bien-être social.

À l'automne 1993, le *Nikkei Business Magazine* de Tokyo a rendu compte du débat sur la semaine de quatre jours en indiquant que son application éventuelle serait neutre pour l'entreprise comme pour les finances publiques. Au début de l'été 1994, à l'occasion du sommet du G7 de Naples consacré à l'emploi, le journal du soir de CBS, exposant le projet de passage aux quatre jours que nous défendons, mettait en avant la stabilité des coûts pour l'entreprise et illustrait la proposition par une visite des ateliers de Volkswagen. Le message est simple et il passe bien.

Mais il est vrai que la contrainte européenne semble très présente dans les esprits. « On ne peut pas faire grand-chose si toute l'Europe ne le fait pas en même temps », pensent certains. C'est faux économiquement, mais il faut essayer de comprendre ce que signifie cette idée largement répandue. Ce souci traduit-il vraiment une volonté forte d'unir notre destin à celui de nos voisins, ou révèle-t-il plutôt une inquiétude un peu irrationnelle, un certain manque de confiance, si ce n'est la volonté de laisser d'autres prendre les décisions à notre place ?

Pouvez-vous nous citer des pays où l'on commence à réfléchir à la semaine de quatre jours ?

Nulle part le mouvement n'est vraiment avancé. J'ai parlé de la Belgique. Il y a dans ce pays toute une branche (celle du bâtiment) qui a signé un accord du type quatre jours prévoyant un certain nombre d'heures de formation pendant le temps libéré. Dans ce pays les deux grands syndicats – aussi bien le chrétien social que le syndicat plus proche du parti socialiste – ont signé un accord de branche et demandent la semaine de quatre jours. Le PS belge a pris position pour les quatre jours.

En Allemagne, le président d'IG Metall, le syndicat de la métallurgie allemande, a pris position pour la semaine de quatre jours avec baisse de salaire. Cela ne va pas sans quelques difficultés avec ses adhérents (pour diverses raisons internes de fusion de fédérations notamment). Néanmoins, le président a bien pris position pour la semaine de quatre jours avec baisse de salaire. Les syndicats suisses sont eux aussi en train de prendre position sur le sujet et nous avons en ce moment des contacts en Espagne et en Italie. Ce qui se passe en France, les premiers cas d'entreprises à quatre jours, intéresse vraiment. Quand on parle concrètement, quand on met tout sur la table, y compris la question des salaires et la question d'organisation, cela intéresse de nombreuses personnes.

N'y a-t-il pas à l'inverse des pays où la mise en œuvre de la semaine de quatre jours sera très difficile ?

Oui, il est clair que si la négociation peut s'établir de façon assez aisée en France, c'est parce que, financièrement, l'effort qui est demandé aux salariés et aux entreprises n'est pas trop dur. En effet, comparé avec celui de certains de nos voisins, le niveau de solidarité en France s'avère relativement élevé. Or, ce sont justement les fonds destinés à la solidarité entre chômeurs et personnes ayant la chance d'avoir un emploi qui doivent être utilisés sous forme d'exonération de charges, pour aider les entreprises qui passent à quatre jours et embauchent.

D'autres pays d'Europe, comme par exemple le Royaume-Uni, consacrent actuellement des sommes relativement faibles au chômage. Quand vous êtes chômeur au Royaume-Uni, vous n'avez que six mois d'allocations-chômage, de l'ordre de 400 francs par semaine pour vivre. De fait, il y a actuellement très peu de solidarité financière entre les chômeurs et les non-chômeurs en Angleterre. Si ce pays voulait passer à quatre jours, il faudrait que les salariés acceptent une baisse de salaire nettement plus forte que les 3 % que nous proposons. Le manque de qualifications disponibles poserait également problème, le niveau de qualification au Royaume-Uni étant nettement moins élevé qu'en France.

Bref, c'est parce que nous partageons déjà nos revenus que le passage à la semaine de quatre jours est possible en France. En revanche, dans un pays où le niveau de solidarité est très faible, il faudrait pour passer à quatre jours non pas une perte de salaire de 3 % mais peut-être une réduction de 7 % ou 8 %. C'est alors évidemment beaucoup plus difficile à négocier et à mettre en place.

4

Respecter les équilibres

Deux millions d'emplois

S'il y avait un mouvement général vers la semaine de quatre jours en France, à combien estimez-vous le nombre d'emplois qui seraient créés ?

Cela dépend beaucoup des branches. Il y a des secteurs où l'effet sur l'emploi sera très faible. Prenez l'automobile : les 100 000 salariés de Volkswagen sont passés à quatre jours en Allemagne, ce qui a évité 30 000 licenciements. Mais cela n'a pas créé d'emplois nouveaux. Dans certains secteurs, la baisse du temps de travail va simplement éviter les licenciements.

Ailleurs, elle peut éviter des licenciements et créer des postes : dans la banque, par exemple, deux études ont été faites par le patronat (AFB et Institut de l'entreprise). Elles montrent que la semaine de quatre jours « à la carte » est possible dans tous les métiers, qu'elle permettrait d'éviter des plans sociaux et pourrait créer non pas 20 % d'emplois, mais sans doute entre 8 % et 10 % d'emplois nouveaux. Dans l'agro-alimentaire, la Fédération nationale des coopératives laitières estime que l'on créera 15 % d'emplois. De forts gains de productivité ont été réalisés depuis quelques années, il n'y en a plus beaucoup à faire. L'effet sur l'emploi sera donc très important.

Il y a enfin des secteurs d'activité où l'effet sur l'emploi sera quasiment mécanique. Prenez une compagnie de bus :

quand vous avez une équipe de quatre chauffeurs de bus, si chacun travaille un jour en moins, il faudra embaucher une cinquième personne. En effet, le bus ne va pas avancer tout seul. Il n'y a pas de productivité à faire (sauf, de façon marginale, sur la maintenance car la fiabilité des bus s'améliore). Dans ces secteurs, nous y reviendrons, les exonérations de charges pourront être plus fortes.

L'effet sur l'emploi sera donc très différent d'un métier à l'autre : 0 % dans l'automobile, 10 % dans la banque, 15 % dans les coopératives laitières et 20 % ou 25 % chez les chauffeurs de bus... Il faut prendre en considération aussi la taille de l'entreprise. On se rend compte que, parmi les entreprises déjà passées à quatre jours (ou en train de négocier), l'effet sur l'emploi est souvent plus important dans les PME que dans des grands groupes où il y a parfois des gains de productivité importants à réaliser, du fait des sureffectifs existants dans quelques services. Tandis que, dans les PME, l'effet sur l'emploi est presque mécanique, parce que l'on y travaille souvent « à fond ».

Au total, en tenant compte des différences entre branches et entre types d'entreprises, si toutes les entreprises de France passaient à quatre jours en moyenne, on pourrait créer environ 2 millions d'emplois. Le chômage baisserait alors de 1,5 million. La différence, 500 000, c'est l'effet d'appel. Cela représente toutes les personnes qui vont se remettre à chercher du travail : chômeurs découragés, jeunes qui prolongeaient leurs études « faute de trouver un emploi »...

Le groupe Emploi de l'Association nationale des docteurs en sciences économiques a publié un livre blanc [1] dont l'une des idées forces est que « la réduction moyenne de 20 % du temps de travail accompagnée d'une baisse de 10 % des charges permettrait de créer 1,5 à 2 millions d'emplois... Cette mesure semble bien la seule capable d'apporter vite et fort une réponse au problème de l'emploi, même si elle n'exclut pas d'autres mesures telles que la formation »...

Un million et demi à deux millions d'emplois : c'est considérable mais ce n'est pas suffisant : la baisse du temps de travail n'est pas la panacée contre le chômage. Elle est sans doute une solution très efficace mais pas le seul levier sur

1. Numéro spécial de *Vie et sciences économiques*, revue de l'Association nationale des docteurs ès sciences économiques et en gestion, mai 1995.

lequel il faille agir. En même temps qu'elle milite pour la baisse du temps de travail, notre association vient de créer un groupe de réflexion sur la création d'entreprise et le développement des PME.

Poussons la logique jusqu'au bout : si la semaine de quatre jours peut créer entre 1,5 et 2 millions d'emplois, pourquoi ne pas aller directement à trois jours ? On créerait 3 ou 4 millions d'emplois et l'on retrouverait le niveau de chômage du début des années soixante-dix.

Pourquoi pas trois jours ? Parce que nous ne sommes pas tous interchangeables, parce que tous les chômeurs ne sont pas suffisamment formés pour pouvoir trouver immédiatement place dans une entreprise compétitive. Il faut donc continuer à améliorer la formation et l'insertion, pour éviter que la semaine de quatre jours ne permette de « dégonfler » très fortement le chômage de courte durée mais laisse définitivement au bord de la route ceux qui ne sont pas immédiatement « rentables ». J'espère que nous parlerons de la question de l'exclusion.

Nous y reviendrons. J'ai encore deux ou trois questions sur l'économie générale de votre projet. Certains économistes affirment que l'évolution démographique de notre pays va bientôt régler le chômage. À partir de 2005, la population active va diminuer.

La population active devrait commencer effectivement à baisser un peu à partir de 2005-2006. Mais cette décrue sera bien plus lente que la montée actuelle. Si bien qu'il faudra attendre 2030 pour retrouver le niveau de population active de 1990. En 1990, nous n'étions pas au plein emploi et 2030, c'est si loin ! C'est pour cela que je trouve scandaleux d'utiliser cet « argument démographique » dans la discussion sur l'emploi.

Il y a quatre ans, j'ai entendu Jacques Barrot sur France Inter. Il était l'invité de l'entretien politique du matin. Les chiffres du chômage du mois précédent venaient d'être annoncés. Ils étaient mauvais. Et le ministre Barrot a expliqué tranquillement que, à partir de 2006, la population active allait stagner puis décroître. J'ai failli appeler les responsables de l'émission pour dire à quel point j'étais scandalisé par cet argument.

Je rajouterai un dernier mot : si nous voulons garder des retraites correctes, il faudra sans doute retarder un peu l'âge de la retraite. Il n'est donc pas sûr que la population active diminue à partir de 2006 !

L'équilibre des finances publiques

Quel serait le coût global du passage à la semaine de quatre jours pour l'État ?

Zéro, ou presque. À la différence de la loi de Robien ou de la loi Aubry, nous ne comptons pas sur l'État pour financer la manœuvre. Nous pensons que ce sont les sommes actuellement versées aux caisses de chômage qui doivent être utilisées pour créer des emplois grâce à la semaine de quatre jours. Mieux vaut utiliser cet argent pour créer des emplois que pour payer des chômeurs. Donc le coût pour l'État serait nul. Il n'y a pas d'intervention de l'État dans notre projet. Il y a une intervention du politique pour lancer le mouvement ; il y a un vaste chantier pour l'ensemble des partenaires sociaux (à tous les niveaux) mais il n'y a pas un gramme de règlement ! Voilà pour les grands principes.

Dans le détail, nous comptons sur le budget de l'État pour la politique de maintien du revenu jusqu'à 8 500 francs/mois (7 milliards de francs à peu près) et pour jouer le « juge de paix », en contrôlant là où c'est nécessaire la bonne mise en œuvre des quatre jours. Les rentrées d'argent que les quatre jours vont procurer à l'État (TVA, etc.) rendent la manœuvre bénéficiaire pour les comptes publics.

C'est avec les excédents de l'Unedic que vous proposez de financer l'opération ?

Non. Pas avec les excédents (il n'y a plus d'excédents) mais avec l'ensemble du budget. Nous proposons que les entreprises qui passent à quatre jours et créent au moins 10 % d'emplois soient totalement exonérées des cotisations chômage (part patronale et part salariale). C'est grâce à cette exonération que l'équilibre des comptes est possible pour l'entreprise même si la perte de salaire n'est que de 3 %.

Mais comment pouvez-vous supprimer complètement les cotisations chômage alors que vous dites bien qu'il restera des chômeurs ?

C'est vrai que cela étonne. Mais je vais essayer de l'expliquer clairement. D'abord, il faut rappeler que les 3 000 000 de chômeurs ne sont pas indemnisés avec l'argent de l'Unedic. Certes, tous reçoivent leur chèque dans une enveloppe marquée « Assedic » mais 1 700 000 seulement reçoivent de l'argent « Unedic ». Les autres (« longue durée ») sont indemnisés par l'État (ASS [2]). Les 130 milliards de l'Unedic ne servent qu'à payer environ 1 700 000 personnes (chômage de courte durée après une expérience professionnelle). Or, c'est souvent vers ces personnes que les entreprises vont se tourner si elles recrutent. Les entreprises vont embaucher en priorité les chômeurs de courte durée, ceux qui coûtent le plus cher à l'Unedic (à cause du système d'allocation dégressive). Schématiquement, le nombre des chômeurs sera seulement divisé par deux mais le budget de l'Unedic sera divisé par trois. Voilà pour les dépenses.

Du côté des recettes, prenons une feuille de salaire. Il y a un grand nombre de lignes de cotisations diverses. Si l'on passe à quatre jours, toutes les lignes se rapportant aux Assedic vont disparaître. Mais il restera tous les prélèvements pour les caisses de retraite ou de Sécurité sociale. Et pour toutes ces cotisations qui restent avec un taux inchangé, la semaine de quatre jours va nettement améliorer les recettes puisque le nombre de cotisants augmente. C'est ce qu'on appelle l'effet d'assiette.

---

2. ASS : Allocation de solidarité spécifique.

Schéma de financement de la semaine de 4 jours

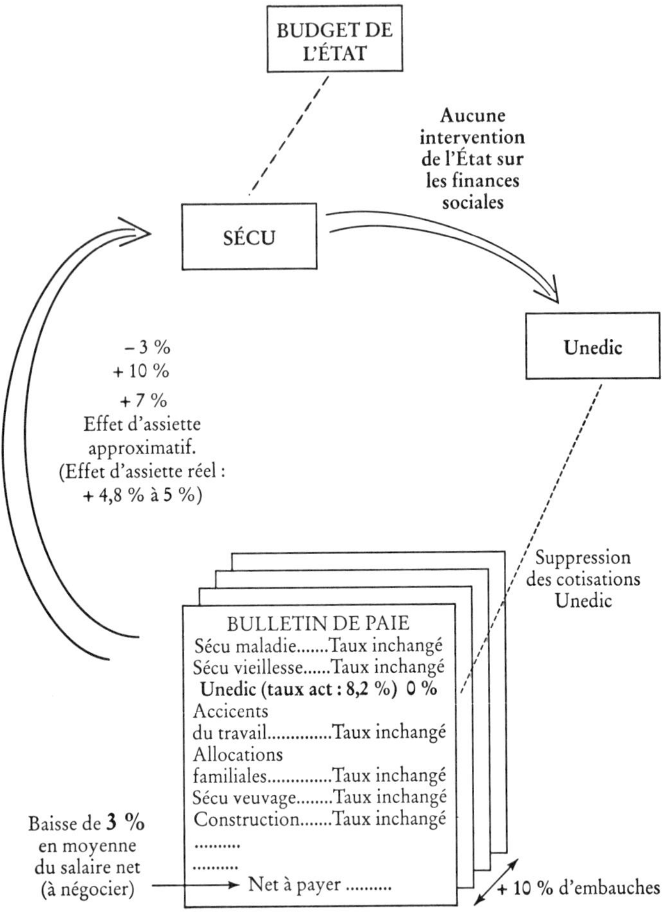

Les experts du ministère du Travail estiment qu'il est possible de baisser de 4 points les cotisations patronales pour 4 heures de RTT (Réduction du temps de travail). « La règle d'or est 1 % pour 1 heure. » Pour passer à 32 heures, nous proposons une exonération de 8,2 %. Pour 7 heures de RTT, elle est donc un peu supérieure au modèle du ministère. Mais l'effet sur l'emploi des 4 jours sera proportionnellement beaucoup plus fort que celui d'une RTT faible. Il est donc pertinent de donner une exonération un peu plus forte.

Même si l'on réduit les salaires de 3 %, le fait que l'entreprise embauche 10 % de personnes en plus va augmenter de 7 % l'assiette de tous les prélèvements sociaux ; (– 3 + 10 = + 7). Sans augmenter les taux de cotisations, les caisses de maladie et de retraite vont donc recevoir 7 % d'argent en plus. En fait, 7 %, c'est un peu schématique. Si l'on fait des calculs plus précis et si l'on prend les scénarios les plus pessimistes, on arrive à un effet d'assiette de l'ordre de 4,8 % à 5 %. Les caisses de retraite et de maladie vont donc recevoir 4,8 % d'argent en plus. C'est un petit pourcentage mais ce sont des sommes considérables. Ce sont ces sommes que nous suggérons aux partenaires sociaux d'utiliser pour financer l'Unedic. Ce sont les mêmes partenaires qui gèrent la Sécurité sociale et l'Unedic.

Êtes-vous sûr de vos calculs ?

Oui. Nous avons été nombreux à travailler sur ce dossier dès le départ. Et puis Gilles de Robien m'avait montré une note que les services du ministère du Travail avaient rédigé fin 1993 pour Michel Giraud au sujet du projet de notre association. Cette note indiquait que c'était un « mécanisme astucieux : il n'y a d'exonération que s'il y a effectivement création d'emplois ». On est donc assuré d'avoir de meilleures rentrées sociales. Je me souviens aussi de ce que m'avait dit Jean-Yves Chamard, spécialiste des questions de Sécurité sociale au RPR : « Au pire, vous vous êtes trompés de 15 milliards de francs. C'est ridicule vu le volume d'emplois que vous allez créer ! » Encore une fois, je pense que nous ne nous sommes pas trompés dans les calculs. Mais, si effectivement nous nous étions trompés, le montant maximum du déficit serait de l'ordre de 15 milliards. C'est-à-dire 0,3 points de RDS. Il suffirait d'augmenter le RDS de 0,3 %.

Et la loi de Robien ? C'est vous qui avez convaincu Gilles de Robien en 1993 des bienfaits de la réduction du temps de travail. Quand on lit le texte de sa proposition de loi, on reconnaît des tableaux et des paragraphes entiers issus de votre deuxième livre. Comment vous situez-vous par rapport à cette loi aujourd'hui ?

Cette loi a joué un rôle considérable. Il était très important pour faire bouger les mentalités de casser quelques tabous, et de prouver la faisabilité microéconomique de la réduction du temps de travail. Maintenant, c'est fait. Dans chaque département, dans chaque région, on peut donner l'exemple d'une entreprise qui a signé un accord de réduction massive du temps de travail, qui a réussi à se réorganiser et qui a embauché de nouveaux salariés. La loi de Robien était donc tout à fait indispensable pour sortir des débats idéologiques, et pour montrer concrètement des exemples réussis.

Cela étant dit, il faut aller beaucoup plus loin. La loi de Robien présentait quatre défauts majeurs : son financement, la durée des exonérations, son « calibrage » et la faible ampleur du mouvement.

Première question, le financement. Avec la loi de Robien, quand une entreprise signait un accord sur le temps de travail, elle payait moins de cotisations de Sécurité sociale, et l'État remboursait à la Sécurité sociale l'argent correspondant à ces exonérations. Finalement, le bailleur de fonds de la loi de Robien, c'est l'État. L'État, alors qu'il est terriblement endetté, doit payer et l'Unedic y gagne doublement. Quand Mamie Nova, par exemple, embauche 120 personnes [3] en passant à quatre jours avec la loi de Robien, cela fait à peu près 100 chômeurs en moins à payer et 120 cotisants en plus pour l'Unedic. On comprend que les gestionnaires de l'Unedic, en tant que tels, n'aient pas dit un mot sur la question de la loi de Robien malgré toutes les controverses sur son coût. Ils devraient être les financeurs. Ils ne sont apparemment pas pressés de faire évoluer le système. Mais, du coup, on s'oblige à avoir une démarche très limitée dans son ampleur car les finances de l'État ne permettent pas d'augmenter le budget consacré à la réduction du temps de travail. C'est la première difficulté : le financeur.

Deuxième problème de la loi de Robien : la durée des exonérations était limitée à sept ans. Et la huitième année, que se passera-t-il ? Les entreprises vont-elles licencier ? Vont-elles revenir à 39 heures ? Vont-elles baisser les salaires ? Nous pensons que la négociation sur le temps de travail doit être

---

3. Au total, 170 personnes ont été embauchées mais certaines embauches sont liées au développement de l'entreprise et non à la réduction du temps de travail.

l'occasion d'une vraie réforme fiscale. Si notre projet est adopté, on diminue de 8,2 points le niveau des prélèvements. À nos yeux, c'est une réforme définitive. On ne fait pas une réforme fiscale à durée limitée. Les entreprises et les partenaires sociaux qui négocient ont besoin de stabilité.

Troisième problème : la loi de Robien incitait les entreprises à passer à 35 heures (– 10 % sur le temps de travail) en embauchant 10 % de salariés nouveaux (c'était le scénario le plus avantageux financièrement). Mais elle n'obligeait l'entreprise à garder ses effectifs stables que pendant deux ans. On peut craindre qu'un certain nombre d'entreprises ne suppriment des postes dès qu'elles auront passé le cap des deux ans. L'exemple des VVF illustre hélas ce problème. On a créé 120 emplois en passant à 35 heures. Deux ans plus tard, on supprime presque autant de postes. Un cadre des VVF expliquait fin 1998 devant une soixantaine de chefs d'entreprise que si les VVF étaient passés à quatre jours (et non pas 35 heures) avec une vraie réorganisation, on aurait pu faire la productivité nécessaire, avoir les mêmes embauches (10 %) et éviter la plupart des suppressions de poste !

Pour revenir à la loi de Robien, il aurait mieux valu mettre la barre plus haut en termes de réduction du temps de travail (quatre jours par exemple) et laisser les entreprises faire de la productivité au moment de la mise en place. Les 10 % ou 12 % d'emplois seraient solides. C'est une des faiblesses du dispositif : il crée moins d'emplois durables qu'il n'aurait pu et il pousse à surestimer artificiellement l'effet sur l'emploi des 35 heures.

Enfin, la loi de Robien, qui était essentielle pour l'expérimentation, n'était visiblement pas suffisante pour créer une dynamique puissante de création d'emplois. En un an, elle a permis de créer 8 000 emplois et d'éviter 7 000 licenciements, soit, au total, un effet sur l'emploi de 15 000. Certains ont parlé d'un « incroyable succès ». C'est vrai que, lorsque l'on se souvient de tous ceux qui à droite comme à gauche ont voulu l'empêcher de naître et de l'échec qu'on lui promettait en juillet 1996, on peut parler d'un succès.

C'est un succès parce que, auparavant, il ne se passait rien sur le temps du travail : on débattait, on s'envoyait des arguments à la tête, mais il ne se passait rien concrètement. La loi de Robien a permis – c'était notre objectif – de débloquer la situation et de commencer à créer une petite dynamique. Mais si l'on rapporte ces 15 000 emplois aux 4 millions de chômeurs, on voit bien que la loi de Robien avait fait son temps et qu'il fallait accélérer le mouvement. On sait maintenant que c'est possible, alors accélérons !

5

Le rôle du politique

Loi-cadre ou loi d'incitation ?

Pour accélérer le mouvement, il fallait que le politique intervienne. C'est justement ce qu'a fait le gouvernement avec la loi sur les 35 heures. Êtes-vous satisfait ?

Je répondrai à votre question en deux temps. Premier point : fallait-il que le politique intervienne sur un dossier qui concerne fortement l'organisation du travail dans les entreprises ? Je crois effectivement que, s'il n'y a pas une intervention du politique (non pas de l'État, mais du politique), on n'arrivera pas à créer une dynamique forte. J'ai en tête l'exemple d'une grande banque française dans laquelle de nombreux salariés (employés, gradés, cadres et cadres supérieurs réunis) souhaitent un accord collectif pour passer à quatre jours. Ils ont fait toutes les études d'organisation, ils acceptent une petite perte de salaire... il ne devrait y avoir aucun problème. Selon la CFDT, le passage de cette banque à quatre jours créerait 10 000 emplois. Selon quelques cadres supérieurs qui m'en ont parlé, ça ne créerait peut-être que 8 000 emplois. Mais tous s'accordent à dire que les salariés en ont envie et que les créations d'emplois seraient massives. Tout se présente donc pour le mieux si ce n'est que deux ou trois personnes au sommet de cette banque, les deux ou trois principaux dirigeants, refusent de baisser le temps de travail.

Ils mettent en avant des arguments d'organisation, auxquels personne ne croit.

Un cadre de cette banque me disait récemment combien il était choqué par ce blocage de la direction générale : « Si la réorganisation avait été demandée par la direction du marketing, il n'y aurait eu aucun problème. Une autre banque vient de réorganiser complètement une grande partie de son réseau, pour des raisons de marketing, pour mieux accueillir les clients. La direction du marketing a montré que certains clients souhaitaient des agences ouvertes 6 jours par semaine et 9 heures par jour. Cela supposait une réorganisation complète des agences (puisqu'aucun salarié ne va travailler 6 jours de suite et 9 heures par jour). Comme la demande venait du marketing, il n'y a pas eu d'objection et tous les problèmes (roulements, sécurité, gestion des portefeuilles, gestion du risque...) ont été réglés en quelques mois. En revanche, si c'est pour des raisons sociales, pour vivre mieux et pour donner du travail à 8 000 personnes que l'on demande une réorganisation, la direction générale dit que c'est impossible. C'est vraiment choquant ! »

On touche là un problème de philosophie politique important : existe-t-il une primauté du politique sur l'économique ou le directeur général d'une entreprise est-il le seul maître à bord ? Quand le chômage met la Nation en danger, quand il y a plus de 4 millions de chômeurs, est-il choquant d'affirmer la primauté du politique sur l'économique, c'est-à-dire la primauté de l'homme sur l'économique et le financier ? C'est cette question qui est essentielle.

La loi de Robien était indispensable pour permettre l'expérimentation mais si l'on se contente d'expérimentation, nous n'arriverons jamais à faire vraiment reculer le chômage. Il faut que le politique prenne ses responsabilités. L'histoire sociale de notre pays montre que la baisse du temps de travail ne s'est jamais faite spontanément. En 1935, par exemple, il y avait seulement cinq ou six entreprises en France qui donnaient des congés à leurs salariés. Et la plupart des chefs d'entreprise affirmaient qu'il était impossible de généraliser ces congés. La loi de 1936 a forcé le mouvement. Aujourd'hui, plus personne ne conteste le bien-fondé de cette loi. Nous sommes tous heureux d'avoir nos semaines de vacances et l'économie s'en porte très bien. On voit à travers cet exemple que la loi est parfois indispensable pour lancer le mouvement [1].

Vous pensez donc que Lionel Jospin a eu raison de faire voter une loi-cadre contre l'avis d'une partie du patronat.

Nous reviendrons sur le contenu de la loi-cadre mais en tant que tel, je pense effectivement que c'est l'un des points importants du sommet social de Matignon du 10 octobre 1997 : Lionel Jospin a rappelé la primauté du politique. Cela me paraît tout à fait positif et cela tranche par rapport à la stratégie affichée par la droite comme par la gauche depuis quelques années. Avec en tête l'idée que ce sont les entreprises qui créent des emplois, les différents gouvernements ont misé essentiellement depuis quinze ans sur des politiques visant à améliorer le fonctionnement de l'économie pour faire redémarrer l'emploi. Ces politiques étaient utiles et ont permis d'améliorer la santé de notre économie mais on se rend compte aujourd'hui des limites de cette stratégie : notre économie va mieux, notre balance commerciale est nettement excédentaire mais le social n'a pas suivi, en particulier à cause des gains de productivité que chaque entreprise doit faire pour rester compétitive. L'économie se porte bien mais elle joue contre la société, comme l'affirme le CJD (Centre des jeunes dirigeants d'entreprises). Globalement, les entreprises sont en bonne santé mais le lien social est en train de se rompre, la société est en train d'éclater.

On voit donc qu'un changement de stratégie était indispensable. C'est ce qu'a voulu faire Lionel Jospin le 10 octobre 1997. Le Premier ministre a signifié clairement que l'un des rôles du politique est de remettre l'économie au service de l'homme. Il a rappelé que la loi est un outil qui peut renforcer le lien social et la liberté du plus grand nombre. Il a clairement réaffirmé la primauté du politique sur l'économique. C'est sans doute ce qui explique la réaction épidermique du MEDEF.

---

1. Voir en annexe une analyse d'Alfred Sauvy sur la loi des 8 heures et une comparaison « 1936-2000 ».

N'a-t-il pas agi un peu brutalement ?

Sans doute aurait-on pu préparer davantage cette réunion pour que l'annonce de la loi-cadre soit moins ressentie comme une agression par une grande partie du patronat. On aurait dû organiser des forums dans toutes les régions, faire témoigner des entreprises qui avaient déjà baissé leur temps de travail. Il aurait fallu commencer par une phase de débats publics, avant l'annonce de la loi-cadre. Il faut sortir d'une culture d'opposition, d'une culture dans laquelle les décisions sont annoncées de façon brutale, presque violente. Il ne faut pas avoir peur du débat d'idées, de l'affrontement non violent. Il nous faut évoluer vers une culture où l'on est capable de préparer réellement une décision d'une telle force symbolique. Le débat qui précède la décision n'est pas du temps perdu ; bien au contraire. Sur un sujet aussi complexe techniquement que l'organisation du travail et aussi « lourd » culturellement, il n'y a pas de vraie décision possible sans vrai débat.

Quoiqu'il en soit, aujourd'hui, le coup est tiré. La question n'est plus de savoir comment il fallait préparer la première loi mais plutôt comment créer dans notre pays une dynamique réelle de création d'emplois.

Certains économistes, de droite comme de gauche, considèrent que l'on a fait beaucoup de bruit pour pas grand-chose, que le contenu réel de la loi Aubry ne justifie ni les cris de victoire des uns ni les déclarations de guerre des autres. Dans Libération[2], *Roger Godino, un ancien conseiller de Michel Rocard, laissait même entendre que la loi-cadre sur les 35 heures pourrait ne créer aucun emploi. Partagez-vous son opinion ?*

Roger Godino commençait son analyse par un peu de provocation pour mettre en garde le PS, pour signifier qu'au-delà de l'impression de « victoire » que certains ont peut-être ressentie tout restait à faire. Il insiste sur le besoin de négociations décentralisées. Il a raison mais je trouve qu'il n'insiste

2. *Libération*, 30 octobre 1997.

pas assez sur le besoin d'un mouvement général. Encore une fois, l'expérimentation a eu lieu avec la loi de Robien. Maintenant, avec 3 000 000 de chômeurs, le *small is beautiful* n'est plus suffisant.

« Aucun emploi », son analyse était un peu pessimiste. Le nouveau dispositif fonctionne. En un an, la loi de Robien a permis de créer ou sauvegarder 15 000 emplois. Le dispositif Aubry devrait être aussi performant. Il ne devrait pas détériorer la compétitivité des entreprises françaises. Un certain nombre d'entre elles sont intéressées. Elles créeront 6 % de nouveaux emplois et en profiteront pour moderniser leur organisation et leur dialogue social, rajeunir leur pyramide des âges, recruter de nouvelles compétences à coût constant... Le 28 septembre 1998, devant l'Assemblée nationale, Martine Aubry parlait de 40 000 créations d'emplois possibles en 1999. Je ne doute pas qu'on y arrive.

Loi sur les 35 heures : beaucoup de bruit pour rien ?

On est loin des 2 millions d'emplois dont vous parliez avec la semaine de quatre jours.

Oui. C'est bien là le problème. La loi sur les 35 heures fonctionnera mais peut se révéler très insuffisante face aux attentes qu'elle suscite. Par là même, elle peut devenir redoutable politiquement. En 1982, la durée légale a baissé mais l'effet sur la durée réelle et sur l'emploi fut faible. La médiocrité du résultat a condamné pour quinze ans l'idée même de réduction du temps de travail. Rien aujourd'hui ne permet d'affirmer que le nouveau dispositif permettra de faire reculer le chômage de façon radicale.

En effet, outre quelques repos compensateurs, l'entreprise qui veut rester à 39 heures risque seulement d'avoir à payer en heures supplémentaires (majorées de 25 %) les heures comprises entre 35 et 39 heures (10 % des horaires) : soit une augmentation de 2,5 % des salaires. On peut penser qu'un grand nombre d'entreprises ne bougeront pas et se contenteront d'augmenter un peu les salaires.

Le scénario noir est alors facile à imaginer. On a baissé la durée légale mais ni l'emploi ni la croissance ne sont vraiment repartis. C'est l'échec de la régulation. C'est une nouvelle preuve de l'impuissance du politique. Dans quelques années, une dérégulation massive apparaîtra alors comme la seule « solution démocratique » que la France n'ait pas essayée. Ce scénario, celui du succès relatif, est redoutable à moyen terme pour tous ceux qu'animent des valeurs de justice sociale.

J'ai essayé de montrer plus haut pourquoi les 35 heures n'étaient pas le bon objectif en termes d'organisation du travail et donc comment un mouvement « général » des entreprises vers les 35 heures créerait peu d'emplois. Mais là il s'agit d'une tout autre difficulté : même si l'on semble faire les choses en grand, même si l'on parle de baisser la durée légale, en fait, un grand nombre d'entreprises resteront à 39 heures en augmentant, en deux ans, de 2,5 % les salaires !

Ce raisonnement s'applique au régime actuel des heures supplémentaires mais il est question de le faire évoluer.

Vous avez raison, avec les modalités de financement global de l'opération, le régime des heures supplémentaires est un point essentiel. Nous ne serons fixés sur ce point qu'avec le vote de la deuxième loi, fin 1999. Il est question d'augmenter le taux au-dessus de 40 ou 41 heures pour éviter que les salariés ne « travaillent en permanence 44, 45 heures et parfois plus » (Martine Aubry, *Les Échos* [3]). Mais, « si tout va bien », les heures entre 35 et 39 heures resteront au taux de + 25 %. Outre quelques repos compensateurs, une entreprise qui ne veut pas réduire son temps de travail n'aura donc qu'à augmenter de 2,5 % les salaires.

« Si tout va bien », dites-vous. Qu'est-ce que cela signifie ?

Le gouvernement envisage d'adoucir le mouvement en cas de difficultés économiques ou de colère intense du MEDEF. Au lieu d'un surcoût de 25 %, les entreprises n'auraient à payer que 10 % en plus pour chaque heure supplémentaire

3. *Les Échos*, 20 novembre 1997.

(*Libération*[4]). Dans ce cas, l'augmentation du salaire pour une entreprise qui resterait à 39 heures ne serait que de 10 % × 10 % = 1 %. La différence entre la loi de Robien et le nouveau dispositif serait simplement que les entreprises qui ne veulent pas bouger augmenteront de 1 % les salaires. Vous comprenez mieux notre inquiétude sur la faiblesse du mouvement.

Dans Le Nouvel Observateur[5], *Martine Gilson explique que Martine Aubry a remporté un franc succès devant une assemblée de patrons libéraux en détaillant le contenu de la future loi et que l'un d'eux est sorti en se demandant « pourquoi on avait fait tout ce bastringue pour si peu ». L'article du* Nouvel Observateur *se finissait sur une interrogation : cette loi va-t-elle suffire à créer une dynamique de création d'emplois ?*

C'est toute la question !

Je n'étais pas à cette réunion et je ne sais pas ce que Martine Aubry a expliqué à ces chefs d'entreprise. Ce que je peux vous dire en revanche, c'est qu'effectivement l'opinion publique et le « peuple de gauche » ont compris qu'on allait vraiment tous vers les 35 heures. Mais, dans le même temps, des signaux clairs ont été envoyés aux chefs d'entreprise sur le mode : « Ne vous inquiétez pas, vous pouvez très bien ne pas bouger. » C'était symbolique. Il fallait satisfaire le « peuple de gauche » sur le temps de travail, il fallait tenir la promesse d'une loi sur les 35 heures. Symboliquement on a tapé fort mais, en fait, rien n'est vraiment décidé. C'est au moment de la deuxième loi que tout se jouera. D'ici là rien de neuf. Vous avez peut-être remarqué d'ailleurs que la Bourse de Paris a très bien « supporté le choc ». Le 13 octobre 1997, à la première cotation qui a suivi l'annonce de la loi-cadre, le CAC 40 a augmenté de 1,55 % et le MIDCAC était stable. Pendant le week-end des 11 et 12 octobre, les réseaux et les calculettes avaient bien fonctionné.

---

4. *Libération*, 11 et 13 octobre 1997.
5. *Le Nouvel Observateur*, 1er novembre 1997.

Mais vous ne souhaitez pas que la Bourse baisse ?

Non. Clairement non. Je pense qu'une mise en place des quatre jours aurait sur la compétitivité globale de notre pays et sur la croissance des effets tout à fait positifs. Je crois simplement que si l'on avait vraiment demandé à l'économie un effort de réorganisation, si on avait vraiment demandé aux investisseurs internationaux de comprendre une nouvelle logique, on pouvait s'attendre à quelques frayeurs chez un certain nombre de gestionnaires de fonds. Vu le faible effort de pédagogie fourni avant le 10 octobre, on aurait pu penser que, pendant quelques jours, les indices seraient un peu chahutés. Rien de grave mais un besoin d'explication ! Or, le fait que dès la première heure le CAC 40 parte à la hausse est le signe que tous avaient compris qu'on pouvait continuer comme avant. Rien de vraiment nouveau sous le soleil...

À court terme, c'est bien joué politiquement. Il faut dire que le théâtre du CNPF et de la CGPME a aidé le gouvernement : « C'est la guerre. » « C'est reparti comme en 39 ! » *L'Humanité* a affiché VICTOIRE sur cinq colonnes à la Une. La démission de Jean Gandois a rajouté une cerise sur le gâteau.

Politiquement, c'était très habile mais tous ceux qui connaissent le dossier savent que rien n'est tranché. Trois jours après le sommet de Matignon qui a lancé les 35 heures, je participais à un débat sur une radio avec le président de l'Union patronale de Paris qui pendant toute l'émission a critiqué la baisse du temps de travail. Mais dès que nous sommes sortis du studio, il m'a dit que « la réaction du CNPF était totalement grotesque. Quand les gens comprendront ce qu'il y a dans cette loi, ils se rendront compte que les cris du CNPF étaient grotesques ».

Soyons clairs : qu'est-ce qui empêche une entreprise de rester à 39 heures si la durée légale passe à 35 ? Il va lui manquer 4 heures par semaine. Si l'on considère qu'il y a 47 semaines de travail dans l'année, il lui manque 4 × 47 heures, c'est-à-dire 188 heures supplémentaires par an. Donc, pour pouvoir rester à 39 heures, il faut que l'entreprise ait droit à un contingent d'heures supplémentaires de 188 heures. Le contingent d'heures supplémentaires ne sera fixé que dans la deuxième loi (fin 1999) mais le ministère du Travail a envoyé à 300 000 entreprises un document précisant qu'il serait fixé en tenant compte des accords signés entre les deux lois. L'accord de l'UIMM signé pendant l'été 1998 comporte un contingent d'heures supplémentaires de 180 heures. Autant dire que l'on pourra rester à 39 heures tout en respectant la durée légale à 35 heures.

Martine Aubry n'a pas dit qu'elle étendrait cet accord.

Elle n'a pas dit non plus qu'elle ne le ferait pas. Tous ses collaborateurs sont sur ce point d'une extrême prudence. D'un point de vue politique le MEDEF a très bien joué le coup : d'abord un accord UIMM qui fait bien comprendre à tous la différence entre durée légale et durée effective. Puis l'accord du textile qui calme un peu le jeu. L'accord de l'UIMM pouvait vraiment être interprété comme une provocation par de nombreux militants du PS : clairement on bafouait les promesses de la campagne. Plusieurs personnes au PS ont commencé à s'énerver, menaçant de ne pas respecter les engagements pris dans la première loi sur la non-augmentation du taux des heures supplémentaires. Sentant un petit risque venir, le MEDEF a calmé le jeu avec l'accord du textile. Au niveau de la branche, le contingent d'heures supplémentaires n'est que de 130 heures. Le député ou le militant PS qui n'a pas le temps de regarder dans le détail est rassuré. Mais, si on lit l'ensemble de l'accord, on voit qu'il permet aussi d'annualiser le temps de travail et de rajouter 45 heures supplémentaires au niveau de l'entreprise, sans avoir besoin d'une signature syndicale. Au total, l'accord textile ouvre donc la porte à une forte annualisation et à 175 heures supplémentaires. La Ministre a estimé cet accord « innovant » mais sur le fond, la différence entre l'accord UIMM et l'accord textile, c'est 5 heures par an !

Cet accord a été étendu par Martine Aubry le 22 janvier 1999. Trente-cinq heures avec 175 heures supplémentaires, cela fait l'équivalent de 38 heures et 48 minutes par semaine ! Ça crée combien d'emplois ?

6

Tout est une question de méthode

Trente-cinq heures, quatre jours... quatre possibilités

Ces questions d'heures supplémentaires et de financement sont un peu techniques mais elles sont très importantes pour comprendre la différence entre les 35 heures « Aubry » et les quatre jours tels que nous les proposons. Les 35 heures ne vont créer que quelques dizaines de milliers d'emplois alors que les quatre jours peuvent en créer 2 millions. Le lecteur est en droit de s'étonner : « Une telle différence pour trois petites heures ? »

Le volume d'emplois créés par la réduction du temps de travail est fonction de la qualité de la négociation (et donc, entre autres, de la qualité du débat qui a précédé l'adoption de la loi-cadre). Mais, au mieux, la négociation peut remplir le cadre qui lui est proposé. Schématiquement, on peut dire que la « taille du cadre » dépend de deux variables :

– L'amplitude de la réduction du temps de travail : 35 ou 32 heures ?

– Le nombre d'entreprises concernées : mouvement limité à quelques entreprises ou mouvement général ?

On a fait beaucoup de bruit autour des lois Auroux au début des années quatre-vingt. Combien d'entreprises les appliquent vraiment ? Vingt pour cent des entreprises d'après le PS (texte du congrès de Brest). Pour le temps de travail, en sera-t-il de même ou se donne-t-on les moyens d'un mouvement général ?

On peut distinguer quatre cas principaux :

1) Une réduction à 35 heures et un mouvement limité (la plupart des entreprises ne passent pas à 35 heures) : 100 000 ou 150 000 emplois ?

2) Une réduction à 32 heures-quatre jours et un mouvement limité : 250 000 ou 350 000 emplois ?

3) Toutes les entreprises passent réellement, en moyenne, dans de bonnes conditions financières à 35 heures : 500 000 à 700 000 emplois (*cf.* les travaux de l'OFCE). Une vraie loi sur les 35 heures aurait pu avoir un effet réel sur le chômage.

4) Toutes les entreprises passent réellement et dans de bonnes conditions à la semaine de quatre jours : 1,6 à 2 millions d'emplois.

LES 35 HEURES MOLLES

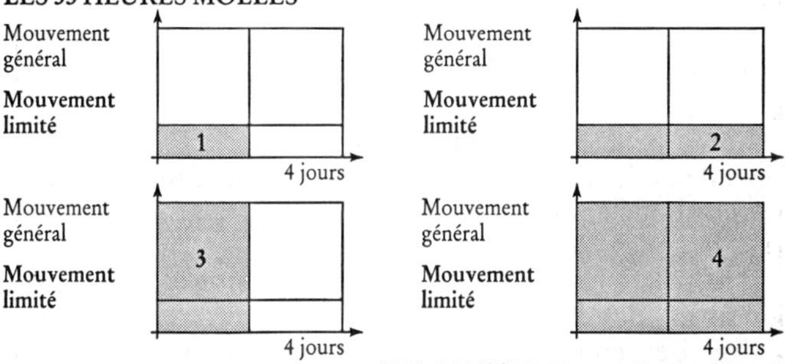

LES QUATRE JOURS POUR TOUS

▒ : Volume d'emplois créés

Pourquoi pensez-vous que la loi Aubry ne va donner qu'un mouvement limité ?

Le gouvernement a fait une première erreur : passer en force plutôt que de convaincre à partir des exemples issus de la loi de Robien. On a braqué un bon nombre de patrons alors que trois heures de témoignages et de débat intelligent à la télévision auraient pu les convaincre.

Deuxième erreur, le gouvernement a bien rassuré les entreprises qui ne veulent pas bouger. On n'en a pas fait autant pour celles qui veulent négocier. Même si le gouvernement ne voulait pas « fermer le robinet des heures supplémentaires », il aurait dû rester flou sur ce point et être très précis pour tous ceux qui avancent. Laisser supposer qu'il y aurait un gros bâton et dérouler le tapis devant les partenaires sociaux créateurs d'emplois. On a fait tout le contraire.

Très vite, on a dit que le bâton serait tout petit, que les heures supplémentaires resteraient possibles. Alors que ceux qui négocient ne savent même pas quelle est la durée de l'aide. Dans la loi, il est indiqué que « l'aide est dégressive pour favoriser la sortie du dispositif la sixième année ». Mais, par ailleurs, le ministère indique qu'il y aura une aide définitive. Selon les départements, le message varie : certaines directions de travail disent aux entreprises qu'elles n'auront que cinq ans d'aide, d'autres disent que l'aide est définitive. Ce n'est pas la même chose et cela fait brouillon. Nous avons été nombreux à essayer d'infléchir la Ministre sur ce point mais rien n'y a fait. Le flou et le non-dit étaient voulus et devaient avoir un effet dynamique. « N'est pas Machiavel qui veut. Ces ambiguïtés ne donneront rien de bon », regrettait en juin 1998 un ancien conseiller de Delors dont les mises en garde restaient ignorées par le ministère du Travail.

Autre problème : l'aide Aubry est forfaitaire ; elle ne dépend pas du niveau de salaire. Il est difficile dans ces conditions de boucler un accord dans une entreprise où les salaires sont nettement supérieurs au SMIC.

Il reste de nombreuses incertitudes juridiques (temps partiel, travail des cadres, double SMIC), ce qui freine la négociation. Beaucoup attendent la deuxième loi pour y voir plus clair. On perd du temps et de la crédibilité.

À vos yeux, le gouvernement n'a pas assez affirmé sa volonté d'avancer ?

Je ne donnerai qu'un exemple. Le 18 décembre 1998, devant un certain nombre de patrons et de cadres supérieurs, anciens élèves de Polytechnique, le directeur de cabinet adjoint de Martine Aubry, chargé du dossier Temps de travail, concluait une rencontre en indiquant que la date du 1er janvier 2000 ne devait « pas être vécue comme une date couperet ». « N'oubliez pas que la France a vécu trente ans avec une durée légale à 40 heures et une durée réelle à 45 heures. La durée légale va être abaissée au 1er janvier 2000, mais le bâton sera tout petit... » Est-ce vraiment le meilleur discours pour pousser ces chefs d'entreprise à négocier ?

35 heures ou quatre jours

	35 HEURES Loi Aubry	QUATRE JOURS
Quel effet sur l'emploi dans une entreprise ?	Baisse de 10 % du temps de travail Effet faible à moyen : 5 % d'emplois nouveaux si 5 % de productivité.	Baisse de 18 % du temps de travail Effet fort à très fort : 13 % d'emplois si 5 % de productivité.
Quelles incitations pour les entreprises à baisser leur durée réelle ? **1) LA CAROTTE**	1) Nombreuses incertitudes juridiques 2) Aide limitée dans le temps (?) 3) Aide forfaitaire. 4) Volume faible : Aide de l'État : • 3 milliards en 1998 • 7 milliards en 1999 Salariés : « 0 »	1) Stabilité de la norme (référendum) 2) Exonérations définitives. 3) Aide proportionnelle au salaire. 4) Volume important : Unedic : 130 milliards. Effort de 3 % en moyenne pour les salaires au-dessus de 8 500 F. Équivaut à 80 Mds
	Carotte : 7 milliards	**Carotte : 210 milliards**
2) LE BÂTON	Coût des heures supplémentaires constant ou diminué Contingent maintenu à 130 h (?)	Coût des heures supplémentaires nettement augmenté pour les entreprises avec un calendrier différent selon les branches
Effet sur l'emploi	100 000 ou 150 000 emplois ?	1,6 à 2 millions d'emplois.

Il reste sur ce dossier de nombreuses ambiguïtés que la « gauche plurielle » devra dissiper un jour ou l'autre. Quand Martine Aubry dit que l'accord du textile est un accord très innovant, elle semble oublier qu'il prévoit un grande flexibilité et 145 heures supplémentaires par an. Quand certains au PS expliquent qu'il faut fermer les heures supplémentaires, ils oublient de dire comment on finance la baisse de la durée réelle (perte de salaire proportionnelle ou augmentation des coûts de production ?). Quand les Verts mettent dans leur programme les « 30 heures sans perte de salaire », ils oublient que leurs députés ont déjà indiqué qu'ils accepteraient que la deuxième loi ne sanctionne les heures supplémentaires qu'au-delà de 130 heures (*Libération* [1]). Pour faire plaisir aux militants, le programme du parti fixe l'objectif des 30 heures mais, à l'Assemblée, les Verts ont voté la première loi sans faire de difficultés et ils s'apprêtent à voter une deuxième loi qui ne baissera la durée réelle qu'à 37 heures 30. Quel effet sur l'emploi ?

Quand on affirme que les 35 heures vont créer 3 000 emplois à EDF (accord de janvier 1999), on oublie de préciser que la direction et les syndicats comptent sur un mouvement large vers les 32 heures pour créer des emplois. La direction d'EDF a clairement expliqué que si l'on restait à 35 heures, les effectifs d'EDF continueraient à diminuer. Ce qui crée de l'emploi, c'est le mouvement collectif vers les quatre jours qui pourra être négocié au niveau local. Je n'entre pas ici dans la polémique sur le financement par l'État de l'accord EDF. J'ai déjà dit que c'était une des grandes faiblesses du dipositif Aubry que de se tourner vers l'État (et non l'Unedic) pour financer ces négociations.

Je voudrais finir en rappelant justement la différence dans les volumes de financement mis en jeu. Avec la loi Aubry, c'est l'État qui finance la manœuvre et on continue à dire que cela se fait sans perte de salaire. Le budget prévu en 1999 est de 7 milliards de francs (rien que l'accord EDF représente quelque 600 millions). Dans notre projet, l'activation des fonds de l'Unedic et l'effort des salariés au-dessus de 8 500 francs représentent quelque 200 à 210 milliards !

1. *Libération*, 12 janvier 1999.

En résumé, choisir les quatre jours par rapport aux 35 heures dans une entreprise, c'est, en moyenne, créer deux fois plus d'emplois. Choisir d'utiliser autrement l'argent de l'Unedic et demander un peu de solidarité aux salariés, puis fermer les heures supplémentaires, c'est utiliser un bazooka contre le chômage.

Rien n'est perdu : tout reste à faire

Avez-vous rencontré des concepteurs de la loi-cadre ? Quel était leur objectif ?

J'ai le sentiment que ceux qui ont conçu ce dispositif pensaient gagner sur trois tableaux :

1) quelques entreprises allaient réduire leur temps de travail et, ainsi, créer des emplois ;

2) un grand nombre d'entreprises ne baisseraient pas leurs horaires mais, *via* les heures supplémentaires, augmenteraient un peu les salaires (« C'est un moyen d'augmenter le revenu des ménages et donc la croissance ») ;

3) politiquement, on aurait tenu une des promesses les plus importantes du programme du PS.

Je crains que, sur ces trois points, le bilan ne soit, en fait, moins positif que certains ne l'espéraient. Certes, des entreprises vont signer des accords utilisant le nouveau dispositif. Mais il n'est pas sûr que le bilan en termes de nouveaux emplois durables soit très bon. Il y a déjà des entreprises qui bloquent les embauches jusqu'à la signature d'un accord « Aubry » : « Six pour cents d'embauches, comme on a un peu de croissance et qu'on devait embaucher, ce ne sera pas trop difficile d'y arriver. » Il y aura donc un effet d'aubaine qui est, certes, inévitable mais qui est plus important quand la barre des créations d'emplois est basse. On peut redouter que dans un grand nombre d'entreprises, une réduction à 35 heures avec annualisation des horaires crée très peu d'emplois durables.

Sur le deuxième point, l'augmentation du pouvoir d'achat par les heures supplémentaires, je crains aussi que l'impact ne soit assez limité. En effet, pour éviter le risque de délocalisations, le gouvernement n'envisage pas d'augmenter le coût du travail. La hausse de salaire ne serait donc que de 1 % ou 2 %.

Cette augmentation pouvant être précédée d'un quasi-blocage des salaires en 1999 avec l'argument : « Vous serez augmentés l'an prochain. » L'impact sur la croissance risque donc d'être assez faible.

Enfin, politiquement, si le dispositif n'est pas sérieusement amélioré, on peut craindre une grande désillusion. Les Français se sentiront peut-être bernés. Et l'argument « on a fait ce qu'on a dit : on a baissé la durée légale ; tant pis si les entreprises ne bougent pas » ne suffira sans doute pas à les satisfaire.

« Rien n'est perdu mais tout reste à faire. » C'est votre état d'esprit actuel ?

Oui. Il est difficile de comprendre vraiment où nous allons. Au sein du PS, les commentaires sont très variés. Certains disent que Jospin n'a jamais cru à la baisse du temps de travail : « En commençant sa campagne pour les présidentielles, il annonçait que la France était au début d'un nouveau cycle de croissance forte. En 1995, il a fallu lui forcer la main pour qu'il parle un peu du temps de travail : les 37 heures, c'était déjà beaucoup lui demander », explique l'un de ses plus proches lieutenants. Un journaliste d'un grand quotidien, bon connaisseur du PS, explique que « pour Jospin, la baisse du temps de travail, c'est la cerise sur le gâteau ; c'est la petite part d'utopie qu'il faut accorder aux militants mais lui-même n'y croit pas. Michel Rocard était le dernier premier secrétaire du PS à s'intéresser réellement à une possible transformation sociale. Le PS est devenu un parti gestionnaire ».

Si l'on s'en tient à ces analyses et que l'on est convaincu par votre projet, il y a de quoi s'inquiéter.

Oui. D'autant que certains de ceux qui livrent cette analyse sont parfois très proches de Lionel Jospin. Mais heureusement, il y a d'autres interprétations possibles : « Il faut vous dire, M. Larrouturou, que nous sommes arrivés au pouvoir sans l'avoir vraiment prévu. Il fallait à toutes les équipes un peu de temps pour se mettre au travail. Il y avait les prud'homales, le congrès du PS, les régionales... Mais après les régionales, il sera plus facile d'innover et d'aborder des questions un peu difficiles. Lionel Jospin a clairement rappelé son attachement à la réduction du temps de travail. C'est un homme de parole », m'a-t-on expliqué début 1998.

Que venaient faire les régionales dans le dossier du temps de travail ?

Je me suis posé la question moi aussi. Je crois avoir compris qu'il était difficile de parler de certains sujets avec les syndicats avant les élections prud'homales de fin 1997 et qu'il était difficile de parler de certains sujets avec le grand public, les Verts et le PC avant les régionales de mars 1998.

Que l'on m'explique qu'il fallait laisser passer les prud'homales, d'accord ! Que l'on m'explique qu'il fallait laisser passer le congrès du PS, d'accord ! Que l'on m'explique qu'il fallait laisser passer les régionales, d'accord ! Mais, à force d'attendre, ne risque-t-on pas de laisser passer une chance historique ? Après les régionales, n'y a-t-il pas une autre bonne raison d'attendre ?

« Pour le moment, c'est vrai, rien n'est réellement décidé. On continue en fait l'expérimentation pendant deux ans. On a toiletté la loi de Robien. Tout se jouera fin 1999 lors du vote de la deuxième loi. » C'est à ce moment que tout se jouera. Va-t-on oui ou non vers une réduction générale du temps de travail ? Sinon, pourquoi ? Et avec quelles conséquences politiques ? Si oui, comment ? Avec quels financements ? Toutes les questions difficiles restent en suspens et devront être réglées, en principe fin 1999.

Malheureusement, je crains que les décisions courageuses ne soient pas plus faciles à prendre fin 1999. On ne peut pas exclure que, du point de vue de la croissance, la situation soit plus difficile fin 1999. Du point de vue du budget, les marges de manœuvre n'auront pas nettement progressé non plus (c'est une litote). Du point de vue politique, on sera dans une période où la cote de popularité de Lionel Jospin commencera peut-être à s'user (surtout si le chômage ne recule pas nettement). Le président Chirac a retrouvé son droit de dissolution et certains estiment qu'une élection présidentielle anticipée en 2000 (mise en place du quinquennat) n'est pas tout à fait exclue.

Pour toutes ces raisons et quelques autres, je pense que s'il y a de vrais efforts à demander aux partenaires sociaux et aux salariés, il valait mieux le faire juste après les législatives plutôt que d'attendre fin 1999. « Gouverner c'est choisir », affirmait Mendès France.

Je ne comprends pas la stratégie actuelle du PS sur le temps de travail. De deux choses l'une : soit on pense qu'il faut réduire le temps de travail, soit on pense qu'il ne faut pas le faire. Si on pense qu'il faut y aller, on y va vraiment. Avec plus de 4 millions de chômeurs, on ne peut se contenter de manœuvres limitées. Or, telle qu'elle est conçue à ce jour, la loi sur les 35 heures va permettre seulement à certains salariés de certaines entreprises de baisser un peu leur temps de travail. C'est une demi-demi-demi mesure : le nombre des entreprises qui vont négocier est limité. La proportion des salariés concernés dans chaque entreprise est restreinte et l'ampleur du mouvement de réduction est faible. Ce type de mesure ne peut pas avoir un effet considérable. Je pense que si le texte n'est pas profondément amendé, on ne parviendra pas à la masse critique nécessaire pour changer la dynamique de l'emploi. On n'arrivera pas à « passer le turbo ».

Avec une mesure vraiment énergique, on peut raisonnablement penser que des créations massives d'emplois feront nettement baisser le chômage ; du coup les ménages, rassurés, consommeront davantage et les entreprises investiront plus fortement. La croissance va repartir et la création d'emplois sera plus puissante que prévu : il y a un effet « turbo » ; on rentre dans un cercle vertueux. Je crains qu'avec une montée en puissance lente nous n'arrivions jamais à la masse critique nécessaire.

D'où vient l'idée des 35 heures ?

Elle date au moins de 1972 : Georges Marchais et François Mitterrand signant le Programme commun. Cela fait un quart de siècle ! En un quart de siècle notre pays a changé : le volume de richesses produites a augmenté de 60 % et le nombre de chômeurs a atteint 4 millions. Cela justifie peut-être que l'on révise l'objectif.

J'ai relu récemment *Parler vrai*[2], un livre que Michel Rocard a publié en 1979. Il écrivait alors à ce sujet : « Je ne sais pas comment est né ce chiffre de 35 heures, mais au fond j'ai envie de dire que c'est un mauvais chiffre puisqu'il n'est pas compatible avec l'organisation de la production... Il faut songer davantage à 36 ou 32, il faut penser aux nécessités de la production, tenir compte des obligations de l'acte de produire. Deuxième remarque : je suis aussi porté à penser que ce n'est pas assez et qu'il faut descendre bien en dessous des 35 heures. »

En résumé, dès 1979, Rocard pensait que les 35 heures n'étaient pas le bon objectif[3].

Mais alors pourquoi le PS en est-il resté à 35 heures ?

À l'intérieur du PS un grand nombre de militants et d'élus souhaiteraient une évolution nette du discours. J'ai rencontré Marisol Touraine, secrétaire nationale chargée des questions d'emploi. Elle m'a dit être aussi déçue que moi de ce qui se passait. Elle m'a expliqué que deux tendances s'étaient affrontées au sein du PS : une tendance « Rocard » qui voulait réellement se servir de la baisse du temps de travail comme d'une arme contre le chômage et une tendance « Emmanuelli » qui voyait là surtout un moyen de mieux répartir la valeur ajoutée des entreprises, c'est-à-dire d'augmenter un peu les salaires. C'est pour le moment la ligne Emmanuelli qui l'a emporté. Un député proche de Jospin me l'a confirmé : « Nous savions tous que les 35 heures ne régleraient aucun problème ; mais c'était le seul moyen de garder la cohésion du PS entre les rocardiens et les amis d'Emmanuelli. C'est peut-être un mauvais calcul à long terme mais c'est le choix collectif (ou le non-choix) qui a été fait. »

Quel est le point qui divise vraiment ? C'est la question des salaires ?

On a parfois l'impression que les erreurs passées ne servent à rien. Les erreurs de 1982 ont bloqué l'idée même de

2. Michel Rocard, *Parler vrai*, coll. « Points politique », Seuil, Paris, 1979.

3. Voir en annexe un article cosigné par Pierre Larrouturou et Michel Rocard, publié dans *Le Monde* quelques jours après le vote de la loi Aubry.

réduction du temps de travail pour longtemps, à droite comme à gauche. C'était devenu un tabou. Mais maintenant, le tabou a sauté et, hop !, on peut repartir pour un tour, en commettant les mêmes erreurs.

Bernard Brunhes, qui était conseiller social de Pierre Mauroy à l'époque, a expliqué que ce qui avait tout fait capoter en 1982, c'est une phrase malheureuse que Pierre Bérégovoy avait prononcée à la demande de Mitterrand. À cette époque, cela ne se voyait pas dans les médias mais les partenaires sociaux commençaient vraiment à négocier au niveau des branches et des grandes entreprises pour baisser le temps de travail. Le processus n'avançait pas très vite mais « la sauce commençait à prendre ». Il y avait quelque trois cents négociations en cours. Et puis un mercredi matin, en sortant du Conseil des ministres, le porte-parole de François Mitterrand affirme sur le perron de l'Élysée que le Président pense qu'aucun salarié ne doit s'inquiéter pour son salaire. Les journalistes le questionnent, lui demandent ce que cela veut dire. Il explique qu'il ne doit y avoir « aucune perte de salaire ».

Cette petite phrase, ces quelques mots ont suffi pour que, dans les jours suivants, les trois cents négociations s'arrêtent. Bernard Brunhes m'a raconté qu'il avait proposé sa démission à Mauroy. Avec quelques mots « généreux » (« aucune perte de salaire »), on avait, pardonnez le terme, planté un mouvement historique !

Or l'histoire sociale montre que, à chaque fois que l'on veut être généreux sans compter, ce sont les plus pauvres, les moins qualifiés qui payent les pots cassés. En 1982, en intervenant de façon injustifiée dans les négociations pour ne baisser aucun salaire, les politiques ont, de fait, laissé passer l'occasion d'une vraie réduction du temps de travail.

On a observé le même phénomène en Allemagne, où certains responsables syndicaux expliquent que la mise en place des 35 heures progressivement et sans perte de salaire dans la métallurgie a, avec d'autres causes, accéléré les délocalisations d'usines vers les pays de l'Est. Les 35 heures ne sont pas seules responsables mais constituent un facteur de surcoût qui a accéléré le mouvement. Moyennant quoi, alors que la population active de l'Ouest de l'Allemagne diminue chaque année, le chômage augmente. Et ceux qui payent les pots cassés sont essentiellement les personnes les moins qualifiées car les cadres ou les chercheurs sont restés à 40 heures et leurs postes sont rarement délocalisés. L'histoire de nos pays montre que quand on veut être généreux sans compter, à court ou moyen terme, c'est toujours les moins bien lotis qui payent l'addition. Voilà pourquoi nous sommes attachés à la maîtrise de la masse salariale et à l'équilibre des finances publiques.

Mais dans votre projet, vous assurez qu'on ne diminue pas les salaires inférieurs à 8 500 francs par mois.

C'est presque ça. Nous proposons que le *revenu* de ces personnes soit maintenu. Leur salaire baissera peut-être car, dans certaines entreprises employant beaucoup de main-d'œuvre et avec de faibles gains de productivité, il y aura sans doute une baisse de 2 % ou 3 % de salaire, y compris pour ces personnes. Mais nous proposons qu'une allocation versée par l'État maintienne leurs revenus. Autant il me paraît dangereux que le politique affirme « aucune perte de salaire pour personne », autant il me semble tout à fait légitime qu'il y ait une politique de maintien du revenu. Le budget serait de 6 ou 7 milliards chaque année. Cette aide pouvant être lentement dégressive sur cinq ou six ans puisque les salaires remonteront sans doute assez vite.

Nous avons pris comme barre 8 500 francs par mois comme salaire brut individuel. Mais c'est une manière de lancer le débat. On peut évidemment envisager d'autres systèmes (une barre plus élevée et/ou une logique de ménages et non pas d'individus).

N'oublions pas que les principaux problèmes de revenus viennent aujourd'hui du chômage et de la précarité. Si dans une famille il y a un ou deux chômeurs et que ces personnes retrouvent un emploi, le revenu de la famille va nettement augmenter. Donc, on ne diminue pas d'un centime le revenu en dessous de 8 500 francs par mois et pour deux millions de familles les ressources vont nettement augmenter.

Finalement, vous êtes d'accord avec Henri Emmanuelli quand il dit qu'il ne faut pas toucher aux faibles salaires. La différence entre vous, c'est qu'Henri Emmanuelli, souvent catalogué comme un « dur de gauche », défend intégralement le salaire des revenus moyens et élevés alors que vous qui êtes cadre, vous proposez que les cadres soient mis à contribution. C'est le monde à l'envers !

Je ne sais pas si votre analyse plairait à M. Emmanuelli. Elle est amusante et, en partie, vraie. Mais c'est sans doute un peu plus compliqué que ça ! M. Emmanuelli n'est pas un imbécile et il a raison de dire que les salaires ne sont pas énormes en France. Il a raison quand il dit que de nombreux ménages, même avec des salaires moyens, ont du mal à s'en sortir. Ce qu'il dit est juste. Ce qui me gêne, c'est qu'il s'en tienne là dans son raisonnement au prétexte que « le PS est le parti des salariés ». Il oublie, par exemple, que la moitié des chômeurs vivent avec moins de 3 000 francs par mois. « Le parti des salariés » : c'est la définition d'un syndicat, mais pas d'un parti politique. En principe, un parti s'intéresse autant aux salariés qu'aux chômeurs, aux pères et mères de famille qu'aux retraités, aux patrons de PME, aux étudiants, aux enfants... Je ne comprends pas qu'un responsable politique en reste, apparemment, à une identité aussi restreinte.

De plus, d'un point de vue stratégique, son analyse me paraît fausse même s'il ne pense qu'aux intérêts des salariés. Je crois que seule une mesure forte (mais pas antiéconomique) pourra suffisamment faire baisser le chômage pour relancer la croissance et changer le rapport de forces entre salariés et entreprises dans la négociation des salaires.

Vous dites que la loi-cadre sur les 35 heures risque de n'être qu'une « demi-demi-demi mesure », mais vous ne contestez pas qu'elle aille dans le bon sens ?

Vous avez apparemment raison : « ça va dans le bon sens ». Mais « ça va dans le bon sens » ne veut pas dire grand-chose. En 1982, les 39 heures aussi, ça allait « dans le bon sens ». Mais l'effet sur l'emploi a été tellement médiocre que plus personne n'a voulu parler de réduction du temps de travail entre 1982 et 1993. Depuis 1993, il nous a fallu beaucoup d'efforts pour bien faire comprendre que ce que nous proposions était très différent des mesures de 1982.

Souvenez-vous du défaitisme sur cette question entre 1982 et 1993. Michel Rocard est maintenant un chaud partisan des quatre jours mais, quand il était à Matignon, le PS ne voulait pas entendre parler d'une baisse du temps de travail. Martine Aubry, quand elle était ministre du Travail, ne mâchait pas ses mots pour dire ce qu'elle pensait de la réduction du temps de travail : un grand nombre de militants CFDT se souviennent de ses déclarations au Zénith en septembre 1991. Après le « bide » de 1982, il n'était plus possible de parler sérieusement de baisse du temps de travail ni en France ni à Bruxelles. On passait pour un farfelu. Donc l'argument « cela va dans le bon sens » est dangereux. L'histoire ne retient pas les bonnes intentions. L'histoire retient les actes. Notre génération sera jugée sur sa capacité à sortir la France du chômage de masse et de la précarité, à éviter le chaos. Les bonnes intentions ne suffisent pas face à la dislocation qui menace.

Alors que proposez-vous ? Comment réussir concrètement ?

Nous pensons qu'il faut respecter cinq facteurs clés de succès :

- créer une dynamique nationale autour du temps de travail;
- passer de « 35 heures, si vous le voulez bien » à « quatre jours, tous ensemble » ;
- casser deux tabous financiers ;
- mettre en place la politique d'accompagnement nécessaire ;
- donner enfin son sens à la mutation que nous vivons.

Créer d'abord une vraie dynamique autour du temps de travail. Aujourd'hui, on en est loin. Il n'y avait personne à la Bastille pour fêter l'annonce des 35 heures. Le débat est confisqué par quelques experts. Un brouillard épais entoure ce dossier et la majorité des Français ne croit pas à l'impact sur l'emploi des 35 heures. Or, on ne change pas le rapport au travail et les modes de vie de millions de personnes par une loi si chacun doute de l'équilibre du système et nourrit, au fond, le sentiment que le remède pourrait être pire que le mal. Certaines entreprises prévoient de bloquer les salaires pour anticiper les augmentations de 2000. Des groupes internationaux, surestimant les risques, renoncent déjà à investir en France. Le besoin d'explication est considérable. Il faut sortir du scepticisme et de la confusion. Avant que les partenaires sociaux ne commencent réellement à négocier, il faut dans notre pays un vrai débat public sur le temps de travail. C'est le seul moyen de répondre à la multitude de questions que chacun se pose sur ce sujet, de casser les peurs et de permettre à l'ensemble des citoyens d'être vraiment acteurs du changement.

Comment déclencher ce débat? Comment permettre à tous de s'approprier cette question?

En arrivant à Matignon, Michel Rocard avait organisé un référendum pour sortir la Nouvelle-Calédonie du conflit qui l'ensanglantait. Dépassant les clivages classiques, le OUI l'avait largement emporté. La participation avait été faible car, pour certains, la Nouvelle-Calédonie, c'est un peu lointain, mais le OUI avait transcendé les oppositions politiciennes. Sur le temps de travail, l'adoption d'une loi-cadre par référendum, précédée d'un débat approfondi, permettrait de casser les doutes et les inquiétudes du plus grand nombre. Cela permettrait aussi de revivifier la démocratie, de responsabiliser tous les acteurs et de définir ensemble un nouveau contrat social.

Il faudrait avant ce référendum se donner les moyens pour que chacun puisse réellement se faire une opinion. Pour cela, il serait bon d'envoyer à tous les Français un document expliquant les arguments économiques et répondant aux principales questions. Ce document pourrait être accompagné d'une cassette vidéo présentant des exemples d'entreprises étant déjà passées à quatre jours. Que l'on donne ainsi la parole à des salariés, à des chômeurs qui ont retrouvé du travail, à des patrons qui au début n'y étaient pas très favorables et qui maintenant sont très heureux de profiter eux-mêmes des quatre jours...

Un référendum pour convaincre et responsabiliser

Vous voulez que Lionel Jospin envoie une cassette vidéo et un argumentaire à tous les Français?

Mais pourquoi pas ? Une cassette vidéo, cela coûte 2 ou 3 francs maintenant si on fait des grandes séries. Trois francs pour permettre à chacun d'y voir clair, de se faire une opinion à partir de témoignages concrets, cela ne me paraît pas excessif. Pourquoi les hommes politiques nous adressent-ils tellement de papiers avant d'être élus et n'ont-ils rien à nous dire de sérieux une fois que nous leur avons confié le pouvoir ?

Mendès France parlait toutes les semaines aux Français. Sur un sujet aussi complexe que le temps de travail, nous avons tous une multitude de questions en tête. Autant essayer d'y répondre de façon convaincante en donnant la parole à des acteurs de terrain. Plutôt que de rassurer la Bourse avec l'argument « c'est purement symbolique, vous pouvez ne pas bouger », ne vaut-il pas mieux prouver que le mouvement est possible et que ceux qui ont déjà franchi le pas s'en portent très bien ?

L'intérêt du référendum, c'est qu'il pousse à tout mettre sur la table, à tout expliquer (y compris les difficultés prévisibles). Un autre avantage important du référendum, c'est qu'il assure une stabilité de la norme et permet aux partenaires sociaux de s'engager sans crainte.

C'est un problème important et assez français : nos lois sur l'emploi sont très fragiles, très changeantes. Aucune loi importante n'a vécu plus de deux ou trois ans depuis quinze ans. Ce qu'avait fait Delebarre, Séguin l'a profondément modifié. Aubry a changé les textes de Séguin. Giraud a chamboulé ce qu'avait fait Aubry. Barrot, qui pourtant avait voté les lois Giraud, a rajouté sa touche. La loi de Robien n'était pas votée depuis cinq mois que des députés UDF, des « amis » de Robien, proposaient déjà de lui tordre le cou et Martine Aubry l'a remplacée par un nouveau dispositif alors qu'elle n'avait que dix-huit mois. La première loi Aubry ne va durer que quinze mois, etc.

Ce remue-ménage incessant, cette instabilité de la norme sont doublement gênants : ils empêchent toute évaluation sérieuse des dispositifs et ne permettent pas aux partenaires sociaux de s'approprier correctement les outils censés faciliter leur négociation.

Le texte que va faire voter Martine Aubry pourra être remis en cause dans quelques mois par ses propres services ou, plus probablement, par le ministère des Finances, s'il manque quelques milliards pour boucler le budget. Voyez comme les circulaires d'application de la loi de Robien ont été « travaillées » par les différentes administrations pour en diminuer le coût. Mais surtout, si, à la suite de l'un de ces coups du sort dont notre république est aujourd'hui familière, la prochaine élection législative est l'occasion d'une nouvelle alternance, il n'est pas exclu que la future loi Madelin sur le temps de travail diffère nettement de celle de Martine Aubry.

Vous ne pouvez pas interdire à Madelin d'être ministre...

Non, hélas ! Nous sommes en démocratie : Alain Madelin sera sans doute très présent dans le débat qui précéderait un référendum mais l'intérêt du référendum serait justement de pérenniser la nouvelle loi. Si, après mûre réflexion, après des heures de débats, des heures de lecture des quotidiens et des magazines, des heures de réflexion avec les collègues et en famille, si les Français, si le peuple souverain, décident d'adopter une loi par référendum, il faudrait un autre référendum pour changer le dispositif. Il est peu probable que quelqu'un organise une nouvelle consultation surtout si, comme nous le pensons, le OUI l'emporte très largement et crée une dynamique partagée. La loi-cadre aurait donc toutes les chances d'être pérenne. De plus, ayant été amplement discutée par tous, on peut penser qu'elle sera plus appliquée qu'une loi votée par quelques parlementaires. Tous ceux qui auront voté OUI se sentiront un peu responsables de la bonne mise en œuvre des quatre jours. C'est loin d'être négligeable.

La droite va appeler à voter NON si c'est la gauche qui propose le référendum.

Si ce référendum a lieu trois semaines avant une présidentielle ou avant des législatives, vous avez raison. Mais si ce référendum est organisé assez rapidement, tant que la cote de Jospin est bonne, cela peut, comme pour la Nouvelle-Calédonie, échapper au jeu politicien. Rocard avait une cote de popularité suffisamment élevée pour ne pas avoir besoin d'un plébiscite et le sujet était assez grave (et la droite se sentait assez peu fière de sa gestion du dossier) pour qu'aucun parti – à part le FN – n'appelle à voter NON.

La question du temps de travail ne recoupe pas les clivages classiques droite/gauche mais révèle plutôt un clivage anciens/modernes. Comme la gauche, la droite est divisée sur ce sujet. Certains voteront NON. D'autres recommanderont l'abstention. Mais tous ceux qui ont cosigné la loi de Robien (cent cinquante députés) devront bien reconnaître deux choses : premièrement, la réduction du temps de travail, ça marche ! Deuxièmement : la loi de Robien a montré qu'une incitation, même généreuse, ne suffit pas pour créer une dynamique réelle ; il faut donc accélérer le mouvement. En fait, beaucoup en avaient conscience dès le départ mais ne voulaient pas le dire publiquement. Yves Nicollin, député UDF proche d'Alain Madelin, était rapporteur de la loi de Robien. En présentant le texte en novembre 1996, il disait devant quelques journalistes : « Ne l'écrivez pas dans vos journaux mais ce n'est qu'un premier pas. Un jour, il faudra baisser la durée légale du travail. » Gilles de Robien, vice-président UDF de l'Assemblée, dans une interview au *Parisien*, demandait un référendum sur ce thème.

Des ministres de Balladur ont clairement pris position pour les quatre jours. Relisons ce qu'écrivait Michel Barnier par exemple[4] : « La proposition de passer d'une semaine de travail de cinq à quatre jours me semble pouvoir être un objectif mobilisateur pour le pays et ses entreprises. Il ne s'agit pas, contrairement à la caricature que certains ont voulu dresser de cette proposition, d'une réflexion malthusienne, mais d'une avancée possible pour permettre à chacun de réconcilier l'emploi et l'activité... Au total, j'y suis favorable pour deux raisons. Premièrement, parce que s'engager dans cette voie constituerait un choc bien supérieur aux mesures – techniques et utiles – que nous prenons en ce moment, de nature à bouleverser les comportements. La mobilisation de toute la société contre l'exclusion des « sans-travail » prendrait un éclat manifeste à la hauteur de l'enjeu. Deuxièmement, parce que, au-delà du chômage, la semaine de quatre jours serait un premier acte décisif vers la société post-productionniste, objet de gloses plus que de progrès réels. Cet acte frapperait les imaginations et encouragerait les consciences individuelles à se détacher de la morale du travail pour le travail et à évoluer vers un meilleur équilibre. »

4. Michel BARNIER, *Vers une mer inconnue*, Hachette, Paris, 1994.

Michel Barnier ne dit pas qu'il faut une loi...

Il le dit quelques pages plus loin : « Une telle opération, qui est l'occasion de repenser l'organisation du travail dans les entreprises, ne peut s'effectuer que progressivement. Ses étapes pourraient être :

« – la fixation par la loi d'un objectif de réduction du temps de travail dans un délai de 18 à 24 mois ;

« – la réunion d'un nouveau « Grenelle social » associant les organisations patronales et syndicales pour définir un cadre de suivi ;

« – la négociation par branche et par entreprise. »

Je crois que c'est clair. Michel Barnier et tous ceux qui, autour de lui, ont réfléchi à la question devraient appeler à voter OUI au référendum. C'est Michel Barnier qui a signé ce livre et, depuis, il a plusieurs fois regretté la dérive libérale du RPR et plaidé pour la semaine de quatre jours. Sa plume au ministère était Nicolas Dupont-Aignant, maire d'Hyères et actuel responsable des fédérations au RPR. C'est lui qui a incité Barnier à prendre parti aussi clairement pour une loi sur les quatre jours. Le responsable des fédérations au RPR devrait donc appeler à voter OUI !

Vous disiez aussi que Gilles de Robien s'était prononcé en faveur d'un référendum.

Oui. Dans *Le Parisien*[5] : « Ce référendum interviendrait après la négociation en cours dans les branches professionnelles. Il porterait sur une loi-cadre fixant des principes : objectifs (création d'emplois), réduction du temps de travail sans augmentation des charges, incitations pour les entreprises, modalités des négociations dans les entreprises et dans les branches, calendrier de mise en place... Le référendum pourrait intervenir avant la fin de l'année 1996 pour une application courant 1997. On a assez tergiversé. Tout le monde est d'accord sur le principe mais personne ne passe à l'acte. Pour lutter contre le chômage, les pouvoirs publics ont tout essayé sauf cette mesure. »

---

5. *Le Parisien*, 11 mars 1996.

Gilles de Robien ne parle plus de référendum. Il ne parle plus de loi-cadre.

Je ne sais pas quelle est la liberté du porte-parole de l'UDF. En 1994 déjà, Gilles de Robien avait dû « lever le pied » pendant quelques mois sur le temps de travail, car des proches de Madelin voulaient lui faire perdre sa vice-présidence de l'Assemblée à cause du tour de France que nous avions fait ensemble. Je ne sais pas quel est aujourd'hui le degré de liberté de Gilles de Robien.

Sur le fond, en rester à une loi favorisant l'expérimentation, alors que, visiblement, l'expérimentation a porté ses fruits, paraît curieux. C'est comme si l'on avait expérimenté un vaccin, que l'on ait vérifié son efficacité, mais que l'on refuse de l'utiliser pour protéger tous les enfants exposés à la maladie. S'en tenir au rythme actuel (15 000 emplois par an) ne suffit pas. Il faut un référendum pour accélérer massivement le mouvement.

D'autres personnalités de droite se sont-elles prononcées sur un éventuel référendum ?

Le 14 janvier 1997, nous étions Jacques Barrot et moi invités de Paul Amar dans Le Monde de Léa. J'ai donné quelques exemples d'entreprises passées à quatre jours puis Paul Amar m'a demandé combien d'emplois un mouvement général permettrait de créer. J'ai répondu que nous prévoyions 2 millions d'emplois. Paul Amar s'est alors tourné vers Jacques Barrot : « Monsieur le ministre, qu'en pensez-vous ? » « Je suis tout à fait d'accord avec Pierre Larrouturou mais ce n'est pas suffisant ! », affirmait alors Barrot avant d'expliquer (à juste titre) qu'il fallait aussi muscler nos exportations... S'il est tout à fait d'accord avec ces « 2 millions d'emplois », je pense que Jacques Barrot ne votera pas contre une loi-cadre intelligente (je reviendrai dans une minute sur ce que l'on pourrait inscrire dans la loi). De plus, je peux vous dire qu'un grand nombre de parlementaires CDS-Force démocrate sont vraiment convaincus du bien-fondé des quatre jours. Dans les Hautes-Pyrénées, lors des élections législatives de 1997, un candidat UDF a consacré une grande part de son journal de campagne aux quatre jours !

Vous n'avez pas parlé de Jacques Chirac.

La première visite de Jacques Chirac dans une entreprise après son élection à l'Élysée a été pour Brioche Pasquier où la semaine de quatre jours a créé 130 emplois. Le 13 juillet 1995, devant toutes les caméras, il s'interrogeait : « Je me demande pourquoi ce qui se fait chez Brioche Pasquier ne se fait pas ailleurs. » Le lendemain, il en parlait dans son intervention du 14 juillet. Il est revenu sur ce sujet le 31 décembre au soir en présentant ses vœux à la nation, espérant que 1996 serait l'année d'un « vaste accord national sur la réduction et l'aménagement du temps de travail ». Il aura du mal à argumenter contre les quatre jours.

Philippe Douste-Blazy, quand il était ministre de la Culture, s'est à plusieurs reprises prononcé pour la semaine de quatre jours. Quand il présentait son premier budget de la Culture à l'automne 1993, il expliquait sur France Inter que « la culture, c'est très important car dans quelques années nous travaillerons tous 32 heures par semaine. Nous aurons du temps pour la culture. Il nous faut préparer cette évolution ».

Quelques-uns comme Alain Madelin seront tout à fait hostiles mais un grand nombre de responsables politiques de droite ont pris le temps, depuis quatre ans, de réfléchir à ces questions et ne bloqueront pas le mouvement si le texte soumis à référendum peut vraiment faire progresser l'emploi. Ou alors nous saurons les remettre face à leurs écrits.

Si un tel référendum est organisé, on peut quand même prévoir une belle cacophonie à droite, soit pour des raisons de fond soit pour des questions de positionnement individuel ou de stratégie de groupes. Devant cette cacophonie des chefs, comment l'électeur de droite réagira-t-il ?

Je ne suis pas devin. Je crois que les électeurs, qu'ils soient de droite ou de gauche, sont capables de réfléchir par eux-mêmes. J'ai vraiment l'impression que, sur la question du chômage, les gens n'attendent plus des querelles idéologiques mais veulent savoir ce qui est efficace. Or, la semaine de quatre jours, ça marche ! Et si l'on met tout sur la table, y compris la question des salaires, un grand nombre d'électeurs trouveront cela assez convaincant.

L'enquête CSA-*La Vie*[6] montre qu'une majorité des électeurs proches de la droite est favorable à la semaine de quatre jours : 61 % au RPR, 58 % à l'UDF (mais seulement 47 % au FN, que je ne confonds pas avec la droite). Les vieux clivages ne sont plus pertinents sur les grandes questions de notre époque (emploi, Europe, éducation...). Avec un vrai débat, avec les témoignages et les explications nécessaires, je suis convaincu qu'un très grand nombre d'électeurs de droite voteront pour les quatre jours.

Et à gauche, comment un tel référendum serait-il perçu ? La baisse de salaire de 3 % en moyenne serait bien inscrite dans la loi-cadre soumise au vote ?

Non. Sauf situation tout à fait exceptionnelle, il n'est pas du ressort d'une loi de prévoir l'évolution des salaires. Nous ne sommes pas dans une économie administrée. Ce qui sera dans la loi, c'est la future durée légale du travail, le calendrier de mise en place, les exonérations possibles, le régime des heures supplémentaires et la politique d'accompagnement (équipes de soutien, facilités pour les impôts, pour les ménages endettés...) mais pas la baisse de salaire. On devrait mettre dans la loi le fait que l'État maintient le revenu (par exemple jusqu'à 8 500 francs) mais la loi n'a pas à fixer de règles uniformes de baisse des salaires. C'est à négocier au cas par cas. Simplement, si l'exonération est de l'ordre de 8 % pour des embauches de 10 %, les salariés sauront qu'ils doivent s'attendre, en moyenne, à des baisses de 2 % ou 3 %. Le débat qui précédera le référendum permettra à chacun d'y voir clair. Mais, en tant que telle, l'évolution des salaires n'a pas à être décidée par le politique ; elle n'a pas à être inscrite dans la loi.

Vous ne m'avez pas dit comment la gauche réagirait à un tel référendum ?

Les états-majors seraient peut-être un peu embêtés. Faire un référendum sur les quatre jours avec une petite baisse de salaire, ce serait reconnaître que ce qu'on avait engagé avant

6. *La Vie*, mai 1997.

(une loi parlementaire sur les 35 heures sans perte de salaire) n'était pas suffisant. Mais comme le dit le bon sens populaire, il n'y a que les imbéciles qui ne changent pas d'avis. L'enquête CSA-*La Vie* indique que 81 % des électeurs PS et 80 % des électeurs PC sont favorables à la semaine de quatre jours.

Un très grand nombre de parlementaires sentent bien que le PS en s'obstinant sur les « 35 heures molles » est en train de passer à côté de la bonne idée. Dans toutes les sections PS où j'ai été invité, les gens se demandent : « Qu'est-ce qui bloque là haut ? Pourquoi on ne nous demande pas notre avis ? » « La gauche n'a pas le droit à l'erreur. Ils ne comprennent pas ça à Paris ? »

Toujours à gauche, quelle serait la position du Parti communiste ?

Officiellement, le PC demande les 35 heures avec augmentation de salaire. Mais j'ai été invité une fois à débattre avec Robert Hue sur Canal + et, dès que l'émission a été finie, nous avons parlé très chaleureusement ensemble. Il m'a dit qu'il avait lu mon livre, qu'il savait que des gens de la CGT reprenaient mes idées. « Vous avez raison. Bien sûr, c'est vers les quatre jours qu'il faut aller. » Je lui ai posé la question des salaires : « On ne touche pas au revenu jusqu'à 8 500 francs mais après on perdrait en moyenne 3 %. Qu'en pensez-vous ? » Il m'a répondu en souriant : « Là, vous m'en demandez beaucoup ; je suis communiste ! » Je suis convaincu que si la perte de salaire est de cet ordre de grandeur, un grand nombre d'électeurs de gauche voteront OUI. Plus grand monde ne croit au grand soir. Plus grand monde ne croit que l'on peut tout avoir d'un coup.

Sauf à la CGT peut-être ?

C'est aussi ce que je pensais il y a quelques années mais j'avais tort. Les analyses, les discours et les pratiques de la CGT sont en train d'évoluer. Cela ne se voit peut-être pas dans toutes les branches mais je crois qu'il y a une évolution certaine. Pour vous en convaincre, je vais vous raconter un entretien téléphonique avec l'une des secrétaires de Louis Viannet. Il y a cinq ans, la CGT ne voulait pas que nous nous rencontrions : « Il travaille dans un cabinet américain, il impose une perte de salaire et l'annualisation, on le voit avec des députés RPR »... La liste des accusations était longue. Et puis, par des amis communs de la CFDT, je suis entré en contact avec des responsables CGT qui ont assez vite compris que mon objectif ultime n'était pas l'écrasement des salariés par le grand capital. Nous avons eu des séances de travail très intéressantes pour les deux parties. Il y a trois ans, un responsable d'une fédération me suggère de demander rendez-vous à Louis Viannet pour lui parler de mon projet. J'appelle donc Viannet et je tombe sur une dame qui m'avait vu peu de temps avant à la télé !

– C'est vous le monsieur des quatre jours ?

– Oui, c'est bien moi.

– Vous savez, moi aussi je suis pour les quatre jours !

– Très bien !

– Je pense que c'est vraiment bien pour qu'il y ait des embauches mais aussi pour la vie de famille.

– Je suis bien d'accord avec vous : les deux points sont importants. Mais vous savez, il y aura une perte de salaire.

– Je préférerais qu'il n'y ait pas de perte de salaire.

– Moi aussi, je suis salarié...

Je lui explique alors que l'un de mes frères vit avec un très bas salaire, que j'ai dans ma famille une femme de ménage et un chauffeur-livreur et que je connais donc les difficultés de certains salariés mais que, si l'on refuse toute baisse de salaire, ça ne peut pas marcher. Elle me coupe alors pour me dire :

– Oh, vous savez, on ne peut pas avoir le beurre et l'argent du beurre !

Puis, nous avons regardé l'agenda de Louis Viannet.

Je pense que, si cette dame de la CGT affirme aussi vite qu'on ne peut pas avoir le beurre et l'argent du beurre, elle devrait voter OUI au référendum. La CGT évolue et se préoccupe de plus en plus des problèmes de chômage et d'exclusion.

Êtes-vous sûr qu'un tel référendum est constitutionnel? Il ne concerne pas l'organisation des pouvoirs publics.

Vous avez raison mais, depuis la révision constitutionnelle de l'été 1995, le champ d'application du référendum a été élargi aux politiques économiques et sociales. Aujourd'hui un référendum sur l'emploi est tout à fait constitutionnel.

Il me paraît non seulement possible mais très utile au bon fonctionnement de nos institutions. Vous avez peut-être lu dans *Le Monde* au printemps 1997 [7] l'appel d'un groupe d'éminents constitutionnalistes (le doyen Vedel, Olivier Duhamel...) qui, pour raviver la démocratie, affirmaient qu'il faudrait plus souvent consulter les Français par référendum sur des questions concernant leur vie quotidienne. Le chômage, les rythmes de travail, la création d'emplois et l'évolution des salaires sont au cœur des préoccupations quotidiennes des Français. D'après une enquête Sofres-*Le Pèlerin* [8], la réduction du temps de travail est le premier sujet sur lequel les Français veulent être consultés par référendum.

Si la loi sur le temps de travail est adoptée par quelques parlementaires après deux ou trois jours de débats politiciens confus à l'Assemblée, cela restera un texte parmi d'autres, un outil contre le chômage parmi les soixante-dix mesures déjà votées par les députés en vingt ans. Et quand les difficultés d'application commenceront, quand la cote de popularité du gouvernement commencera à décroître, le parti des râleurs pourra s'en donner à cœur-joie : « Moi, c'est bien simple, je n'y ai jamais cru ! », « C'est bien une idée de Parisiens », « Ces socialistes n'ont jamais rien compris aux PME ! »

Alors que, si c'est un texte approuvé par quelques dizaines de millions de Français, nous serons quelques millions à nous sentir responsables de la bonne marche du projet, partenaires pour réussir. Et quand viendront, inévitablement, les difficultés de mise en place, on pourra rappeler à chacun ses engagements : « Bernard, tu avais dit que tu serais d'accord pour être tuteur des deux nouveaux sur ta journée libérée. C'est pas maintenant qu'il faut te défiler. » « Marc, arrête de râler, tu savais bien que les salaires seraient bloqués pendant un

7. *Le Monde*, 7 mai 1997.
8. *Le Pèlerin*, 1er mars 1996.

an ! » « Nicole, il faut qu'on mette en place cette formation pour carreleurs dans le département. Est-ce que tu peux en parler à l'Assedic ? » « Lucien, tu avais promis de donner un coup de main pour améliorer la formation des patrons de PME de notre région. Ça avance ? »

Si le texte est imposé par le gouvernement et voté seulement par une partie des députés, c'est une contrainte. Approuvé après un large débat par le peuple souverain, c'est un contrat, un nouveau contrat social. Avec le même texte, si la mesure est imposée d'en haut, sans vrai débat, sans témoignages des pionniers, sans mise en perspective, le mouvement sera bien plus laborieux que si la loi est adoptée par référendum et que la dimension culturelle des changements en cours est évoquée clairement.

Un nouveau contrat social

Il me paraît très important de solenniser cette décision. Une nation a besoin de dates, de repères... Il nous faut un référendum pour montrer qu'il n'y a pas que les questions économiques et monétaires qui justifient des choix historiques. Pourquoi a-t-on fait un référendum sur Maastricht (alors que le texte était très technique) et n'en ferait-on pas sur l'emploi et le temps de travail ? La France n'est-elle capable de prendre des décisions historiques que lorsque ces décisions sont imposées de l'extérieur ? La France ne peut-elle prendre de grandes décisions que pour améliorer l'économie et la finance ? La dignité de l'homme, une certaine idée de la Fraternité ne nous obligent-elles pas aussi à faire des choix fondamentaux ?

Et si le président de la République refuse d'organiser ce référendum ? Il ne peut pas y avoir de référendum si le Président ne l'accepte pas.

Vous avez raison. Mais il n'est pas impossible qu'il l'accepte si Lionel Jospin le demande assez rapidement, car c'est sans doute un sujet sur lequel un grand nombre de Français admettraient mal que Jacques Chirac refuse qu'ils s'expriment. De plus, le Président semble lui-même vraiment préoccupé par les problèmes de cohésion sociale et plusieurs personnes de son entourage sont à titre personnel convaincues qu'il faut aller à quatre jours.

Mais s'il refuse ?

S'il refuse et si le gouvernement tient à donner la parole aux principaux concernés, il est possible d'organiser un référendum des actifs. C'est par un tel référendum qu'une importante réforme des retraites a été adoptée en Italie il y a quelques années. Le gouvernement organiserait un vote de l'ensemble des actifs dans les mêmes conditions que pour les élections prud'homales par exemple. Mais au lieu de voter pour des listes, on vote OUI ou NON à un projet de loi qui dans ce cas devrait finalement être adopté par le Parlement. Le score du OUI à ce référendum « actifs » serait peut-être encore plus important qu'avec un vrai référendum. C'est un argument de plus pour penser que le Président devrait accepter l'organisation d'une consultation dans le cadre prévu par la Constitution. Il risque sinon d'être désavoué par un référendum des actifs.

Venons-en au contenu de la réforme, au contenu que vous proposez pour la loi-cadre. Vous disiez qu'il fallait dépasser les « 35 heures, si vous le voulez bien ».

Oui. Il nous faut un objectif mobilisateur et créateur d'emplois. Or, pour beaucoup de salariés les 35 heures n'ont guère de sens. Dans un nombre croissant de métiers, seule une réduction du nombre de jours travaillés est pertinente. C'est un point essentiel car, si les cadres ne peuvent pas s'approprier ce projet, la dynamique restera faible dans les entreprises. Dans certaines entreprises, le passage à 35 heures a élargi le fossé entre les « indispensables » (qui continuent à faire 45 ou 50 heures) et les « interchangeables » (passés à 35 heures). Avec la loi-cadre sur les 35 heures, le risque est plus grand encore qu'avec la loi de Robien car la loi-cadre sur les 35 heures donne une prime dont le niveau ne dépend pas du salaire (à la différence de la loi de Robien qui donnait une exonération proportionnelle aux salaires). Avec la loi Aubry, il est donc beaucoup plus facile pour une entreprise de boucler financièrement l'opération pour des faibles salaires que pour des salaires plus élevés. Le risque existe donc de couper les entreprises en deux : les unités « ouvrières » à 35 heures flexibles et les cadres à 45 heures constantes !

Pour vraiment faire reculer le chômage, il faut aller, sans étape intermédiaire, à une semaine de quatre jours. Même avec plus de flexibilité, même avec des gains de productivité importants (5 % ou 10 %), l'entreprise devra nécessairement embaucher. La semaine de quatre jours « à la carte » crée de l'emploi et renforce la cohésion des équipes : quel que soit le niveau, le chef est absent un jour par semaine. Ce qui oblige à se parler, à se faire confiance, à compter davantage sur chacun. Comme l'affirment aujourd'hui Michel Rocard, Édith Cresson et Laurent Fabius, comme l'écrivait Jean-Baptiste de Foucauld, ancien commissaire général au Plan et proche de Jacques Delors, dans *Le Monde*[9], « la semaine de quatre jours est la formule la plus créatrice d'emplois et la plus porteuse d'initiatives personnelles et de développement convivial ».

Il faut donc inscrire dans la loi que, à terme (deux ans et demi par exemple), la durée légale du travail sera ramenée à 32 heures. Il faut se donner les moyens que la durée effective baisse dans la même proportion que la durée légale : à cette même date, les heures supplémentaires au-delà de 32 heures seraient fortement pénalisées sauf dans les branches où des problèmes de compétences disponibles amèneront à repousser d'un an ou deux cette augmentation du coût des heures supplémentaires pour permettre aux systèmes de formation de pallier les manques.

Quelle évolution des heures supplémentaires envisagez-vous ?

Les partenaires sociaux devraient être largement consultés sur ce sujet pendant l'élaboration de la loi et la phase de mise en place. On peut envisager une triple évolution :

---

9. *Le Monde*, 7 octobre 1997.

1) que les heures supplémentaires ne soient pas mieux payées que des heures ordinaires pour le salarié;

2) que le contingent soit limité;

3) et que les cotisations qui pèsent dessus en augmentent fortement le coût pour l'entreprise au-delà de la trente-troisième heure.

Cette augmentation du coût des heures supplémentaires aurait pour objectif de pousser vraiment les entreprises à respecter la durée légale du travail. Elle n'est possible qu'à quatre conditions :

1) avoir suffisamment expliqué à toutes les entreprises et à tous les investisseurs les buts et les conditions de la manœuvre;

2) avoir trouvé un financement qui permette à toutes les entreprises de « plonger » sans risque;

3) mettre en place dans chaque région, dans chaque bassin d'emplois, des équipes qui aideront les entreprises (les PME en particulier) à se réorganiser;

4) moduler la mise en place effective de ce nouveau tarif des heures supplémentaires avec les partenaires sociaux. Cette gestion devra être souple pendant un, deux ou trois ans, selon les branches, pour tenir compte des problèmes de qualifications disponibles.

En ce qui concerne le financement de l'opération, vous avez parlé de « casser deux tabous » ?

On n'arrivera pas à financer un mouvement général massivement créateur d'emplois sans aborder deux points « difficiles » : la question des salaires et l'utilisation des fonds des caisses de chômage. Il n'est pas question de diminuer les revenus proches du SMIC. Nous en avons parlé tout à l'heure. Mais, quand la réduction du temps de travail est assez massive, la plupart des salariés acceptent de baisser un peu leur salaire. Sans doute certains politiques sous-estiment-ils la capacité de solidarité et le réalisme économique d'un grand nombre de Français.

Second tabou : il faut mettre sur la table la question d'une autre utilisation des fonds de l'Unedic. Comme je vous l'ai dit, si l'entreprise crée réellement des emplois durables, il paraît normal que ses cotisations chômage diminuent. Si c'est à l'État de financer la manœuvre, le budget pour 1999 est de 7 milliards. Alors que le budget des caisses de chômage est supérieur à 130 milliards. Le rapport est de 1 à 20 !

Paradoxalement, le passage à quatre jours est plus facile à financer que les 35 heures : l'effet sur l'emploi étant nettement plus fort qu'avec les 35 heures, il est possible d'utiliser une partie des sommes consacrées au chômage puisque, à coup sûr, le chômage va diminuer.

Le gain en qualité de vie étant évident, les salariés acceptent plus facilement un blocage ou une baisse des salaires. Ceci est particulièrement vrai pour les cadres qui avec les 35 heures ne voient pas leur rythme de travail changer mais qui profitent pleinement des quatre jours et acceptent souvent de perdre jusqu'à 5 % de leur salaire.

L'impact sur la croissance étant plus important avec les quatre jours, les rentrées fiscales pour l'État seront meilleures.

Le quatrième « facteur clé de succès » que vous évoquiez consiste à « mettre en place la politique d'accompagnement nécessaire ».

Oui. Informer très largement l'ensemble des acteurs, organiser un vrai débat, approuver par référendum le nouveau contrat social ne suffit pas. Il faut veiller à la mise en place effective de la réforme et donc repérer tous les blocages possibles, limiter toutes les frictions qui vont ralentir le mouvement. J'ai parlé de l'allocation de maintien de revenu pour les salaires inférieurs à 8 500 francs par mois. Mais je pense qu'il faudrait aussi mettre en place, de façon transitoire, un échelonnement possible du paiement des impôts ou une possibilité de renégocier des emprunts pour des ménages que la perte de 3 % de salaire mettrait en situation difficile.

Il faut que chaque PME trouve près d'elle une équipe qui puisse l'aider à réfléchir sur sa stratégie, sur son organisation et sur ses besoins de formation. Il revient au gouvernement et aux partenaires sociaux d'organiser ce dispositif d'appui. On a trop souvent tendance à croire que si une idée est bonne, elle avance toute seule. C'est faux. Il faut se donner les moyens de réussir ce grand chantier. On ne peut pas laisser chaque PME dans son coin, face à ses problèmes d'organisation. De plus, dans certaines entreprises, les partenaires sociaux peuvent avoir besoin de médiateurs pour entamer une négociation dans de bonnes conditions ou pour mettre en place un accord d'intéressement qui compensera rapidement la perte de salaire.

Au niveau local, l'échange d'expériences sur les questions d'organisation ou de formation doit permettre de créer des réseaux de PME qui pourraient se développer ensuite sur les problèmes de financement, de stratégies d'exportation, etc. Pourquoi les PME du Nord de l'Italie sont-elles aussi compétitives ? C'est parce qu'aucune n'est isolée; aucune ne reste seule dans son coin. Un haut niveau de coopération renforce leur compétitivité. Pourquoi ne pas profiter en France du chantier qui s'ouvre sur le temps de travail pour mettre davantage en réseaux les PME ?

Enfin, dernier « facteur clé de succès », vous disiez qu'il fallait donner pleinement son sens à la mutation que nous vivons.

Je crois en effet que l'on ne peut pas résumer le débat actuel à un problème de robinet ou de thermostat. 39 heures, 35 heures ou 32 heures ? En fait, le chiffre on s'en moque. Ce n'est pas un problème d'arithmétique. C'est de nos vies qu'il s'agit. Il faut que nous disions le sens de l'évolution en cours. Quand Delors et le club Échanges et Projet parlaient de la société du temps choisi, ils voyaient de nouvelles organisations du travail, de nouvelles relations hiérarchiques, un accès permanent à la formation facilité par le temps libre, de nouveaux rythmes familiaux, une nouvelle implication des parents dans la garde et l'éducation des enfants, une nouvelle citoyenneté au niveau local... Le levier du temps de travail paraissait un des leviers les plus puissants pour permettre à tous d'avoir accès à un travail et à un revenu décents, pour permettre à chacun d'épanouir toutes les dimensions de son être (et pas seulement la dimension économique). « La République, c'est la société où chacun a le temps et la liberté pour agir en citoyen », disait déjà Jaurès. Peut-être la semaine de quatre jours, en faisant baisser la peur du chômage et en donnant à chacun plus de temps libre, nous fera-t-elle progresser vers un fonctionnement vraiment républicain de notre démocratie.

Mais ne soyons pas trop optimistes ; la réduction du temps de travail peut aussi accroître la solitude, l'individualisme et la crise du lien social qui caractérisent notre fin de siècle. Keynes prévoyait qu'en l'an 2000 on travaillerait moins de 30 heures par semaine et qu'une dépression nerveuse gigantesque menacerait nos pays. Hannah Arendt[10] annonçait le malaise d'une « société de travailleurs sans travail », une société d'hommes et de femmes dont le travail est une des rares sources d'identité et qui ne sauraient plus pour quelles activités, pour quelle liberté ce temps « libre » méritait d'être conquis. « Oui, mon Dieu, pour quoi faire la liberté ? » s'interrogeait aussi Bernanos[11]. Allons-nous, comme le prévoyait Huxley[12], vers une société de consommation de loisirs – pour ceux qui en auront les moyens – avec un accroissement des inégalités dans l'accès à la culture et au pouvoir ou choisissons-nous de construire une société de pleine activité ? C'est à nous de choisir, à nous d'avoir ensemble une vraie réflexion sur le temps libre, à nous d'utiliser notre liberté. Le débat et le chantier vont être considérables.

Il faut en même temps rappeler que la semaine de quatre jours n'est qu'un moyen parmi d'autres pour lutter contre le chômage (elle ne règle qu'une partie du problème du chômage) mais qu'elle est beaucoup plus qu'une solution partielle à la question du chômage. Elle peut être la clé d'une évolution majeure de la société.

« Nous vivons une de ces époques charnières où tout l'ordre ancien des représentations et des savoirs bascule pour faire place à des imaginaires, à des modes de connaissance et à des styles de régulation sociale encore mal stabilisés. Nous vivons l'un de ces rares moments où, à partir d'une nouvelle configuration technique, c'est-à-dire un nouveau rapport au cosmos, s'invente un nouveau style d'humanité[13] ».

La question n'est plus : « Pour ou contre la loi-cadre ? » mais plutôt « Dans quelle société vivrons-nous demain ? La

---

10. Hannah ARENDT, *La Condition de l'homme moderne*, Calmann-Lévy, Paris, 1983.

11. Georges BERNANOS, *La Liberté pour quoi faire ?*, Gallimard, Paris, 1953.

12. Aldans HUXLEY, *Le Meilleur des mondes*, Pocket, Paris, 1988.

13. Pierre LÉVY, *Les Technologies de l'intelligence*, La Découverte, Paris, 1990 (édition de poche : Seuil, Paris, 1993).

France est-elle capable d'humaniser la mondialisation ? » C'est sans doute la force de la semaine de quatre jours : elle ouvre pour chacun de nous et pour l'ensemble de la société la possibilité de nouveaux modes de vie. Une fois « affranchis » de la fatalité du chômage, à nous de réfléchir à ce que nous souhaitons devenir.

II

Qu'est-ce qui bloque ?

7

Les acteurs sociaux

Vous nous avez expliqué que la semaine de quatre jours ne suffirait pas pour supprimer le chômage mais qu'un mouvement général permettrait de créer près de 2 millions d'emplois en quelques années. Vous nous avez parlé des difficultés de mise en place d'une telle réforme mais, globalement, on a l'impression que les avantages l'emportent très largement sur les difficultés. Depuis 1993, vous avez rencontré un grand nombre de dirigeants politiques. Pourtant, aujourd'hui, c'est une demi-mesure – une loi d'incitation sur les 35 heures – qui a été votée. Qu'est-ce qui bloque ?

Qu'est-ce qui bloque ? C'est une question redoutable. Il est assez difficile d'apporter une réponse complète. Il y a en effet de multiples blocages, d'ordres très différents : blocages culturels, blocages d'ordre technique et financier, blocages chez les salariés et les chômeurs, blocages chez les patrons et surtout beaucoup de blocages chez les politiques. Nous en avons identifié un grand nombre, mais certains, sans doute, nous dépassent.

Salariés, chômeurs, cadres et dirigeants

Commençons par les salariés.

Beaucoup de salariés manquent d'informations sur le projet de la semaine de quatre jours. Pour eux, la baisse du temps de travail, c'est le projet dont on entend le plus parler dans les médias : c'est les 35 heures sans perte de salaire. Or la plupart n'y croient pas. Le bon sens est une qualité largement répandue dans notre pays. Le niveau d'éducation et d'information est tel que la plupart des Français ont du mal à croire que l'on puisse avoir le beurre et l'argent du beurre.

Il faut abandonner les 35 heures, changer de projet et expliquer vers où l'on va et pourquoi. C'est sans doute essentiel aujourd'hui : prendre le temps de se parler, d'expliquer. Notre association a été appelée pour servir de médiateur dans une imprimerie qui voulait négocier sur le temps de travail mais où les partenaires sociaux avaient le plus grand mal à se parler. Ils se sont mis d'accord pour nous contacter. Nous avons organisé des débats avec les salariés au cours desquels pouvaient s'exprimer les syndicats et la direction. Nous avons participé aux rencontres des syndicats et de la direction sur les prévisions financières et les problèmes d'organisation. Nous avons monté un stand d'information pour que tous les salariés puissent avoir des réponses précises à chacune de leurs questions... Les salariés du site principal ont voté : Voulez-vous passer à la semaine de quatre jours avec, en moyenne, 2 % de perte de salaire ? Résultat : 94 % de OUI.

Un mois auparavant l'un des syndicalistes se demandait si on arriverait à 70 % de OUI. Les syndicats nous ont dit qu'ils n'avaient jamais imaginé que le dialogue social puisse s'améliorer aussi vite dans une entreprise. La semaine de quatre jours à la carte est bien un projet « gagnant-gagnant » mais il faut du temps pour l'expliquer.

Ce besoin d'explication est vrai aussi pour les chômeurs. On pourrait penser que les chômeurs (ceux d'entre eux qui sont organisés en mouvements) militent pour une idée qui peut créer massivement des emplois. Or, en fait, beaucoup de chômeurs eux aussi manquent d'informations.

J'ai été invité au congrès d'AC ! (Agir ensemble contre le chômage). La présidente, Claire Villiers, qui connaît bien notre projet, m'avait demandé de venir parler de la semaine de quatre jours. Quand je suis arrivé dans la salle et que Claire Villiers a annoncé que j'allais prendre la parole, la moitié de la salle a commencé à hurler en disant : « Non ! On n'a pas besoin de lui ! », « On sait très bien ce qu'il va nous dire ». Claire Villiers, étonnée de cette réaction, a insisté pour qu'on me laisse quelques minutes : « Il s'est dérangé pour nous, on pourrait l'écouter. » Comme je n'avais que quelques minutes, j'ai été très concret, j'ai donné cinq exemples d'entreprises passées à quatre jours en indiquant à chaque fois le nombre d'emplois créés et le niveau de perte de salaire (2 % ici, 3 % ailleurs...). Une des personnes les plus hostiles à ma présence m'a interrompu immédiatement : « Pourquoi n'y a-t-il pas plus de perte de salaire ? » Je lui ai expliqué qu'il n'y avait pas plus de perte de salaire parce que ce n'était pas nécessaire : avec les exonérations possibles, la perte de salaire est limitée. On ne touche pas au SMIC et en moyenne c'est 3 %. En fait, elle confondait la réduction collective du temps de travail et le temps partiel individuel. Elle croyait que la semaine de quatre jours entraînait une perte de salaire de 20 %. Elle craignait que l'on oblige les salariés à faire des sacrifices considérables pour donner quelques emplois aux chômeurs. Cette confusion entre temps partiel et réduction collective du temps de travail est très fréquente.

Cette même dame, dès que je l'ai eu rassurée sur les salaires, m'a interrompu à nouveau : « Vous parlez de qualité de vie, mais vous dites aussi qu'il faudra accepter la flexibilité. La flexibilité, cela signifie que mon mari fera 32 heures ici et moi 32 heures là. On ne se verra plus jamais. » Je lui ai démontré sur un cas concret, à travers l'organisation d'un service d'une banque, comment, au contraire, même en améliorant les services aux clients, le rythme de vie pour la famille serait amélioré. Elle a compris qu'il y aurait moins de précarité et qu'il n'y aurait pas de dégradation des conditions de travail suite à la mise en place des quatre jours.

Ces questions sur les salaires et sur la flexibilité étaient visiblement dans toutes les têtes. La suite du débat a été plus tranquille. Le lendemain, le congrès d'AC ! votait une motion demandant une loi-cadre sur les 32 heures. Vous voyez là, grandeur nature, les bienfaits d'une franche explication : le samedi à trois heures, j'étais quasiment interdit de parole. Le dimanche à midi, le mouvement demandait une loi-cadre sur les 32 heures. Le besoin d'explication est considérable aussi bien pour les personnes au chômage que pour les salariés.

Est-ce le même déficit d'information qui explique que la plupart des chefs d'entreprise restent hostiles à la semaine de quatre jours ?

Ce n'est pas la seule explication mais, effectivement, un grand nombre de chefs d'entreprise n'ont aucune information sérieuse sur ce sujet. J'ai rencontré des dizaines de chefs d'entreprise qui étaient virulents au début d'un débat sur le temps de travail et qui, deux heures après, se laissaient convaincre si on ne leur parlait pas des 35 heures sans perte de salaire mais bien des « quatre jours à la carte ».

J'ai été invité à Lyon par un groupe d'une vingtaine de patrons. Quand je suis arrivé le matin, à neuf heures, ils m'ont dit qu'ils préféraient me l'avouer tout de suite : « On vous a invité pour se détendre, on voulait vous avoir pour casser de l'expert ! » Effectivement, la première heure a été difficile. Quand je suis avec des chefs d'entreprise, je présente des tableaux de chiffres très concrets, avec, au franc près, l'évolution de la masse salariale. L'un des patrons présents, P-DG d'une entreprise qui fabrique des chocolats à la liqueur, ne m'a pas « lâché les baskets » pendant vingt minutes. Il avait sorti sa calculatrice et vérifiait colonne par colonne que tous mes calculs étaient bien faux. Il ne m'a pas laissé respirer pendant vingt minutes. Puis, au bout d'un moment, n'ayant pas trouvé d'erreur, il s'est détendu et nous avons pu avoir un débat très concret et très serein. On a passé quatre heures à réfléchir sur des cas d'entreprises, à répondre aux questions, à voir les difficultés d'organisation mais aussi les conséquences positives de la semaine de quatre jours. Au bout de quatre heures de travail en commun, cinq de ces patrons m'ont demandé si je pouvais revenir un mois plus tard pour expliquer l'idée à leurs cadres !

Un mois plus tard, je me retrouve donc face à ces cinq patrons et à leurs cadres, directeurs de fabrication, DRH, directeurs financiers... Nous passons de nouveau toute la matinée à réfléchir ensemble et, à la fin de cette deuxième matinée, le patron des chocolats à la liqueur – celui qui était complètement hostile la première fois – prend la parole devant ses collègues : « Je vais peut-être vous surprendre mais je crois qu'il faudrait une loi pour dire à tous les entrepreneurs : "Dans deux ans, vous devez tous être passés à quatre jours." C'est une bonne idée mais 98 % des patrons n'y ont jamais réfléchi et parmi les 2 % qui y ont réfléchi, nous sommes tellement pris par le quotidien, nous avons tellement de problèmes à régler en revenant à l'usine (un nouveau produit à mettre au point, des clients qui ne sont pas satisfaits, le banquier qui a appelé), que le passage à quatre jours ne sera jamais une priorité si on ne nous fixe pas un calendrier. »

Voilà un homme tout à fait honnête, qui avec les informations qu'il avait trouvées au gré de la lecture de la presse pensait que la semaine de quatre jours, c'était la dernière erreur à faire pour sortir notre pays du chômage et qui, après deux séances de travail et après avoir lu notre argumentaire, affirmait devant ses collègues patrons qu'il fallait faire une loi.

Ce groupe de patrons lyonnais n'est pas une exception. En un an, j'ai été invité dans vingt et un clubs de formation de ce réseau (APM). J'ai donc rencontré quatre cents ou cinq cents patrons de PME. À chaque fois le début de la séance est un peu tendu puis nous avons une réflexion sereine sur tous les aspects économiques de ce dossier. À l'issue de chaque séance, la tradition de ces clubs veut qu'ils notent le concept qui leur a été présenté. La note moyenne sur les vingt et une séances est de 4,7 sur 5. C'est bien la preuve que, en se donnant les moyens d'expliquer ce dossier, on pourrait très bien convaincre une majorité de chefs d'entreprise !

N'y aurait-il pas également un blocage spécifique du côté de l'encadrement ? On a parfois l'impression en France que les cadres tirent une partie de leur prestige et de leur autorité du fait qu'ils font des horaires très lourds par rapport au reste des salariés de l'entreprise...

Vous avez bien dit en France. Il y a d'autres pays, comme les États-Unis ou la Norvège, où au contraire un cadre encore présent à 18 h 30 le soir est mal jugé. C'est considéré comme un manque d'efficacité. C'est la preuve qu'il est mal organisé ou incompétent. En France, en revanche, la plupart des cadres sont bien loin d'effectuer 39 heures hebdomadaires. Il est fréquent actuellement que leurs journées de travail dépassent 10 ou 11 heures. Pour autant, sont-ils satisfaits de cet état ? Je ne le crois pas. Les cadres en ont assez. Ils sont de plus en plus nombreux à demander une réduction de leur temps de travail. Les 35 heures sur cinq jours n'ayant absolument aucun sens pour eux, ils réclament la semaine de quatre jours.

L'Amicale des cadres supérieurs de Merlin-Gérin à Grenoble a organisé un débat sur le temps de travail. Régulièrement, ils se retrouvent autour de quelqu'un qui a rédigé un livre ou qui a des idées pour réfléchir ensemble. En générals il y a quatre-vingts ou quatre-vingt-dix personnes. Pour réfléchir à la semaine de quatre jours, ils étaient trois cents et ceux de Paris avaient demandé la liaison par satellite pour profiter du débat. Leur intérêt pour la question du temps de travail était donc manifeste. Nous avons eu trois heures de débat passionnantes. Finalement, un des cadres présents a pris la parole : « Mais enfin, pourquoi est-ce que l'on ne bouge pas ? Pourquoi nous, cadres, qui avons envie de travailler moins, continuons-nous à faire des journées aussi longues et des semaines aussi pleines ? Pourquoi est-ce que l'un d'entre nous n'enclenche pas le mouvement en passant à temps partiel ? »

Un de ses voisins lui a pris le micro des mains : « Tu sais bien pourquoi nous ne passons pas à temps partiel, pourquoi nous ne bougeons pas : c'est parce que le marteau tombe toujours sur le clou qui dépasse. *Le marteau tombe toujours sur le clou qui dépasse.* Si tu es le seul dans le service à rentrer chez toi à six heures, alors que le chef est là jusqu'à huit ou neuf heures du soir, si tu es le seul à demander un temps partiel, cela donne l'impression que tu es démotivé, que tu es là en touriste, que tu n'y crois plus. Du coup, s'il y a un travail sans intérêt à faire, il sera pour toi. Et si dans quelques mois il y a un poste qui saute, ce sera peut-être le tien. » Tous les cadres l'ont applaudi et un quart d'heure après, quand l'un d'eux a proposé un vote sur un mouvement général vers les quatre jours, le OUI a été archimajoritaire.

À une époque où il y a 200 000 cadres au chômage, il vaut mieux ne pas être *le clou qui dépasse*. C'est pour cela que tous les cadres continuent à jouer le jeu. Mais la plupart souhaitent vraiment travailler moins pour donner du travail à d'autres cadres, et pour avoir un meilleur équilibre de vie.

Les cadres qui sont déjà passés à quatre jours disent qu'ils font mieux leur travail. La répartition des tâches est souvent plus claire après le passage à quatre jours. Le cadre n'a rien perdu de son pouvoir ou de son autorité, il exerce même parfois mieux son expertise. Certains pensent que les cadres ont peur de perdre leur pouvoir, qu'ils ont l'angoisse d'être remplacés de temps en temps. Mais dans la réalité, de plus en plus de cadres sont à temps partiel par rapport au processus qu'ils encadrent. Dans le secteur industriel, certaines usines travaillent en 3 × 8. Il y a des équipes de week-end. Concrètement, l'usine ne s'arrête presque jamais. Or aucun cadre n'est là 24 heures sur 24, sept jours sur sept, toutes les semaines de l'année, et cela fonctionne très bien.

Dans le secteur bancaire, de nombreuses agences sont déjà ouvertes six jours par semaine, 52 semaines par an et parfois 9 ou 10 heures par jour. Aucun cadre n'est là en permanence. Le temps individuel et le temps collectif diffèrent donc de plus en plus au sein de l'entreprise. C'est vrai pour les cadres comme pour les non-cadres. Il ne faut pas oublier également que le niveau d'éducation et de formation progresse. De nombreuses personnes n'ont pas le statut de cadre mais ont une intelligence et des compétences qu'elles ont envie d'utiliser dans leur travail. Ne pas en tenir compte représente à la fois un formidable gâchis et un risque pour les années à venir.

Ce cadre craignait d'être « le clou qui dépasse ». Pour éviter une telle situation, il faut un mouvement collectif ?

Oui. C'est bien la différence fondamentale entre du travail à temps partiel individuel (avec perte de revenu importante) et un mouvement collectif vers la semaine de quatre jours. C'est d'ailleurs pour cela que les cadres supérieurs de Merlin-Gérin ont voté en fin de débat. Ils ont constitué des groupes de travail, pour demander à la direction de Merlin-Gérin un mouvement souple, adapté, mais général vers la semaine de quatre jours. Ce ne sont ni les syndicats, ni la direction générale de cette entreprise qui ont proposé la négociation mais bien les cadres.

Le rapport au travail de nombreux cadres est en train d'évoluer. Les cadres ont longtemps paru protégés de la crise mais ce temps est passé. De plus, de nombreux cadres voient leurs enfants ou leurs amis au chômage. Le malaise des cadres est important. Comme consultant j'ai entendu à deux reprises : « Vous savez, on est des mouchoirs en papier : on se sert de nous puis on nous jette. » Dans une banque dont je faisais l'audit, un cadre supérieur m'a dit, dès notre première rencontre : « Je sais très bien que l'on pourrait facilement améliorer les procédures. Mais cela nous conduirait à supprimer trois postes. Je me refuse à envoyer trois personnes au casse-pipe. »

Il y a, chez un grand nombre de cadres, non pas un désinvestissement du travail mais une relativisation de la place du travail dans leur vie. « Pour réussir sa vie, il vaut peut-être mieux ne pas mettre tous ses œufs dans le même panier. Tout donner à l'entreprise alors qu'on sait qu'elle peut vous sacrifier sans trop d'états d'âme, c'est stupide », expliquait un cadre supérieur de l'industrie.

À l'issue d'un débat, nous prenions un verre avec quelques personnes et un cadre est venu me voir. Au bout de quelques minutes, il m'a dit : « Au mieux du mieux, en continuant comme cela, que puis-je espérer ? Je serai un jour directeur financier d'une filiale d'une entreprise qui fabrique des savons ! Ça ne suffit pas pour remplir une vie. Et, en cours de route, j'ai pas mal de chances d'être vidé. »

Pour que les cadres en particulier puissent trouver un nouvel équilibre entre leur travail et leur vie personnelle, il faut bien un mouvement collectif vers les quatre jours. Mais un mouvement collectif est insuffisant s'il n'a lieu qu'au niveau d'une entreprise. Il faut un mouvement collectif à l'échelle du pays. Une fois encore, je vais vous donner un exemple concret pour illustrer mon propos. J'ai rencontré un ouvrier de la chimie, syndicaliste à la CFDT. Comme citoyen il est tout à fait convaincu qu'il faut baisser le temps de travail. Comme syndicaliste, il milite pour un meilleur partage du travail : la CFDT de la chimie et de l'énergie a très clairement pris position pour la semaine de quatre jours. Mais il m'a expliqué qu'actuellement, bien qu'étant militant, il accumule les heures supplémentaires. Sa femme et son fils sont au chômage et, pour les faire vivre, il doit travailler davantage. Il craint également des licenciements dans son entreprise, et, pour prouver sa motivation à ses supérieurs, il n'hésite pas à faire de nombreuses heures supplémentaires.

Je lui ai demandé s'il accepterait une petite baisse de salaire pour que son entreprise réduise massivement le temps de travail. Il m'a répondu oui, mais sans conviction. En effet, bien qu'il soit convaincu par le projet, le passage à quatre jours de son entreprise ne résoudrait pas son problème : sa femme et son fils ne cherchent pas du travail dans la chimie, et tous les deux resteraient donc au chômage.

Bien qu'il soit directement concerné par le chômage, il a du mal à accepter une petite perte de revenu si le mouvement ne concerne que son entreprise. Le mouvement collectif au niveau de l'entreprise est indispensable, mais insuffisant. Il faudrait que la majorité ou la totalité des entreprises de sa région passent à quatre jours pour que sa femme et son fils aient des chances solides de retrouver du travail. Il pourrait alors accepter sans problème une petite perte de salaire. Paradoxalement, ce sont des personnes directement concernées par le chômage qui pourraient bloquer une négociation, si elle n'était pas assez large.

En conclusion, on constate que le choix individuel est insuffisant, que le choix collectif au niveau de l'entreprise l'est également, et donc qu'un mouvement général vers la semaine de quatre jours s'impose. Nous ne souhaitons pas un mouvement autoritaire, excluant toute négociation. Mais un mouvement national, initié par référendum, est sans conteste indispensable.

Les blocages culturels

N'y a-t-il pas également, que l'on soit salarié, cadre ou dirigeant, des blocages plus irrationnels, d'ordre culturel ?

Bien sûr. Il y a d'abord la peur de la nouveauté. Même si l'existant ne nous satisfait pas, au moins nous savons ce que nous avons actuellement. Changer complètement, rompre avec ses habitudes, c'est toujours un facteur d'inquiétude. Plus la crise est grave, plus elle pousse chacun à se raccrocher à ce qu'il connaît déjà. « Un tiens vaut mieux que deux tu l'auras », surtout à une époque où la confiance s'amenuise entre partenaires sociaux ; surtout à une époque où la notion de progrès social est discréditée. Sortir du chômage *et* gagner en qualité de vie, cela paraît trop beau.

Il y a aussi pour certains, salariés ou chefs d'entreprise, une certaine peur du vide. Un syndicat de cadres, la CFE-CGC métallurgie, m'avait invité pour réfléchir à ces questions. Après toute une matinée de débats, les membres du bureau ont voté et décidé que leur syndicat militerait dorénavant pour que l'ensemble de la métallurgie (cadres et non-cadres) passe à la semaine de quatre jours. Après ce débat, nous avons déjeuné ensemble. La discussion a été moins économique, chacun parlait un peu avec son voisin et puis, au moment du plat principal, il y a eu un silence et on a entendu tout d'un coup quelqu'un qui disait à son voisin : « Tu sais, moi, la semaine de quatre jours, si c'est pour avoir un jour de plus avec bobonne et le chien... » Cela a jeté un petit froid. En riant, on pourrait lui proposer de changer de chien. Mais je pense sérieusement que pour certains il y a une vraie peur du vide. Une peur du changement de rythme. Certains salariés se demandent ce qu'ils vont faire et souffrent d'une inquiétude semblable à celle des nouveaux retraités.

Cette inquiétude est loin d'être généralisée mais elle existe bien chez ceux qui ont peut-être surinvesti dans le travail, ce qui est le cas d'un certain nombre de dirigeants d'entreprise.

J'étais invité fin 1997 à l'Union patronale de l'Ardèche à Privat pour une demi-journée de formation. Les premières heures ont été difficiles : j'ai entendu toutes les insultes que vous pouvez imaginer. À la fin de l'après-midi, nous nous sommes interrogés sur les blocages des patrons. Le président de l'Union patronale a finalement déclaré : « Ce qui nous fait peur, c'est que nous allons avoir, tout d'un coup, beaucoup de temps libre. Et on se demande ce qu'on va en faire. (Silence.) Qu'est-ce qu'on vient faire sur Terre ? » La question existentielle apparaissait après quatre heures de débat. Il avait fallu que toutes les questions techniques, économiques, financières et organisationnelles soient posées, pour que cette question arrive. C'est parfois à la fin d'une rencontre que les interrogations les plus importantes émergent : « Qu'allons-nous faire de toute cette liberté ? » « Qu'est-ce qu'on vient faire sur Terre ? »

Cette question est la preuve que certains aspects non économiques (activités hors temps de travail...) sont essentiels. Il faut impérativement un débat politique, un débat de société sur ces questions dans notre pays. Dans le cas contraire, il pourrait y avoir un sentiment de vide, un sentiment de déréliction très dommageable en lui-même et qui en outre freinerait considérablement l'avancée vers la semaine de quatre jours.

« Pour s'en sortir, il faut travailler plus » entend-on fréquemment. Est-ce que certaines personnes ne « bloquent » pas tout simplement parce qu'elles sont angoissées à l'idée de travailler moins ?

Certainement. Je vous ai dit tout à l'heure que la semaine de quatre jours, c'est le bon sens : nous travaillions sept jours sur sept au début du siècle puis nous sommes passés à six jours, et enfin à cinq jours. Le bon sens voudrait donc que nous passions maintenant à quatre jours. Mais dans le même temps, je crois qu'en période de crise, travailler moins est contraire au bon sens. Nous sommes en période de crise, le travail est rare. Alors que de nombreuses personnes souffrent, alors qu'il y a une crise sociale d'une extrême gravité dans notre pays, la semaine de quatre jours paraît paradoxale. D'une certaine façon, travailler moins aujourd'hui est absolument contraire à notre instinct. Je pense que l'instinct, le cerveau reptilien, s'oppose à la semaine de quatre jours. En période de crise, notre instinct nous pousse à travailler plus. Chacun s'accroche à ce qu'il a. « Chacun défend sa tartine et son morceau de hareng. » Il y a une logique individuelle de conservation qui resurgit.

Il est étonnant de constater à quel point il a été facile de passer de six jours à cinq pendant les trente glorieuses. La société était sans inquiétude, le niveau de vie progressait. L'inflation a certainement facilité les choses mais la réduction du temps de travail s'est faite avec une extrême facilité. Aujourd'hui, le contexte est totalement différent. Mais devons-nous nous laisser guider par notre cerveau reptilien ? Ne devons-nous pas travailler nos peurs et mettre notre volonté en mouvement ?

En période de crise, c'est une réflexion sereine, et non pas notre instinct, qui pourra nous guider vers une solution, une porte de sortie. Prenons une comparaison. Vous faites de l'escalade, vous êtes sur une paroi et vous commencez à être en difficulté. Vous ne savez plus sur quelle prise vous appuyer. L'instinct vous commande alors de vous coller à la paroi et de regarder vers le bas. C'est sans doute la meilleure façon pour dévisser. La réflexion et la pratique vous disent au contraire qu'il faut justement prendre du recul et lever le nez. C'est comme cela que vous allez trouver la voie pour sortir de ce mauvais pas. De même, en période de crise nous choisirions peut-être instinctivement de travailler plus. Mais ce n'est pas la bonne solution.

Dans le même ordre d'idées, le fait que la semaine de quatre jours permette dans le même temps de réduire le chômage et d'augmenter la qualité de vie pose parfois problème. La semaine de quatre jours *ne fait pas assez mal*. Il s'était bien trouvé des gens pour être contre l'accouchement sans douleur... Pourtant, peut-on vraiment encore croire qu'un remède n'est efficace que s'il est mauvais à avaler ?

Les réactions instinctives ne sont pas toujours bonnes conseillères. Il est important que les responsables des partis politiques républicains permettent à chacun de faire fonctionner son intelligence en proposant des projets crédibles, en faisant émerger toutes les peurs et en diffusant assez d'informations pour rassurer les inquiets. Sinon, si la crise s'aggrave et qu'aucun projet efficace n'est présenté par les démocrates, on peut craindre que ceux qui s'adressent d'abord au cerveau reptilien et amplifient les peurs ne l'emportent un jour. L'histoire de notre siècle montre que l'horreur est toujours possible.

Le travail est une valeur très importante dans notre société. La semaine de quatre jours, une réduction forte du temps de travail, est assimilée par certaines personnes à de la fainéantise. Pensez-vous qu'une certaine « survalorisation » du travail soit un frein important à l'avancée de votre projet ?

C'est très clairement ce qui bloque certaines personnes. En décembre 1995, j'ai rencontré de nombreux sénateurs pour les convaincre qu'il fallait voter la loi Boisseau-Jacquat, la future loi de Robien. La veille d'un petit déjeuner avec des sénateurs centristes, l'assistante de l'un d'eux m'avait appelé, en disant : « Je lui ai donné vos documents, il connaît le sujet, il sait que le projet est solide économiquement, mais il est bloqué sur le fond. Il a reçu une éducation chrétienne, et il pense que travailler moins, c'est quelque chose qui n'est pas bon. Son problème est culturel, il va falloir lui répondre sur ce plan. »

Le lendemain, j'ai d'abord exposé les arguments économiques et le début du débat fut essentiellement technique. Au bout de deux heures, un des sénateurs centristes, pour montrer son ouverture d'esprit, a cité Karl Marx, « en l'an 2000, nous travaillerons 30 heures par semaine ». Pour montrer que, moi aussi, j'avais lu quelques grands textes sur le travail, j'ai cité le pape Paul VI, qui affirmait que l'Église était en partie responsable de la « mystique exagérée du travail ». L'Église, depuis quelques siècles, a contribué à la survalorisation du travail au détriment d'autres valeurs (épanouissement personnel, vie de couple, création non marchande...). Suite à cette citation de Paul VI, nous avons eu un débat très intéressant sur ces questions de valeurs et sur le rôle des Églises chrétiennes depuis la Réforme dans cette surestimation de la valeur « travail ». J'ai quitté le Sénat peu avant midi. Trois heures plus tard, l'assistante du sénateur m'appelait : « C'est bon ! Il votera la loi. C'est Paul VI qui l'a convaincu ! »

Il est intéressant de voir que chacun de nous a ses propres blocages et ses réactions propres en fonction de sa culture personnelle. Cette assistante parlementaire expliquait le « blocage » initial de son sénateur par son éducation chrétienne mais elle-même était membre du Mouvement des cadres chrétiens (MCC), et c'est, en particulier, comme chrétienne qu'elle pensait qu'il fallait un plus juste partage du travail et des revenus. Elle me faisait d'ailleurs remarquer que dans de nombreux pays, les chrétiens sont en première ligne pour un meilleur partage des richesses (partage de la terre au Brésil, par exemple).

Je pourrais passer une heure à vous parler de tous les « blocages » que j'ai observés depuis quatre ans. C'est à cause de cette multitude de petits grains de sable qui peuvent bloquer le mouvement qu'il faut un grand débat national, six mois pour éclairer toutes les facettes de ce dossier.

Je ne résiste pas au plaisir de vous parler aussi d'un important sénateur qui bloquait sur le problème des parkings. « Jamais, M. Larrouturou, vous ne parlez du problème des parkings. Pas un mot sur les parkings dans vos livres. Or, s'il y a plus de salariés, il y aura plus de parkings. Qui va payer les parkings ? » J'ai essayé, schéma à l'appui, de lui montrer que ce problème n'en était pas un, qu'il y avait certes des coûts liés à la mise en place des quatre jours (équiper les commerciaux en fax, faire des bleus de travail pour les ouvriers, réorganiser les bureaux...) mais qu'il n'était pas nécessaire d'agrandir les parkings. « S'il y a actuellement cent personnes qui viennent à l'usine chaque jour, il y en aura toujours cent après la négociation. Ce ne sera pas tous les jours les mêmes mais ils ne seront pas plus nombreux. » À plusieurs reprises, au cours de notre entretien, il est revenu sur cette question. En me raccompagnant hors de son bureau il ne m'a guère laissé d'espoir : « Sur les parkings, vous ne m'avez pas convaincu... »

La position des syndicats

On a l'impression que les syndicats font preuve d'une certaine inertie sur la question du temps de travail. Comment expliquez-vous qu'ils ne s'engagent pas plus pour la semaine de quatre jours ?

Je ne partage pas votre analyse. Et je ne pense pas que l'on puisse porter un même jugement sur l'ensemble des syndicats. Les syndicats n'ont pas tous la même vision de leur fonction dans la société et leurs stratégies sur cette question sont très différentes. Cela fait sans doute vingt ans que la CFDT milite pour la réduction du temps de travail.

Effectivement, la CFDT a très largement contribué au débat sur la réduction du temps de travail. Mais Nicole Notat a déclaré au lendemain de la conférence du 10 octobre 1997 qu'elle n'avait aucune raison de ne pas être satisfaite par la loi-cadre sur les 35 heures.

Il y a un grand nombre d'entreprises où le débat sur le temps de travail et la signature d'accords créateurs d'emplois n'auraient pas été possibles sans les salariés syndiqués à la CFDT. Je vous rappelle aussi que depuis son congrès de Montpellier la CFDT demande une loi-cadre sur les 32 heures. Notre association est très souvent invitée dans des unions départementales ou par des groupes de militants pour animer des débats sur les quatre jours. Le 10 octobre 1997, certaines fédérations CFDT manifestaient pour les 32 heures, insistant sur l'insuffisance des 35 heures. On peut dire que globalement nos positions et les positions de la CFDT sont très proches.

En dehors de la CFDT, quelles sont les positions des différents syndicats sur la réduction du temps de travail et la semaine de quatre jours ?

L'idée progresse aujourd'hui dans l'ensemble des syndicats. La CGT des cadres, la CGT-banque demandent la semaine de quatre jours. FO-PTT, FO-cadres ont également pris position en faveur des 32 heures. FO-agro-alimentaire a signé l'accord de juillet 1996 sur les quatre jours dans les coopératives laitières. Alain Deleu, secrétaire général de la CFTC, déclarait sur le perron de Matignon le 10 octobre 1997 : « Nous voulons la semaine de quatre jours, car nous voulons vraiment créer des emplois. » Il est inexact de dire que les syndicats sont absents ou sont silencieux, mais nous pouvons sans doute regretter que leurs voix ne soient pas entendues. Nous pouvons déplorer également l'absence d'une stratégie plus unitaire, qui permettrait sans aucun doute d'obtenir des résultats plus rapidement.

La question des salaires est un facteur de blocage, nous l'avons vu tout à l'heure, au niveau des partis politiques. Le problème se pose également pour les syndicats.

Oui, c'est évidemment une question importante. Pour les syndicats, il est plus difficile d'aborder aujourd'hui la question du temps de travail qu'il y a trente ou quarante ans, durant les trente glorieuses. À l'époque, les gains de productivité et la croissance étaient considérables. Il y avait également de l'inflation. Il était donc plus facile de négocier la baisse du temps de travail. Un ralentissement ou une stagnation des revenus réels pendant quelque temps pouvait passer inaperçu. Avec l'inflation le revenu nominal (le montant qui figure sur la feuille de salaire) continuait à progresser, même quand le pouvoir d'achat réel stagnait. À l'heure actuelle, il n'y a plus d'inflation et le niveau de compréhension des mécanismes économiques a considérablement progressé...

Même les salariés qui n'ont jamais fait d'économie comprennent beaucoup de choses sur ce sujet. Ils ont tous les matins une chronique économique à la radio. Ils lisent des articles traitant de macroéconomie. On ne peut plus leur faire croire qu'ils auront le beurre et l'argent du beurre : ils sont très peu nombreux à croire possibles les quatre jours sans perte de salaire.

La semaine de quatre jours pose donc un vrai problème de stratégie aux syndicats. Ils sentent bien, à la base, l'aspiration des salariés à vivre mieux et à être solidaires mais ils ont l'habitude de négocier des augmentations de salaires, de se battre pour une répartition de la valeur ajoutée plus favorable à leurs mandants. Avec le temps de travail et l'emploi, la négociation devenant plus large et plus globale, je pense qu'un autre discours sur les salaires s'impose. Cela dérange encore certaines confédérations. Tous ceux que j'ai pu rencontrer acceptent l'analyse qui conclut à une stratégie de « judo social ». Mais, au niveau national, avant la négociation, à l'exception de la CFDT, ils ont du mal à en parler.

Il faut dire à leur décharge que ce serait au politique de se jeter le premier à l'eau et de tenir un discours de vérité. Or il ne le fait pas. Il faut dire aussi que, dans certaines entreprises, les syndicalistes sont les salariés les moins souvent augmentés. L'archaïsme de la vision patronale du dialogue social dans certaines branches donne des raisons supplémentaires aux syndicalistes pour refuser toute baisse de salaire.

Au MEDEF : secrets et mensonges

Le MEDEF (ex-CNPF) semble farouchement hostile à toute forme de réduction du temps de travail. Quelle est précisément sa position sur ce dossier ?

Sur le plan local, beaucoup de chefs d'entreprise sont nettement plus ouverts que le MEDEF. Ils savent que, concrètement, le changement est possible. La position du MEDEF est d'autant plus incompréhensible que le sujet, en France, est débattu depuis longtemps. Jean Gandois m'a avoué en tête à tête qu'en 1978 il avait rédigé un article sur la baisse du temps de travail. Il y a vingt ans ! Il m'a expliqué qu'il s'était fait convoquer par André Giraud, alors ministre de l'Industrie de Giscard. Giraud lui a dit qu'il avait peut-être raison, mais qu'il ne fallait plus en parler, parce que c'était une idée de gauche ! Donc, déjà en 1978 Jean Gandois disait qu'il fallait baisser le temps de travail, sous certaines conditions.

La France est marquée par une tradition de faible négociation sociale au niveau national. On attend qu'il y ait des émeutes dans la rue pour négocier. Regardez 1936 ou 1968 : il a fallu qu'il y ait des centaines de milliers de gens sur le pavé pour que la négociation puisse s'engager. En 1936, le Front populaire a instauré les congés payés. C'était impossible trois mois auparavant. Selon le patronat cela devait ruiner l'économie française. On ne l'a fait que sous la pression. En 1968, à Grenelle, on a finalement cédé sur le temps de travail et sur les salaires, selon le même scénario. Je trouve assez triste qu'il faille attendre l'explosion pour se mettre autour d'une table et avancer. Nous allons peut-être à nouveau rater l'occasion de vraiment moderniser le dialogue social et l'organisation de notre économie, pour les mêmes raisons. Si le changement se fait à l'occasion d'une explosion sociale, il se fera dans de beaucoup moins bonnes conditions. Du coup l'effet sur l'emploi sera beaucoup plus faible, ainsi que l'effet sur la croissance et sur la modernisation des organisations.

Toute l'histoire sociale de notre pays montre que le dialogue social est faible, que le compromis est toujours fragile et que le politique doit réguler. C'est particulièrement vrai sur la question du temps de travail. Si le politique n'était pas intervenu, combien de temps les enfants auraient-ils continué à travailler dans les mines ? Si le politique n'était pas intervenu, combien aurions-nous de congés payés ? Si le politique n'était pas intervenu, combien d'entre nous pourraient profiter de deux jours de week-end chaque semaine ?

La tradition française dans ce domaine est différente de la tradition allemande, belge ou italienne. Si le politique n'intervient pas, les choses ne progresseront pas dans notre pays. Plus la crise est grave, plus chacun se replie sur ses intérêts, plus l'action du politique est nécessaire. C'est bien quand l'intérêt individuel à court terme et l'intérêt collectif s'opposent (comme je l'ai montré tout à l'heure avec le cas de cet ouvrier de la chimie) que l'intervention du politique est indispensable. C'est à lui de dénouer la crise, de trouver des solutions profitables à tous les acteurs.

Au-delà d'une certaine « allergie » de principe à la décision politique concernant la marche de « ses » entreprises, il y a au sein d'une partie du patronat une opposition spécifique à la réduction du temps de travail. Depuis un siècle et demi, les représentants officiels du patronat français ont toujours été hostiles à la baisse du temps de travail. Il est étonnant de voir qu'à travers les âges ce sont les mêmes arguments rhétoriques qui reviennent. Actuellement, le besoin de flexibilité semble constituer l'un des arguments principaux. À entendre le MEDEF, ce serait « à cause de la flexibilité » que l'on ne pourrait pas baisser le temps de travail. Je vous conseille une lecture amusante : la retranscription des débats à l'Assemblée nationale en 1893, sur une loi concernant le travail des enfants. Cette loi devait un peu limiter la durée du travail des enfants. Le patronat de l'époque faisait dire par quelques députés : « Votre idée est généreuse, mais surtout pas de loi. Notre pays a besoin de décentralisation et de flexibilité. On en parle sans jamais les mettre en œuvre » (applaudissements sur divers bancs à droite).

Il y a un siècle déjà, l'argument de la flexibilité était utilisé pour dire qu'on ne pouvait pas baisser le temps de travail des enfants. Je croyais que cet argument de la flexibilité était récent ; qu'il nous venait du libéralisme de Mme Thatcher. Eh bien, non ! Le besoin de flexibilité justifiait le travail des enfants en 1893.

Autre argument souvent employé par le MEDEF pour contrer la semaine de quatre jours : le travail au noir. Cette inquiétude était déjà utilisée pour combattre les congés payés au début des années trente. Le patronat de l'époque expliquait que si tous les ouvriers avaient deux semaines de vacances, un grand nombre d'entre eux travailleraient au noir ou passeraient leurs journées à boire ! Un quotidien « proche » du patronat titrait à l'époque « La France ivrogne » sur cinq colonnes à la une ! Une journaliste de *L'Usine nouvelle* a réalisé un dossier amusant sur ce thème à partir des archives de ce journal. Elle a retrouvé un argument utilisé par le patronat des mines dans l'Est de la France en 1936 : « Les ouvriers vont partir au bord de la mer et ils ne reviendront pas. »

Avec le recul historique, la clairvoyance du MEDEF et de ses prédécesseurs ne saute pas aux yeux, c'est le moins que l'on puisse dire.

Soyons clairs. Je ne dis pas que tout est possible économiquement et que nous pouvons faire n'importe quoi, mais je trouve que les arguments du MEDEF ne sont pas valables. Je ne comprends pas que des gens sérieux, sur un dossier aussi grave, agissent publiquement avec autant de légèreté. J'étais le 13 octobre 1997 en débat avec M. Arnaud Leenhardt, président de l'UIMM (Union des industries métallurgiques et minières, le patronat de la métallurgie). Au bout de trois quarts d'heure, M. Leenhardt n'avait plus aucun argument contre la semaine de quatre jours. Il était « hostile globalement à la baisse du temps de travail », mais sur la semaine de quatre jours, il « séchait » complètement. Un de ses amis m'a dit peu après que M. Leenhardt aurait préféré ne pas être en débat avec moi : « Larrouturou, il est pénible, il a plein d'exemples concrets ! » lui avait-il dit.

Je ne comprends pas la stratégie du MEDEF. Un grand nombre de chefs d'entreprise au niveau local ont une vision beaucoup plus ouverte de la question du temps de travail. Le MEDEF joue là un jeu dangereux. Il donne l'impression qu'il se moque du chômage, ne propose rien pour en sortir et se montre hostile au progrès social. Or, désormais, grâce à la loi de Robien, quelles qu'en soient les limites, nous avons pu vérifier que notre modèle fonctionnait. Concrètement, il est maintenant impossible de dire que la baisse du temps de travail n'est pas efficace économiquement. Nous avons accumulé de nombreux exemples qui prouvent que, sans être toujours facile ou évidente pour l'entreprise, la semaine de quatre jours à la carte ne saurait nuire à son intérêt. Bien au contraire.

Une partie du MEDEF adopte d'ailleurs un double discours. Je vous ai dit que j'avais été homologué comme formateur de patrons de PME sur cette question du temps de travail par l'Association pour le progrès du management. L'« examen de passage » s'est fait au siège du MEDEF, avenue Pierre-Ier-de-Serbie. Si mes idées sont dangereuses, il est étonnant de me prendre comme formateur.

Ce double discours pourrait être amusant s'il ne s'agissait pas du chômage, de centaines de milliers de jeunes ou de moins jeunes qui dépérissent faute de travail et de revenu. Une ou deux fois, mes interlocuteurs m'ont dit que j'étais bien jeune pour m'attaquer à un aussi gros dossier. En sortant de ces rencontres, je me suis parfois demandé lequel était le plus adulte. Quand le cynisme fait office de sens des responsabilités, il est temps de s'indigner.

Les positions exprimées par le MEDEF sur la réduction du temps de travail sont-elles représentatives de l'attitude des chefs d'entreprise ?

Le MEDEF ne représente qu'une partie du patronat. Il y a parmi les patrons différentes tendances. Il y a des conservateurs, des libéraux, mais aussi des gens qui s'expriment peut-être moins, et qui sont tout à fait préoccupés par les questions sociales. Le Centre des jeunes dirigeants d'entreprise est moins connu que le MEDEF mais il représente peut-être mieux le tissu économique de notre pays. Beaucoup de PME se battent au jour le jour pour garder la tête hors de l'eau ou se développer et n'oublient pas, malgré le poids du quotidien, de prendre du recul et de réfléchir aux problèmes sociaux. De même, au mois de septembre 1997, quand l'UIMM a rassemblé ses troupes à Bercy pour s'opposer farouchement à l'idée de baisser le temps de travail, il y avait, devant les portes du Palais omnisports, une quinzaine de patrons qui distribuaient des documents pour dire qu'ils avaient appliqué la semaine de quatre jours dans leur entreprise et que cela marchait. Ils ne voulaient pas que le MEDEF soit la seule expression des chefs d'entreprise. Ils voulaient affirmer, comme patrons, que le progrès économique et le progrès social peuvent aller de pair.

En résumé, il y a, au moins, trois tendances distinctes au MEDEF :

1) Ceux qui n'ont guère réfléchi à la question du temps de travail. Leur problème, c'est l'entreprise, pas le chômage. Ils sont *a priori* hostiles à la réduction du temps de travail et au chantier que suppose la réorganisation. Mais si on leur explique concrètement les avantages microéconomiques et l'impact sur la croissance de notre projet, ils sont faciles à « retourner ».

2) Ceux qui sont préoccupés par les problèmes sociaux, qui ont réfléchi et sentent bien qu'il faudrait y aller. Ceux-là sont actuellement minoritaires et s'expriment peu en public En Belgique, le président de Belgacom, l'équivalent de France Télécom, vient, lui, de prendre publiquement position pour les quatre jours.

3) Les libéraux qui constatent que le chômage permet de faire baisser les salaires des jeunes diplômés et de tenir les salariés tranquilles. À terme, si la crise aggrave les difficultés de la Sécurité sociale, on pourra mettre en place quelques sys-

tèmes d'assurances privées tout à fait lucratifs. Les tenants de cette tendance sont peu nombreux mais très présents dans certains cercles.

Comment analysez-vous la réaction du MEDEF à l'annonce des 35 heures ?

Comme nous l'avons vu, le dispositif de Martine Aubry n'est pas dangereux pour l'économie. On peut reprocher à la loi de ne pas être assez ambitieuse mais pas d'abîmer les entreprises. Une entreprise qui veut rester à 38 ou 39 heures pourra très bien le faire. Le 27 novembre 1997, en présentant le projet de loi à la presse, Martine Aubry a tenu à préciser que la majoration des heures supplémentaires serait au maximum de 25 % après 2000 ce qui se traduira, tout au plus, par un coût de 2,5 % pour les entreprises restant à 39 heures. « Gage supplémentaire donné au patronat, ces majorations "*pourront être réduites si la situation le requiert*". Il n'est même pas exclu que les entreprises puissent rester à 39 heures sans aucun surcoût au 1er janvier 2000 », expliquait *Le Monde* [1].

« C'est à se demander pourquoi le CNPF a piqué une telle crise de nerfs... s'interroge *Libération* [2]. Après avoir fâché le patronat, le gouvernement fait tout ce qu'il peut pour minimiser la portée de sa loi. Dans l'entourage de Martine Aubry, le discours emprunte désormais une voie on ne peut plus consensuelle : "Ce sera une loi modeste... Un cadre extrêmement général..." Jusqu'à cet aveu : "On ne va pas dire qu'on ne va rien faire" d'ici l'an 2000, façon de dire qu'on fera le minimum. »

Les cris de guerre du MEDEF semblaient donc tout à fait excessifs. Mais avec tout ce théâtre, il va peut-être obtenir ce qu'il cherchait : vider la loi de toute ambition. Une partie du MEDEF est satisfaite. Les plus libéraux, les plus hostiles à la réduction du temps de travail pensent que le dispositif Aubry va créer peu d'emplois et que la preuve de l'inefficacité de la méthode sera faite.

1. *Le Monde*, 29 novembre 1997.
2. *Libération*, 27 novembre 1997.

J'étais invité sur LCI le 10 octobre 1997, au soir de la conférence sur l'emploi et de l'annonce du nouveau dispositif gouvernemental. Il y avait là un mur d'images sur lequel nous pouvions voir différentes scènes en direct de Matignon, avec les réactions des différents acteurs – syndicats, patronat, Lionel Jospin, Martine Aubry... Ce qui m'a frappé, c'est l'attitude de Denis Kessler, l'un des vice-présidents du MEDEF. Il jubilait dans la cour de Matignon. Officiellement, il était furieux bien sûr : dès qu'on lui a dit qu'il allait passer à l'antenne, il a pris un ton grave, un visage fermé. Il a expliqué que c'était une triste journée pour la France, une triste journée pour l'économie, une triste journée pour les chômeurs. Mais, hors antenne, il jubilait. Le journaliste, qui le connaissait bien, était étonné : « Il n'est pas comme ça, Kessler, quand il est furieux. On voit bien qu'il joue la comédie. » Denis Kessler est un des « ultralibéraux » du MEDEF. En tête à tête, il vous explique qu'il y a deux choses à faire contre le chômage : supprimer les allocations des chômeurs et supprimer le SMIC. Ainsi « on verra bien qui veut vraiment travailler ».

Le soir du 10 octobre, alors qu'apparemment nous assistions à une victoire de la régulation, une victoire du politique, cet homme jubilait. Comment l'expliquer ? Kessler est un vrai stratège, un homme très intelligent. On peut ne pas partager ses valeurs mais personne ne doute de ses capacités intellectuelles. Il devait se dire qu'avec une pseudo-loi-cadre sur les 35 heures les tenants d'une régulation de l'économie allaient commettre une erreur historique. Le gouvernement a donné l'impression que le politique prenait ses responsabilités de manière vigoureuse. L'Europe entière regarde les 35 heures en France. Alors, si dans deux ou trois ans le dispositif a échoué, si le chômage a peu diminué et recommence à progresser, la preuve sera faite, grandeur nature, que le politique ne parvient pas à réguler l'économie. On aura fait la preuve, et pour longtemps, qu'il vaut mieux laisser faire le marché comme aux États-Unis ou au Royaume-Uni. Les amis de M. Kessler auront gagné une manche importante.

Jusqu'à maintenant, l'histoire a donné tort au MEDEF. Comment expliquez-vous alors qu'une nouvelle fois il adopte une position aussi fermée ?

Si le gouvernement change son fusil d'épaule et lance une vraie dynamique sur le temps de travail, le MEDEF aura commis une erreur stratégique, qui va nuire gravement et longuement à son image. Il se sera mis, pour un temps, hors du jeu de la négociation. Mais si les éclats de voix du MEDEF suffisent à intimider nos élus et qu'ils renoncent, en fait, à baisser vraiment le temps de travail, sans le dire et après avoir annoncé à la face du monde qu'on allait voir ce qu'on allait voir, les libéraux du MEDEF auront remporté une victoire importante. Après l'échec de 1982, il a fallu onze ans pour que l'on parle à nouveau d'une réduction massive du temps de travail. Je ne sais pas combien de temps durera le prochain silence.

Le gouvernement semble avoir déjà renoncé devant le patronat. Certains commencent à parler d'une « capitulation au premier coup de canon ».

Il ne faut pas être trop sévère et il faut éviter les images guerrières pour parler des rapports entre acteurs sociaux. Nous sommes en guerre contre le chômage ; pas en guerre les uns contre les autres. Cela n'a aucun sens.

Je crois surtout que, maintenant que le mouvement est engagé, il faut se demander comment corriger le tir. J'espère que les débats à l'Assemblée permettront de clarifier différents points et de muscler l'ensemble du dispositif.

Sans doute le gouvernement a-t-il eu tort de ne pas choisir un projet plus crédible que les « 35 heures sans perte de salaire » et de ne pas expliquer davantage son projet avant l'annonce d'une loi-cadre. Nous avons été un certain nombre pendant l'été 1997 à dire à Matignon et ailleurs qu'il y avait un besoin considérable d'explication, de débat public et de communications ciblées par branche d'activité avant toute annonce d'une décision politique. Nous avons essayé de faire passer l'idée (pas très originale) que la préparation de la décision conditionnait largement la qualité de la décision et le succès de sa mise en œuvre. On m'a répondu : « On n'en est pas à réfléchir à la communication. » Comme si j'avais proposé une nouvelle décoration murale pour la salle du Conseil ou un nouveau logo pour Matignon !

Il ne suffisait pas de rencontrer deux ou trois fois Jean Gandois pour faire passer la pilule. Il fallait un projet crédible, un vrai débat national, une centaine de forums locaux, des argumentaires techniques et peut-être des témoignages sur cassettes vidéos envoyés à chaque patron... Plutôt que de taper fort et de se dégonfler ensuite, une bonne explication à partir de cas concrets d'entreprises aurait permis de créer une dynamique plus ambitieuse. Je vous l'ai dit, quand on prend trois ou quatre heures pour expliquer la semaine de quatre jours à des patrons, ils mettent une note de 18 sur 20 et les salariés, bien informés, votent OUI à 90 %. C'est un consensus fort. Il faut pour le construire des heures de palabre, des explications très concrètes et tenir le même discours à tous les acteurs. Il est dur à construire mais c'est un consensus dynamique.

L'article de *Libération* que je viens de citer affirme que l'équipe de Martine Aubry « emprunte désormais une voie on ne peut plus consensuelle » vis-à-vis du MEDEF. Je crains fort que la loi sur les 35 heures ne soit qu'un faux consensus, un consensus faible. Il ne permettra pas de changer vraiment la donne. J'ai peur que, dans deux ou trois ans, on ne découvre que le consensus s'est fait sur le dos des chômeurs et sur le dos de la démocratie car le crédit des responsables des partis républicains n'en sortira pas grandi.

8

Les responsables politiques

Les blocages des politiques

Vous dites que ce sujet est avant tout de la responsabilité des politiques. Justement vous avez rencontré un grand nombre de responsables, à droite comme à gauche, et vous en avez convaincu certains. Comment expliquer que les politiques « bloquent » toujours, certains sur la réduction du temps de travail de façon générale et d'autres sur la semaine de quatre jours ?

C'est une question difficile, nous l'avons déjà évoquée. Il y a sans doute un certain nombre de facteurs communs à la droite et à la gauche : l'acceptation pendant les campagnes électorales de demi-vérités et de demi-mensonges, un certain manque de courage, la croyance forte en la croissance et l'économisme, la difficulté de parler d'une baisse des salaires, la question de l'Unedic, le manque de débats approfondis au sein des partis et l'hétérogénéité des partis politiques, la difficulté à gérer des ruptures... Il y a ensuite des blocages propres à la droite (l'influence ultra-libérale, certains blocages culturels...) et d'autres que l'on trouve plus à gauche (l'influence gauchiste, les avantages acquis...).

Vous êtes aussi sévère que Jacques Julliard dans sa dénonciation de l'élitisme qui nourrit le populisme actuel. Si votre liste de blocages est juste, on comprend que notre démocratie soit en crise. On comprend qu'un nombre croissant d'électeurs se détournent des urnes.

Je ne suis pas sûr que l'abstention soit la meilleure réponse aux difficultés du fonctionnement démocratique. Dans une certaine mesure, nous avons les politiques que nous méritons. Si l'on se contente de critiquer ou d'abandonner par dégoût, on peut craindre que la situation ne s'améliore guère dans les prochaines années.

Vous dites que je suis sévère mais le *statu quo* est-il moralement acceptable alors que l'on sait que des solutions existent ? Faut-il attendre pour s'exprimer qu'il soit trop tard ? Je préfère, sur un dossier que je connais bien, tirer le signal d'alarme tant qu'il est temps. J'ai souvent critiqué la faiblesse de la politique de Jacques Barrot tout en aidant Gilles de Robien à rédiger et faire passer sa loi. Je ne vois pas pourquoi j'applaudirais à la loi Aubry. C'est sur l'emploi que ce gouvernement sera jugé. Sur l'emploi, il pourrait faire nettement mieux.

J'ai trouvé, il y a quelques années, dans un texte du philosophe chrétien Emmanuel Mounier, cette phrase : « Il faut être doux de cœur et dur d'esprit. Certains croient être doux de cœur alors qu'il ne sont que mous d'esprit. » Je préfère me fâcher avec quelques amis, députés ou conseillers, plutôt que de laisser passer une chance de faire reculer le chômage.

Un des blocages fondamentaux dont vous parlez est l'acceptation de demi-vérités et de demi-mensonges.

Peut-être ai-je trop lu Pierre Mendès France et Vaclav Havel, peut-être suis-je « trop jeune pour comprendre », mais je supporte de moins en moins le mensonge en politique. Pourquoi tous nos gouvernements échouent-ils depuis vingt-cinq ans ? C'est, entre autres raisons, parce qu'ils nous racontent des blagues – je veux rester poli – pendant les campagnes électorales et qu'ils en sont prisonniers une fois élus. Pourquoi Juppé semblait-il paralysé ? Parce que Balladur, en dépit de ses beaux discours, avait laissé les finances publiques dans un sale état et que les contradictions de la campagne de Chirac étaient insoutenables. Pourquoi Aubry ne semble-t-elle pas prendre le taureau par les cornes ? C'est parce qu'elle tient à être « fidèle aux promesses de la campagne ».

L'obsession de la croissance

Deuxième explication du statu quo *: la croyance forte en la croissance et l'économisme. Que voulez-vous dire par économisme ?*

Le « tout pour l'économie », le règne sans partage du marché, risque de devenir un nouveau totalitarisme. Vaclav Havel explique qu'il est peut-être plus difficile à combattre que le totalitarisme communiste. En effet, il est moins visible, il se cache sous l'apparence d'une grande liberté individuelle et augmente le niveau de vie matériel d'un grand nombre. Il avance caché mais c'est bien un totalitarisme. Il faut en avoir conscience. Paul Ricœur a souvent dénoncé lui aussi l'envahissement de la sphère publique par la sphère économique.

Notre société marche sur la tête. Il faut la remettre d'aplomb. La sphère financière domine l'économie et l'économie, de plus en plus, opprime l'homme. Il nous faut un vrai retournement, trouver un nouvel équilibre, remettre la finance au service de l'économie et l'économie au service de l'homme.

Accepter tous ensemble une perte de salaire, même faible, pour donner du travail au plus grand nombre et vivre chacun autrement serait le symbole de notre liberté, individuelle et collective, par rapport au marché et à l'argent roi. Cette affirmation symbolique de notre liberté serait sans doute un coup d'arrêt à la progression du « tout économique ».

À droite comme à gauche, on mise encore principalement sur la croissance pour nous sortir de la crise. La plupart des hommes politiques n'ont en tête qu'une seule chose : la croissance. C'est vrai de toutes les équipes qui se sont succédé au pouvoir depuis quinze ans. C'est sans doute une des raisons pour lesquelles, au-delà de l'importance réelle du travail et des revenus dans nos vies, l'économie occupe une place excessive dans le discours politique.

Quand on rencontre les parlementaires ou les responsables politiques, on observe plusieurs types de rapport à l'économie. Il y a d'abord ceux qui ne comprennent rien à l'économie. Ils vous le disent très vite. Ce sont en général des personnes éloignées du monde de l'entreprise. Ils adoptent une position de retrait et suivent l'opinion de leur parti. Ils ont d'autres domaines de prédilection et préfèrent ne pas s'aventurer à proposer des changements dans l'organisation économique. Ce que je dis là n'est pas du tout négatif : si vous m'interrogez aujourd'hui sur les questions militaires, je n'ai aucune compétence.

À l'opposé, il y a ceux qui sont apparemment les plus légitimes pour parler d'économie. Ce sont par exemple quelques députés que l'on trouve autour d'Alain Madelin, souvent des patrons de PME. Malheureusement, quand ils s'expriment sur ce sujet, il le font avec une optique bien particulière : le développement des PME. C'est tout à fait essentiel bien sûr, mais nous savons aujourd'hui que c'est insuffisant : on peut avoir des PME dynamiques, une économie solide et des millions de chômeurs. Ces personnes qui expriment haut et fort leurs opinions ont une vision partielle de l'économie : elles ne pensent qu'à la muscler, lui accordent une place trop importante et oublient de la mettre au service de l'homme.

À gauche, il y a parfois d'anciens marxistes. Pour la majorité d'entre eux, ce passé n'a rien de gênant. Mais, pour certains, ce passé continue à conditionner leur rapport à l'économie. On peut observer deux tendances distinctes. Il y a ceux qui pensent que, si l'on respecte le bon fonctionnement des entreprises, on fait forcément des cadeaux aux patrons (si les patrons ne souffrent pas, ce n'est pas une bonne mesure). Et il y a l'excès inverse, ceux dont le marché devient le nouveau dieu.

Cette glorification du marché, cette vision du marché comme horizon indépassable, ne concerne pas que les anciens marxistes mal reconvertis. Je me souviens d'une soirée passée avec quelques cadres d'entreprise, Didier Livio, président du Centre des jeunes dirigeants européens et Roger Godino, conseiller de Michel Rocard. Didier Livio et moi-même avons essayé d'expliquer à Roger Godino que le système que Rocard et lui proposaient pour réduire le temps de travail ne marcherait pas, parce que la plupart des entreprises se contenteraient de baisser la durée du temps de travail à 36 heures. Elles empocheraient les exonérations mais créeraient très peu d'emplois. Nous lui avons expliqué que nous étions d'accord sur son objectif mais que techniquement cela ne fonctionnerait pas. Et tout à coup, à court d'arguments, Roger Godino nous a posé une grande question : « Mais croyez-vous en l'économie de marché ? » L'économie de marché, nouveau credo, nouveau dogme. « Croyez-vous en l'économie de marché ? »...

Nous sentons tous, dans notre vie quotidienne, cette prédominance de l'économie. Lorsque j'allume la radio le matin, l'une des premières informations que j'entends, c'est l'évolution de l'indice Nikkei à Tokyo ; 99,9 % d'entre nous n'ont pas la moindre idée des valeurs contenues dans cet indice et ne sont absolument pas intéressés par l'évolution des cours de la Bourse à Tokyo ; et pour les 0,1 % qui ont des intérêts placés à Tokyo, ces informations données par la radio sont évidemment insuffisantes. Ils disposent de données beaucoup plus précises pour pouvoir gérer les portefeuilles dont ils ont la responsabilité. Cette présence tous les matins des indices boursiers sur nos ondes est un véritable bourrage de crâne. Année après année, goutte par goutte, on nous a convaincus que les marchés financiers étaient très instables. Toute politique nouvelle, tout mouvement d'ampleur semblent donc interdits, car cela risquerait de les déstabiliser. Je crains que nos élites politiques ne soient pas indemnes de ce bourrage de crâne.

Nous nous inventons des contraintes qui n'existent pas. Quand Volkswagen a signé son accord sur les quatre jours, l'accord a été expliqué aux actionnaires et le cours de l'action a augmenté. Quand le DRH d'AXA a annoncé l'ouverture de négociations sur les 32 heures, personne ne s'est inquiété. Les détenteurs de capitaux ont parfois des réactions nerveuses mais ils savent apprécier ce qui est une opération rentable.

Le rapport entre le politique et l'économie doit être repensé et assaini. Nous avons peut-être la chance d'appartenir à une génération dont le rapport au marché est plus simple. Nous sommes trop jeunes pour avoir été marxistes. Nous sommes trop jeunes pour avoir voulu casser l'économie. Nous sommes nés avec le marché et nous n'avons pas de complexes : le marché doit fonctionner, c'est le moyen le plus efficace pour créer des richesses nouvelles dans le domaine marchand. Il y a des règles du jeu à respecter et des mécanismes à mettre en place pour le muscler. Faisons-le !

Mais l'économie n'est pas tout. Le libéralisme pur, le marché autogéré ne peuvent pas faire le bonheur de l'homme. Prenons une comparaison : si votre chien saute sur vos amis ou refuse d'aller dormir dans sa niche, ce n'est pas vraiment sa « faute », c'est simplement qu'il a été mal éduqué. Il faut sans tarder reprendre son éducation avant qu'il ne vous laisse plus rentrer dans votre lit. Pour l'économie, c'est pareil. Il faut certes qu'elle soit en bonne santé, il ne faut rien faire qui puisse entraver le développement des entreprises (si la production est insuffisante, nous aurons du mal à maintenir notre niveau de vie). Mais il faut dire et redire que la place de l'économie est aux pieds de l'homme.

L'objectif du politique vis-à-vis de l'économie devrait être triple :

1) renforcer l'économie, mettre un lion dans le moteur (renforcer l'offre *et* la demande) ;

2) donner à l'économie sa juste place (la place du moteur, c'est entre les roues, pas sur le siège du conducteur) ;

3) remettre l'économie au service de l'homme. Mettre la croissance économique au service du progrès social et du développement humain.

Ne pensez-vous pas justement que nous en sommes arrivés aujourd'hui dans le discours ou dans le subconscient de certains politiques à une sorte d'opposition entre économie et progrès social, comme si l'on ne pouvait pas respecter les contraintes de l'économie de marché et dans le même temps avoir de vrais projets de société ?

Vous avez sans doute raison, mais il faut le regretter. Progrès économique et progrès social sont deux notions complémentaires : à moyen terme, si l'une des deux manque, l'autre n'est plus assurée. Il est évident que si, depuis le début du siècle, l'économie ne s'était pas développée, notre niveau de vie n'aurait pas progressé. Il nous faudrait encore une journée entière pour aller de Lyon à Paris. De nombreuses personnes ne pourraient pas consommer de viande s'il n'y avait pas eu de gains de productivité dans l'agriculture. Et les enfants travailleraient peut-être encore dès l'âge de quatorze ans pour nourrir leur famille. Donc, indéniablement, sans progrès économique il n'y aurait pas de progrès social.

Mais, inversement, sans progrès social l'économie serait beaucoup moins développée. M. Calvet est très hostile à la réduction du temps de travail, mais combien Peugeot vendrait de voitures s'il n'y avait ni week-end, ni vacances ? Si les sept jours de la semaine étaient occupés par le travail et s'il n'y avait pas de congés payés, peu de gens auraient une voiture. Des cars assureraient le transport des salariés jusqu'au travail et le marché de l'automobile serait limité à quelques consommateurs privilégiés. Des millions de Français vivent d'activités liées aux loisirs et à la qualité de vie. Ainsi donc, je crois qu'il faut cesser d'opposer progrès social et progrès économique car à moyen terme l'un et l'autre sont indissociables.

Les salaires et les avantages acquis

Troisième blocage : la question des salaires et des « avantages acquis ».

À droite comme à gauche, ceux qui ont réfléchi à la question du temps de travail savent qu'il faut une réduction massive et assez rapide pour que l'effet sur l'emploi soit réel. Du coup, une perte de salaire est indispensable pour une partie des salariés. Or les politiques, surtout en période de campagne électorale, se sont habitués à nous promettre que « demain, on rase gratis ». C'est curieux mais ils pensent que nous leur en voudrions s'ils nous annonçaient que certains de leurs projets auront un coût.

Que diriez-vous d'un boulanger qui n'afficherait aucun prix ? Que penseriez-vous d'un architecte qui vous dessine une maison mais qui vous laisse entendre que ce sera gratuit ? Personnellement, j'aurais un doute sur la qualité ou l'honnêteté de ces personnes.

Eh bien, en politique, à chaque élection, il faut faire semblant de croire que tout sera gratuit. Le renouveau de l'école ? Gratuit ! De nouveaux moyens pour la justice ? Gratuit ! La baisse du temps de travail ? Gratuit !

Pendant la campagne des présidentielles, j'avais rencontré des responsables des trois grandes « écuries ». Je me souviens du directeur de cabinet d'Edouard Balladur, Patrick Suet, qui m'avait expliqué qu'« on ne fait pas rêver les Français avec une baisse de salaire. » Je lui avait demandé s'il faisait rêver les Français avec 100 000 chômeurs de plus chaque année et 1 ou 2 points de cotisations nouvelles tous les étés. Je lui avais demandé aussi si le rôle du politique était seulement de « faire rêver les Français ».

C'est ce blocage sur les salaires qui explique aussi les difficultés actuelles du PS.

Je crois, en fait, que les Français apprécieraient que Lionel Jospin s'adresse à eux en mettant clairement cette question sur la table puisque tout le monde l'a en tête. Deux ou 3 % de perte de salaire, est-ce acceptable ou non ? Je trouve presque vexant que l'on ne nous pose même pas la question. On donne l'impression que les Français se piquent de fraternité mais qu'ils sont en fait de parfaits égoïstes.

Hannah Arendt montre comment, dans la société moderne, l'homme qui n'a qu'une étiquette n'a pas vraiment le droit à la parole. On sait d'avance ce qu'il veut !

C'est un « smicard » ? Donc il veut qu'on augmente le SMIC.

C'est un « retraité » ? Donc il veut qu'on augmente le niveau des retraites.

C'est un « salarié » ? Donc il veut qu'on ne touche pas à son salaire.

Quand on définit le PS comme le « parti des salariés », on s'interdit de demander vraiment aux personnes qui sont salariées (mais qui sont aussi père ou mère de famille, avec différents projets en tête...) quel est leur avis personnel sur la question.

J'ai peut-être participé à trois cents ou quatre cents débats publics depuis 1993 et jamais, jamais une femme ne m'a dit qu'elle n'acceptait pas cette perte de salaire de 3 %. À chaque fois que j'ai eu des questions, c'étaient des hommes et souvent des syndicalistes qui intervenaient en tant que syndicalistes, devant les salariés de leur entreprise, devant leurs collègues syndicalistes. Ils me disaient alors que 3 % c'était difficile, voire scandaleux vu les profits des patrons. Mais jamais, en trois cents débats, une femme ne m'a dit qu'elle pensait que ce n'était pas possible. Or, souvent, ce sont les femmes qui ont les plus faibles salaires en France, et, souvent, ce sont elles qui gèrent le budget de la famille. Elles voient de très près ce que cela implique, 3 % de baisse de salaire. Et jamais une femme ne m'a dit que ce n'était pas possible...

Il faudrait aussi avancer sur la question des « avantages acquis ». J'ai l'intuition, comme Claude Sidobre, que les avantages acquis sont au fonctionnement de la République ce que le cholestérol est au fonctionnement du corps humain. Il y a le bon et il y a le mauvais. Le bon cholestérol est indispensable à la vie des cellules et à la circulation de l'information. Il est davantage présent chez les femmes que chez les hommes. Le mauvais, en revanche, se dépose le long des artères. Avec l'âge, si on dépasse un certain taux de mauvais cholestérol, le risque d'infarctus est élevé.

Refuser de parler des « avantages acquis », c'est accepter, en fait, l'injustice actuelle dans l'accès au travail, les inégalités de revenus et la flexi-précarité. Si l'on n'aborde pas ces questions pendant l'état de grâce qui suit une élection et dans un objectif de justice sociale, quand le fera-t-on et dans quelles conditions ? Vaut-il mieux que 80 % des embauches se fassent en CDD comme aujourd'hui ou en CDI avec une certaine souplesse ?

Après les salaires, il y a la question de l'Unedic. Vous nous avez dit plus haut que, si le budget de l'Unedic n'était pas mis à contribution, on ne disposerait pas des moyens de financer une manœuvre générale.

Oui. Je vous rappelle les chiffres. Pour 1999, le budget de l'État prévoit 7 milliards pour financer la réduction du temps de travail. Le budget de l'Unedic est de l'ordre de 130 milliards. Vous voyez donc que l'ampleur du mouvement serait sans commune mesure avec ce qui se prépare si on activait cet argent au lieu de mettre encore l'État à contribution.

Cela paraît une évidence. Pourquoi nos politiques hésitent-ils à s'engager dans cette voie alors que depuis des années on dit qu'il vaut mieux financer de l'activité plutôt que de soutenir les chômeurs ?

Cette activation des fonds de l'Unedic existe déjà pour le système de l'ARPE (système de préretraites avec embauche) avec un budget assez limité. Mais il faudrait, pour financer une manœuvre générale vers les quatre jours, que les partenaires sociaux mettent l'ensemble du budget en mouvement.

Pourquoi les politiques ne leur demandent-ils pas de le faire ? On n'a pas entendu parler de l'Unedic quand se préparait le sommet de Matignon sur le temps de travail.

La plupart des responsables politiques semblent avoir peur des réactions de Marc Blondel, le leader de FO. À deux reprises, l'un des conseillers de Lionel Jospin auquel je parlais de ces problèmes m'a coupé pour me dire : « Tout à fait d'accord, Pierre. Mais va voir Blondel et on en reparle. » Quelques jours plus tard, c'est un conseiller de Dominique Strauss-Kahn qui me faisait le même type de réponse.

9

Gouverner, c'est choisir

« Va voir Blondel » : la question de l'Unedic

Pourquoi Marc Blondel bloque-t-il ?

Je ne sais pas si Marc Blondel bloque effectivement ou si ce sont les politiques qui présupposent qu'il bloquerait si on lui en parlait. Marc Blondel et moi avons été pendant trois quarts d'heure en débat sur RTL fin 1993. Le journaliste lui avait demandé s'il acceptait le financement que je proposais. M. Blondel avait clairement dit oui. Il avait même laissé entendre qu'il avait eu l'idée avant moi !

Ceci étant dit, je ne voudrais pas passer pour plus naïf que je ne le suis. Un certain nombre de personnes soupçonnent certaines confédérations syndicales de financer une partie de leurs permanents ou de leurs frais de fonctionnement à partir des caisses – locales ou nationales – d'assurance chômage ou d'assurance maladie. Ce serait la raison des blocages observés face à toute réforme touchant à la Sécurité sociale ou à l'Unedic.

Je ne sais si ces rumeurs sont justifiées ou non.

Si elles ne le sont pas, pourquoi ne pas poser clairement la question de l'utilisation des fonds de l'Unedic pour la réduction du temps de travail ?

Si ces rumeurs sont justifiées, pourquoi ne pas poser le problème sur la table et apporter une double réponse :

1) Rappeler qu'il n'est pas question d'étatiser la gestion de l'Unedic. Dans notre projet, le budget de l'Unedic va nettement baisser mais les partenaires sociaux resteront seuls gestionnaires de l'Unedic avec les ressources venant de l'effet d'assiette améliorant les ressources de la Sécurité sociale.

2) Réfléchir avec les partenaires sociaux à l'opportunité d'une loi sur le financement des syndicats. Le dialogue social a de la valeur ; il n'est pas choquant qu'il ait un coût. La loi sur le financement des partis politiques a permis d'améliorer la transparence de leur financement. Si le financement actuel des syndicats ne convient pas, pourquoi ne pas réfléchir à cette question avec le même souci de clarté et d'équité ?

Le passage à quatre jours doit être l'occasion de relancer le dialogue social sur de nouvelles bases dans notre pays. Acceptons d'en payer le prix. Ne bloquons pas le mouvement vers les quatre jours pour quelques rumeurs ou quelques intérêts boutiquiers.

Cette question du financement est essentielle. Si, par une petite baisse de salaire et l'activation des dépenses Unedic on ne trouve pas un financement solide, la réduction du temps de travail n'est pas possible. Ou alors elle sera financée par les gains de productivité. C'est-à-dire sans création d'emplois !

Si l'on ne parle ni d'une baisse des salaires ni de l'argent de l'Unedic, 7 milliards de francs, en tout et pour tout, sont prévus en 1999 pour faciliter la négociation. Alors que, si l'on active l'argent de l'Unedic et que l'on demande en moyenne 3 % aux salariés, ce sont quelque 200 milliards qui sont « disponibles ». On ne peut pas pousser quelqu'un dans une piscine s'il n'y a que sept centimètres d'eau au fond. En revanche, s'il y a deux mètres d'eau et s'il a suivi des cours de natation, on peut le jeter à l'eau. Avec seulement 7 milliards de financement, on « comprend » que le gouvernement ait renoncé, en fait, à organiser un mouvement général et ait déjà lâché du lest sur la question des heures supplémentaires. Mais, avec 200 milliards et un réseau efficace d'aide à la réorganisation pour les PME, un mouvement quasi général est possible en deux ou trois ans.

Parmi les sources de blocage, vous soulignez le manque de débats dans les partis politiques et l'hétérogénéité des partis.

Un député PS (aujourd'hui membre du gouvernement) me disait qu'on ne lui avait « jamais expliqué à l'intérieur du parti le quart de ce que je lui avais dit sur le temps de travail ».

D'autres députés de la majorité sont mécontents parce que le texte de loi sur les 35 heures a été présenté à la presse avant qu'ils aient pu débattre vraiment de ces questions. Aussi bien ceux qui sont réservés sur la baisse du temps de travail, que ceux qui veulent muscler le texte ont eu peur de passer pour de mauvais socialistes s'ils présentaient des amendements importants sur le fond. « On n'a pas été consultés mais maintenant, avant que la loi ne soit rédigée, à quelques semaines des régionales, ce sera difficile... », disaient-ils.

Force est de reconnaître que le P-DG d'un grand groupe privé se donne sans doute davantage les moyens de réfléchir à la stratégie de son entreprise que certains responsables politiques n'investissent dans la réflexion sur l'emploi. Ce n'est pas vrai pour tous, encore une fois. Je pourrais vous donner des noms de politiques aussi bien de droite que de gauche avec lesquels nous avons passé plusieurs heures à réfléchir. Mais, parmi les quelques-uns qui définissent vraiment les politiques de leur parti, les emplois du temps sont excessivement remplis. Le cumul des mandats est évidemment une des causes de cette difficulté à prendre du recul.

Une partie de la difficulté est peut-être liée aussi au double objectif que poursuivent les politiques : le pouvoir et le bien-être du peuple sont deux choses assez différentes. Le travail d'un P-DG d'une entreprise n'étant pas simple alors qu'il n'a qu'un objectif (maximiser la rentabilité des fonds propres), on comprend que le travail des politiques soit plus lourd encore car ils doivent concilier la conquête du pouvoir et la recherche du bien commun. Quelque temps après son élection à la tête de l'UDF, j'avais demandé à rencontrer François Léotard. Son assistant parlementaire m'avait répondu, mot pour mot : « Léotard n'a pas une heure à consacrer aux réflexions de fond, la question du fichier unique des adhérents de l'UDF le prend complètement. » L'objectif « pouvoir » l'emportait sur l'objectif « bien commun ».

Je crois pourtant que si un « camp » politique présentait au pays un plan réellement efficace contre le chômage, il serait assuré du pouvoir pour longtemps.

Ne prenez pas mal la question. Mais l'une de vos difficultés ne tient-elle pas à la simplicité, presque au simplisme de votre idée ?

Vous avez raison : effectivement, un des problèmes de la semaine de quatre jours, c'est que cela paraît simpliste. Contre un problème aussi grave que le chômage, qui ravage de nombreux pays, qui dure en France depuis plus de vingt ans, contre lequel apparemment on a tout essayé, on ne peut pas croire que quelque chose d'aussi simple puisse être efficace. D'une certaine façon, les politiques résistent à cette idée parce qu'elle leur paraît trop simple, cela leur paraît un peu ridicule de s'engager sur ce projet. Fin 1993, François Hollande, alors responsable des clubs deloristes Témoins, m'avait prévenu des attitudes de rejet que suscitait notre action : « Vous ne vous rendez pas compte combien votre idée énerve certaines personnes. Alain Minc et Martine Aubry passent leur temps dans les dîners en ville à vous taper dessus. Ils n'ont aucun argument sur le fond. Ils ne vous reprochent rien de précis. Mais vous les énervez : vous n'avez pas fait l'ENA et vous ne roulez pour aucun camp. Vous ne devez pas sous-estimer le pouvoir de nuisance de Martine ou d'Alain Minc. Faire des débats en province n'est pas suffisant. Vous devriez tenir compte davantage des réseaux parisiens. »

Mais, si l'objectif est simple, le projet est en lui-même très complexe. Et donc, paradoxalement, mis à part quelques hommes politiques comme Michel Rocard ou Gilles de Robien, qui ont vraiment pris le temps de réfléchir et de se former sur le sujet, un grand nombre de politiques se sentent incapables de répondre à la plupart des questions que leurs proches pourraient leur poser. En 1993, en même temps que Gilles de Robien, Jean-Yves Chamard, député RPR, s'est engagé pour les 32 heures. Il s'était immédiatement rendu à Matignon pour rencontrer l'équipe de Balladur. Il avait expliqué qu'il fallait laisser une opportunité de passage à quatre jours pour les entreprises. Pour des raisons tant politiques que sociales, il demandait au Premier ministre de laisser une « porte ouverte » vers les 32 heures dans la loi quinquennale. L'un des conseillers de Balladur m'a raconté cette entrevue un an après. Très rapidement, Jean-Yves Chamard avait été la risée d'une partie du Cabinet. On lui avait demandé : « Et si la semaine de quatre jours marche tellement bien, pourquoi pas 3 jours tout de suite ? » et Jean-Yves Chamard n'avait pas su quoi répondre. Plutôt que de réfléchir par lui-même à cette question, le conseiller de Balladur en avait conclu que l'idée n'était pas sérieuse.

L'une des causes de blocage est peut-être à chercher dans ce paradoxe entre simplicité apparente et complexité réelle du projet. Je crains parfois, après avoir convaincu un responsable politique, qu'il n'ose pas en parler autour de lui de peur de ne pas savoir répondre à toutes les interrogations que ce sujet suscite. À Toulouse, un samedi soir, un débat sur la semaine de quatre jours a duré, au total, presque cinq heures.

Mais, au-delà du simplisme de la formule et de la complexité du dossier, la semaine de quatre jours pose un autre problème : elle oblige les gens à sortir des schémas de pensée habituels. En France, on a l'habitude d'opposer liberté et sécurité, justice sociale et compétitivité. Or la semaine de quatre jours, dans le même temps, et c'est ce qui fait son intérêt, renforce la sécurité des salariés et accroît leur liberté. Elle permet d'avancer vers plus de justice sociale sans sacrifier le progrès économique. Il est clair que cela perturbe certains politiques de la vieille école.

J'ai demandé à un journaliste politique renommé pourquoi, selon lui, aucun responsable politique ne voulait vraiment reprendre notre projet à son compte. « Votre idée ne recoupe pas le clivage droite-gauche. Elle montre les divisions profondes des partis sur une question que tous présentent comme fondamentale, m'a-t-il expliqué. La semaine de quatre jours creuse un fossé entre les anciens et les modernes. Il faut trois qualités pour s'approprier votre projet : comprendre la gravité de la crise, refuser de s'en tenir aux politiques classiques et avoir le courage de se désolidariser des autres membres du parti. Vous ne trouverez pas grand monde pour vous aider. »

C'est effectivement l'un des « problèmes » ou l'un des avantages des quatre jours : ils montrent les divisions des partis. On voit peu de points communs entre Gilles de Robien et Alain Madelin par exemple. Mais, au moment de rédiger les programmes, une ligne commune est cependant toujours définie. La très forte hétérogénéité des partis politiques conduit au consensus mou. Il faudrait une vraie recomposition à droite comme à gauche, mais les partis politiques ne veulent pas courir le risque en période d'échéances électorales. Car le premier parti à se recomposer connaîtra d'abord une phase d'effritement et se présentera affaibli devant les électeurs. Comme le calendrier des élections est relativement serré, ce n'est jamais le bon moment.

À quelques semaines des élections, il faut se mettre d'accord et arriver à sortir le programme du parti. À la tribune, il faut que Séguin, Sarkozy et Barnier se donnent la main en souriant, il faut que de Robien et Madelin se parlent chaleureusement ou que Emmanuelli et Rocard entonnent ensemble l'hymne des socialistes. Du coup, sur certains sujets difficiles, c'est le plus petit dénominateur commun qui l'emporte. Pour sauvegarder la cohésion d'un parti, on choisit le consensus mou. Il manque un souffle et surtout une capacité de rupture.

Faut-il nécessairement une rupture ?

Si nous voulons éviter l'explosion sociale ou le pourrissement humain, il nous faut réfléchir à une rupture. Il faut mener une action radicale. L'homéopathie ne suffira pas. Il me semble que les politiques ont du mal à imaginer et à gérer les ruptures. Et c'est sans doute de là que vient la fracture sociale : de l'incapacité des politiques à faire nettement avancer par basculement, par sauts qualitatifs, le système social. Alors que le système économique, lui, évolue par ruptures. Exemple : j'ai travaillé dans une entreprise d'aéronautique, une énorme usine, 1 kilomètre de long, 800 mètres de profondeur. Après avoir mûrement réfléchi, pour améliorer la productivité dans cette entreprise, on a arrêté toute la production pendant trois mois. Rien n'est sorti de cette usine durant cette période. Toutes les machines-outils ont changé de place. En trois mois, on est passé d'un système organisé par process à un système organisé par produits. Les gains de productivité réalisés par l'entreprise ont été considérables : le temps de traitement des pièces a été divisé par trois ; 66 % de gains sur les flux !

L'entreprise progresse de plus en plus par bonds. *Reengineering*, *downsizing* (c'est-à-dire restructurations, suppressions de certains niveaux hiérarchiques)... la productivité de l'économie augmente car l'entreprise génère des ruptures, des sauts qualitatifs. Dans une entreprise, on est capable de céder une activité ou de diviser par deux le temps de réponse. On reste concurrentiel et le niveau de richesse augmente. Alors que, du côté du politique, on a encore du mal à concevoir, expliquer, négocier et gérer une vraie rupture. On déplace 1 % ici ou là; on organise un mouvement lent...

Tant que le politique ne sera pas capable de gérer une rupture, un saut majeur, il y aura toujours un retard considérable du système social par rapport à l'évolution économique.

Je crois qu'il faudrait peut-être proposer à tous les politiques, tous les cinq ans, tous les dix ans, de participer trois mois à la vie d'une entreprise privée. Chacun son métier, les hommes politiques ont une expertise qui ne se trouve pas forcément dans le privé : c'est un très noble métier de faire de la politique, il faut d'indéniables compétences, des qualités de savoir-être et de savoir-faire que tous les actifs du privé sont, sans doute, loin de posséder. Mais je crois que, tant qu'un certain nombre de politiques n'auront pas compris les dynamiques qui naissent dans le secteur privé, il y aura une fracture grandissante entre le système social et le système économique.

Il m'est arrivé d'évoquer avec Michel Rocard le besoin de rupture et l'insuffisance des 35 heures au PS. Tous les deux nous pensons que la politique des petits pas n'est plus adaptée. Il y a des moments dans la vie où les petits pas, même s'ils vont dans le bon sens, ne sont pas forcément la meilleure politique.

J'ai encore pu mesurer cette difficulté à penser une rupture lors d'un débat avec Jacques Barrot[1]. Pendant la première partie de l'émission, j'ai vexé Jacques Barrot en expliquant que tous les arguments qu'il employait contre la baisse du temps de travail dataient des années trente, que l'on avait entendu les mêmes objections contre les congés payés en 1936. Touché au vif, Jacques Barrot s'est mis en colère et m'a traité de charlatan. Cela m'a surpris car, quand il était ministre,

1. *France Culture*, 17 novembre 1997.

Barrot m'avait longuement reçu pour me dire tout le bien qu'il pensait de mon action. « Je dois vous dire que j'ai changé d'avis sur votre idée ; après avoir bien réfléchi, j'apprécie fortement aussi bien l'humanisme que le dynamisme économique de votre projet. » Quelques mois après ces compliments, j'étais un peu étonné de me voir traité de charlatan. À la pause, je suis allé voir M. Barrot pour que nous n'en restions pas là. Il m'explique alors qu'il ne « comprend pas [ma] stratégie. Vous êtes l'un des meilleurs spécialistes du temps de travail en France. Je connais peu de gens qui maîtrisent tous les aspects de cette question comme vous le faites. Vraiment, vous êtes l'un des meilleurs. Alors pourquoi diable une position si tranchée ? Je ne comprends pas qu'un expert ait un avis aussi tranché ! »

Voilà peut-être une clé de compréhension de la lenteur des évolutions : « Comment un expert peut-il avoir un avis tranché ? » À croire que, en politique, un expert doit toujours finir ses interventions par « peut-être bien que oui, peut-être bien que non » ou par un « hou-la-la, tout ça est bien compliqué ! ».

Prenons une comparaison : votre fille est malade ; elle a mal au ventre, elle pleure. Vous la mettez au lit avec une bouillotte, quelques bisous et un peu d'aspirine. Mais trois heures plus tard, loin de se calmer, la douleur empire ; elle a envie de vomir ; elle a de la fièvre. Vous l'amenez aux urgences. Là, au bout de quelques minutes, un médecin pose le diagnostic : appendicite aiguë avec un risque de péritonite.

Que pensez-vous de ce médecin ? Il a fait le bon diagnostic. Vous vous attendez à ce qu'il explique la situation à votre fille et qu'il l'amène après quelques examens vers le bloc opératoire. Si votre fille reste sans soins, le risque de péritonite augmente d'heure en heure. Vous ne comprendriez pas qu'il laisse votre fille à l'aspirine. Vous vous attendez à ce qu'il opère : un coup de bistouri et, dans deux jours, votre fille a retrouvé sa joie de vivre. Quand il faut trancher, il faut trancher ! Si ce médecin, après avoir posé le bon diagnostic, se contente de bonnes paroles, vous l'accuserez de non-assistance à enfant en danger.

Pour l'emploi et le temps de travail, c'est pareil. Personne ne conteste que, un jour, nous travaillerons quatre jours par semaine. Nul ne conteste le mouvement historique. La question est donc de savoir si on y passe en deux, trois ans ou en vingt ans. Est-ce qu'on opère maintenant ou est-ce qu'on attend qu'il soit trop tard ? Les politiques semblent, collectivement, incapables de prendre une vraie décision, une décision tranchée dans ce domaine.

Changer le pansement ou penser le changement ?

Le chantier paraît immense. C'est peut-être cela qui décourage les politiques ?

Le chantier est immense s'ils se disent que c'est juste à quinze ou seize (les ministres) qu'ils doivent tout penser et tout faire sans mécontenter personne ; dans ces conditions, effectivement, autant renoncer et gérer au mieux. Mais si nous sommes quelques millions à réfléchir, à décider et à agir, alors là tout paraît possible.

Pierre Dac posait aux politiques une question redoutable : « Faut-il changer le pansement ou penser le changement ? » Je crois que sa question reste d'actualité et que, vu l'ampleur des travaux et vu le niveau d'intelligence de notre pays, il faut rajouter un troisième terme : « Faut-il changer le pansement, penser le changement ou permettre à tous de penser et d'agir pour que cela change vraiment ? »

Le renouveau de la démocratie ce n'est pas seulement limiter un peu le cumul des mandats. C'est vraiment permettre à chacun de comprendre à tout moment les enjeux et d'agir en responsable pour autant qu'il le puisse. Pourquoi Pierre Mendès France reste-t-il dans nos mémoires comme un homme hors du commun ? C'est parce qu'il avait la volonté farouche non de conserver le pouvoir le plus longtemps possible mais de débarrasser la France du cancer qui la rongeait (à l'époque, la question coloniale) ; il a voulu moderniser notre pays par une politique économique et sociale réaliste et enfin il respectait le citoyen en lui parlant clair et en l'associant à l'effort national par des entretiens hebdomadaires à la radio. Mendès France a montré que la politique pouvait être un service.

Il y a pourtant certains dossiers sur lesquels nos « élites » sont moins timides. Je pense à la monnaie unique.

C'est une bonne comparaison. Il est surprenant en effet de voir comment, dans certains domaines, les politiques n'hésitent pas à nous faire faire le grand saut sans d'ailleurs expérimenter ni voir toutes les conséquences de celui-ci. Sur la question des quatre jours, s'il n'y avait pas eu de multiples expérimentations, si nous n'avions pas déjà un grand nombre d'entreprises de tous métiers à quatre jours, nous ne demanderions évidemment pas un mouvement général. Il faudrait essayer de comprendre comment une idée aussi radicale que la mise en place de la monnaie unique a pu avancer aussi rapidement malgré toutes les lourdeurs des gouvernements nationaux et de l'appareil communautaire. Il faudrait mettre de bons politologues sur la question. C'est pour moi une énigme.

En tout cas, il est étonnant, c'est vrai, de voir comment, sans se poser trop de questions, nous sommes allés vers la monnaie unique, qui est une transformation considérable – du jamais vu depuis des siècles – et comment nous bloquons sur la réduction du temps de travail, alors que nous avons déjà répété la manœuvre plusieurs fois depuis le début de ce siècle.

Un député qui était favorable il y a quelques années à l'indépendance totale de la Banque européenne et qui maintenant pense qu'on est allé trop loin, expliquait son erreur passée par les effets de mode, le « politiquement correct », la pensée unique... Je crains que les partis politiques n'aient pas assez de lieux de réflexion approfondie, n'aient pas assez de lieux où l'on peut prendre le temps de se former, de réfléchir, de débattre sereinement, sans journalistes, sans enjeux de pouvoirs : quel projet pour notre pays à cinq ans ? Quelle vision à quinze ans ?

On pourrait écrire un livre entier sur les multiples blocages, petits ou grands, des politiques. J'ai soulevé le paradoxe d'une idée qui paraît simpliste mais se révèle assez complexe. Un autre paradoxe est à creuser autour des notions de lenteur et d'urgence.

Lenteur et urgence. Pouvez-vous développer votre idée ?

J'ai lu récemment ce texte qui traite, apparemment, de la cuisson des grenouilles : « Comment faire cuire une grenouille[2] ? Quand on veut faire cuire une grenouille, la méthode intuitive consiste à faire bouillir de l'eau et à la plonger dedans. Avec sa détente caractéristique, elle a un sursaut et sort de l'eau instantanément : la grenouille réagit bien aux signaux forts.

« Si vous voulez ébouillanter une grenouille, il faut la plonger dans l'eau froide et la mettre sur le feu. Elle nagera, sentira la température monter doucement mais n'éprouvera pas le besoin de réagir tout de suite. Quand elle le voudra, ramollie par la chaleur elle n'aura plus la force : la grenouille réagit mal aux signaux faibles. »

Combien de civilisations ont su gagner des guerres mais sont mortes d'une lente décadence ?

Je pense que la progressivité de la détérioration de la situation de notre pays en vingt-cinq ans explique peut-être, en partie, la faiblesse de notre réaction. Si d'un coup, en deux mois, il y avait eu 4 millions de chômeurs, on aurait arrêté toutes les émissions de divertissement, on aurait demandé aux uns et aux autres d'arrêter leurs petites phrases politiciennes et on aurait vraiment réfléchi aux solutions possibles pour sortir du drame. Mais la montée progressive du problème avec une diminution elle aussi progressive des allocations versées aux chômeurs a peut-être évité que la Nation se lève un matin en faisant vraiment de la guerre au chômage sa priorité. Nous avons peut-être été piégés par la lenteur du phénomène.

Mais, inversement, c'est souvent l'urgence de certains dossiers qui paralyse nos politiques. La gravité de la crise les transforme immédiatement en pompiers. L'une de mes amies connaissait très bien un membre du cabinet de Simone Veil, au ministère de la Santé. Cette personne avant d'être nommée avait beaucoup d'idées pour réformer la santé en profondeur, pour conduire une politique de santé publique et non pas simplement soigner les personnes déjà malades, pour faire des économies intelligentes. Bref, cette personne avait

2. Extrait de *L'Entreprise digitale*, Andersen Consulting First Éditions.

des idées pour changer vraiment la donne. Mais, une semaine après son arrivée au ministère, son unique préoccupation était de savoir où trouver 3 milliards pour boucher tel ou tel trou de telle ou telle branche de la Sécurité sociale.

C'est comme si dans un pays il n'y avait que des pompiers et pas d'architectes. J'ai suggéré à nos responsables (mais l'idée n'est pas neuve et n'est pas de moi) que dans les principaux cabinets, on mette une équipe « pompiers », et une équipe « architectes ». Sinon, l'urgent l'emporte toujours sur le plus important, qui évolue lentement. D'un mois à l'autre, on réagit à l'événement (sommets européens, grèves des camionneurs...) et l'on n'est plus capable de prendre du recul et de créer une véritable dynamique contre le chômage.

III

La semaine de quatre jours, clé d'une nouvelle société ?

Ya es hora de mostrar que
pues vivimos, anunciamos algo nuevo

« C'est maintenant qu'il faut montrer que,
puisque nous vivons,
nous annonçons toutes choses nouvelles. »

Gabriel CELAYA

10

La liberté, pour quoi faire ?

Vivre autrement

La plupart des responsables politiques favorables à la réduction du temps de travail présentent généralement cette idée comme une mesure technique pour lutter contre le chômage, justifiée par des arguments d'ordre économique. Vous, en revanche, vous insistez souvent sur le fait que la réduction du temps de travail n'est pas seulement un remède contre le chômage mais pourrait permettre une amélioration sensible de la qualité de vie des personnes ainsi qu'une réflexion de notre société sur elle-même. Pouvez-vous préciser votre pensée ?

Il est vrai qu'à droite comme à gauche beaucoup de responsables politiques semblent ne parler de la baisse du temps de travail qu'en désespoir de cause. Il faut d'abord relancer la croissance, il faut améliorer la formation, il faut muscler nos exportations, il faut développer de nouveaux métiers, il faut... il faut... et puis, comme toutes les recettes classiques ne seront pas suffisantes, on envisage aussi de baisser le temps de travail comme un moindre mal, sans grand enthousiasme. Nous, au contraire, nous pensons que la semaine de quatre jours est le levier le plus efficace pour aller vers le plein-emploi.

Et nous pensons également, et c'est aussi important, que la semaine de quatre jours est la clé d'une nouvelle société, qu'elle nous permet et nous oblige à repenser une partie de nos modes de vie. C'est un peu comme lorsque l'on déménage. Que le déménagement soit désiré depuis longtemps ou que l'on soit forcé de quitter le cocon auquel on s'était habitué, on se retrouve un soir, un peu fatigué, avec les cartons et les meubles dans une nouvelle maison. Il y aura évidemment de nombreux points communs avec l'ancienne demeure : les personnes sont les mêmes, les meubles ont fait le voyage, les relations au sein de la famille et avec les amis ne sont pas foncièrement différentes... Il y a de nombreuses continuités. Pourtant, un déménagement, dans une famille, c'est une date dont on se souvient longtemps encore après avoir suspendu les rideaux car c'est l'occasion d'un certain recommencement, de nouveaux espaces, de nouveaux voisins, une nouvelle décoration, peut-être un nouveau travail... C'est l'occasion de faire le point sur ce qui va et ce qui ne va pas dans la famille.

La période que nous vivons est aussi, pour notre société, un grand déménagement. Que nous le voulions ou non, notre maison commune change. Semaine de quatre jours ou pas semaine de quatre jours, référendum ou pas référendum, nous sommes rentrés et nous allons continuer de nous installer ou de vivre en nomades dans une société où il y a de moins en moins de temps consacré au travail dans la sphère marchande. Il est temps de s'en rendre compte et d'y réfléchir ensemble, car c'est un élément essentiel de notre culture qui « s'en va » sous nos yeux. Aujourd'hui déjà, plus de la moitié des adultes en France ne travaillent pas dans la sphère économique : si l'on ajoute ceux qui sont étudiants, ceux qui sont chômeurs, ceux qui sont retraités, celles ou ceux qui sont au foyer, déjà plus de la moitié des adultes en France ne s'activent pas dans la sphère économique.

Par ailleurs, selon l'INSEE, le travail dans la sphère économique représentait au début du siècle presque 50 % de la vie éveillée d'un homme. Il n'en représente plus que 12 % aujourd'hui ; 12 % seulement de notre vie éveillée sont consacrés au travail économique. Or, dans un grand nombre de nos représentations et dans le discours politique, tout se passe comme si le travail occupait toujours une place centrale en volume. Nous sommes donc déjà dans une société où le travail n'occupe plus une place prépondérante mais nous ne nous le sommes pas encore dit. Il est temps de s'en rendre compte et de réfléchir vraiment à la question du temps libre.

On ne peut pas complètement laisser chacun face à ce temps « libre » sans aucune réflexion collective. Nous ne pouvons pas ne rien dire ni ne rien faire sur cette question. Je crains sinon que, dans dix, vingt ou trente ans, les problèmes de lien social, les problèmes d'identité personnelle et collective, les problèmes de sens fassent exploser la société.

Si nous n'ouvrons pas ces questions à l'air libre, elles risquent de pourrir dans un certain nombre de têtes et d'être facteur de souffrance pour beaucoup. Hannah Arendt[1] avait annoncé les souffrances d'une « société de travailleurs sans travail », le malaise d'une société où l'identité était principalement construite sur le travail alors que le travail venait à « disparaître ». Keynes avait prédit qu'en l'an 2000 on travaillerait 30 heures par semaine et qu'une dépression nerveuse collective guetterait nos sociétés. Sans doute ne faut-il pas exagérer les difficultés mentales de notre époque, mais il ne faut pas les minimiser non plus.

Si nous n'apportons pas, au moins partiellement, des éléments d'une réponse collective aux questions de sens, d'identité et de lien social, je crains que le brusque changement de rythmes de vie lié aux quatre jours soit le catalyseur d'un malaise qui pourrait rapidement devenir aussi explosif, si ce n'est plus, que le chômage et la précarité. Je pense, au contraire, que si nous sommes capables, dans une république laïque, de permettre à chacun de ne pas se retrouver seul face à ces questions essentielles, nous pouvons considérablement croître en liberté et en cohésion sociale.

Avec la dialectique du maître et de l'esclave, Hegel[2] a montré l'importance du travail dans la vie de l'homme. Quand je travaille, je me travaille. Quand je me confronte à la réalité, je me découvre et me construis. La maîtrise des choses extérieures apporte progressivement une maîtrise de soi, permet de se constituer comme personne. Le « je » ne se voit que dans le miroir de ses actes (et dans le dialogue avec d'autres). Si le travail dans la sphère économique diminue, il ne peut pas, valablement, être remplacé seulement par du divertissement. À trop forte dose, le divertissement ne répondra pas aux

1. Hannah HARENDT, *La Condition de l'homme moderne, op. cit.*
2. HEGEL, *La Phénoménologie de l'esprit*, Aubier, Paris, 1991.

attentes de l'homme. Il nous faut donner de la consistance au temps « non travaillé ». Il faut que chaque personne puisse avoir librement accès à des activités créatrices de richesses non marchandes (formation, éducation, culture, vie associative, citoyenneté) dans lesquelles, seule ou avec d'autres, elle déploie ses forces et ses compétences, des activités qui lui permettent de tisser des relations privilégiées, durables et gratuites avec d'autres (lien social), des activités qui lui permettent de donner du goût à la vie, de donner un sens à celle-ci, de faire émerger du nouveau, de construire son identité.

La psychanalyste Marie Balmary explique qu'il y a trois phases dans la vie d'un homme, trois phases qu'elle résume par trois verbes : lier, délier, relier. On naît lié (par le cordon ombilical puis par le besoin de sécurité, d'affection, de nourriture). À un moment donné, on se délie (à l'adolescence, en particulier, on coupe le cordon), puis on se relie (on choisit librement d'établir de nouveaux liens). Ces trois mouvements qui concernent la personne ne sont-ils pas aussi les trois temps de la vie de notre société ?

Nous sommes passés en quelques générations d'une société où chacun avait relativement peu de liberté dans son identité (contraintes nombreuses liées au fait d'être le fils de..., le conjoint de..., né à..., appartenant à telle confrérie, à telle religion ou parti politique...) à une société où chacun est libre de rompre la plupart de ces liens, avec le risque que se multiplient les électrons « libres » dans l'ultra-moderne solitude. À une société aux liens souvent imposés et contraignants qui ne se posait guère de questions sur son avenir a succédé une société dans laquelle les liens sont faibles, la solitude considérable et où germe une inquiétude nouvelle : « on va dans le mur ». Le temps est venu de redonner un sens à l'évolution de notre société et d'aller vers une société de liens plus forts, librement choisis, des appartenances qui permettent à chacun de construire sa vie et son identité sans trop de difficultés.

C'est une banalité de le dire, mais peut-être faudrait-il *vraiment* y réfléchir : nous allons dans les vingt ans qui viennent changer de civilisation. Que nous le voulions ou non, les quatre ou cinq points clés qui fondent une civilisation sont en train d'évoluer. Nous vivons un événement tectonique. Par quelle attitude y répondons-nous ? Cette mutation considérable va-t-elle être décidée, pilotée par quelqu'un ou va-t-elle constituer simplement une adaptation, un processus sans centre de décision, la civilisation à vau-l'eau[3] ?

S'il y a bien décisions, qui va prendre ces décisions ? Quelques dirigeants de fonds de pension ? Quelques propriétaires de réseaux de communication ? Quelques politiciens entre deux campagnes ou bien des responsables politiques élus sur de vrais projets après de vrais débats ? C'est cela qui est excitant dans notre époque. Beaucoup de choses vont bouger dans les années qui viennent. Nous vivons un vrai changement de civilisation. Serons-nous à la hauteur ?

En vous entendant, j'ai l'impression que votre critique des responsables politiques n'est pas seulement technique, que le problème n'est pas seulement de choisir entre 32 et 35 heures, entre une loi-cadre et un référendum ?

Oui. Je m'exprime maintenant à titre personnel et non pas au nom de l'association que j'anime. Au-delà des aspects techniques de telle ou telle loi qui pourraient être facilement améliorés, ce qui me gêne le plus, c'est effectivement le manque d'ambition des politiques.

Vous êtes l'un des seuls à trouver que les politiques manquent d'ambition...

Je ne parle pas d'ambition personnelle. Je parle d'ambition pour la société et pour l'homme. Pendant la campagne, Lionel Jospin expliquait que le but de son action était de « remettre l'homme au centre », il parlait d'un « changement de civilisation » et, quelques mois plus tard, on a l'impression que cette ambition a fondu comme neige au soleil. On peut craindre que ce soit la gestion qui l'emporte sur l'ambition. Lionel Jospin lui-même, au début de novembre 1997, en visite à Moscou, ne disait-il pas au vice-Premier ministre russe : « Vous êtes des accoucheurs de l'Histoire. Nous sommes des

3. Voir Jean-Marie GHÉHENNO, *La Fin de la démocratie*, Seuil, Paris, 1994.

gestionnaires du quotidien » ? Je ne néglige absolument pas les difficultés considérables de la transition russe mais je pense que c'est à l'Europe, et sans doute à la France en particulier, d'accoucher d'une nouvelle civilisation. Les Russes viennent vers le système capitaliste ; c'est très difficile à gérer au jour le jour mais on sait où ils vont. Le système communiste était un carcan où l'épanouissement personnel n'était pas possible. Mais le système capitaliste – quand ses règles du jeu prétendent régenter progressivement l'ensemble de la société – ne permet pas, lui non plus, d'assurer le bonheur de l'homme. En schématisant, je dirais que les Russes entrent, avec difficulté, dans l'impasse dont nous essayons de sortir « par le haut ».

Ce manque d'ambition des politiques, cette acceptation de la gestion au jour le jour me déçoivent. « Qu'est-ce qui les empêche d'agir plus fortement ? Qu'est-ce qui les empêche d'ouvrir les vrais débats ? Pourquoi choisissent-ils toujours la voie de la facilité ? » se demandaient il y a quelques jours deux amis, l'un PS et l'autre UDF.

La crise que traverse notre pays est profonde. Ce n'est pas seulement en augmentant un peu le pouvoir d'achat des « couches moyennes » que l'on sortira de l'ornière. Les déséquilibres qui se creusent, la « fracture » qui s'élargit finiront-ils par engloutir l'humanité de l'homme ou sont-ils au contraire l'occasion de renforcer notre humanité ?

La renaissance qu'a connue l'Europe aux XIVe et XVe siècles s'est déployée après une période de profonde inquiétude, de large malaise et d'évolutions rapides dans les techniques et l'économie. Cette renaissance a été l'occasion de redéfinir la place de l'homme, de changer un peu les modes de vie, la culture mais aussi le discours sur l'homme. Je crois que l'Europe a besoin d'une nouvelle renaissance. Les politiques ont un rôle essentiel à jouer pour permettre son avènement. La gestion, même intelligente, ne suffit plus.

L'histoire de notre pays montre que des cataclysmes peuvent être porteurs de renouveau et de cohésion sociale. Il a fallu les deux guerres mondiales pour que les curés et les femmes trouvent une place normale dans notre société. Le fait d'avoir combattu dans les mêmes tranchées, d'avoir connu les mêmes horreurs et d'avoir partagé les mêmes espoirs a permis à ceux qui croient au Ciel et à ceux qui n'y croient pas de s'entendre nettement mieux après la Première

Guerre mondiale qu'avant. Les deux guerres mondiales ont joué un rôle considérable dans la reconnaissance des droits des femmes dans notre pays. Personne n'espère une guerre, personne n'attend un tremblement de terre, mais une fois qu'il a eu lieu, ce peut être l'occasion de reconstruire la ville autrement.

La crise que nous vivons peut être, elle aussi, l'occasion d'un grand renouveau à condition que nous le voulions (ce qui est le cas pour la plupart d'entre nous) et que nous l'exprimions (ce serait le rôle du politique).

Je ne sais pas si l'image vous parlera ou pas mais je ferai une comparaison entre la « fracture » actuelle et le grand Rift africain. Dans un de ses livres sur les origines de l'homme, Yves Coppens, le paléontologue, montre comment le Rift de la région des Grands Lacs en Afrique, la fracture et l'éboulement qui se sont produits dans cette région ont sans doute eu un rôle clé dans l'évolution de l'animal vers l'homme. Avec d'un côté de la fracture ceux qui allaient rester des singes et de l'autre ceux qui se mettaient debout à cause du changement de végétation provoqué par la fracture. Le fait de se mettre debout était fatigant mais a permis de libérer les pattes avant qui sont devenues des mains. Ces mains pouvaient créer et utiliser des outils pour attraper la nourriture et la mettre en morceaux. Du coup, les gros muscles qui entouraient la bouche étaient moins nécessaires et ont progressivement laissé la place à un développement du cerveau – en haut – et des cordes vocales – en bas... « Grâce à cette fracture », l'homme allait pouvoir naître. J'imagine que, si Yves Coppens m'entendait, il penserait que je schématise scandaleusement. Mais ce que me dit son livre, c'est que cette fracture, cet effondrement cataclysmique, a été, pour ceux qui se sont mis debout, le point de départ d'une épopée admirable.

Je pense, toutes proportions gardées, qu'il peut en être de même aujourd'hui. Paradoxalement, une fracture peut être facteur de libération. Le chaos de notre époque, la déshumanisation en cours peuvent nous aider à faire des choix essentiels, à nous mettre debout, à remettre profondément en cause un système qui, visiblement, semble indifférent à la souffrance des hommes et incapable de prendre en compte l'unique dignité de chacun. Notre réaction peut nous amener à affirmer avec une vigueur nouvelle la primauté de l'homme sur l'économie et à « passer de l'hominisation à l'humanisation ». Les progrès techniques, le renouveau de l'éducation, de la formation et des médias, le niveau de vie matériel auquel nous sommes arrivés nous permettent et nous forcent à inaugurer une nouvelle page de l'histoire de l'homme. Après le Moyen Âge, après la Renaissance, après les Lumières, après la société capitaliste industrielle, à nous de construire. L'Europe est l'une des parties du monde les plus riches économiquement et culturellement. Il lui revient d'ouvrir une piste. Nous devons assumer notre position. Nous devons, ensemble, avoir de l'ambition pour nous-mêmes et pour les générations qui vont nous suivre.

Il ne s'agit pas de prendre la grosse tête. Il ne s'agit pas de se croire les rois du monde. Mais, puisque nous vivons ici, en France, et maintenant, dans ce siècle de changement, nous devons construire du neuf. Nous ne pouvons pas nous défiler.

Que proposez-vous pour être à la hauteur de la situation ?

Je ne prétends pas savoir ce qu'il faut faire. Je voudrais simplement pointer du doigt quelques questions importantes qui me paraissent négligées. Autant dans la première partie de ce livre je répondais avec assurance à des questions sur un sujet technique que je commence à bien connaître, autant, dans ces dernières pages, je voudrais simplement, avec plus de modestie, poser quelques questions qui nous paraissent importantes pour l'avenir de notre société sans prétendre y répondre tout de suite.

Depuis quatre ans, les membres de notre association ont consacré toute leur énergie à faire passer l'idée des quatre jours, à essayer de convaincre des politiques et à aider des PME à créer des emplois... Nous venons seulement de mettre en place des groupes de réflexion sur les conséquences des quatre jours, sur les risques et les opportunités qui découlent de cette évolution des rythmes de vie. Nous allons demander à des philosophes, des professeurs, des psychologues et des sociologues de participer à nos réflexions. Le lecteur sera peut-être déçu de l'insuffisance des analyses et des propositions. Mais je souhaite quand même en parler pour favoriser le débat public sur ces questions, pousser les politiques à donner au débat sur le temps de travail sa véritable dimension et inviter tous ceux que ces sujets intéressent à nous rejoindre pour avancer dans les propositions.

Comment être à la hauteur de la situation ? Quelles sont les évolutions nécessaires de notre société ? Je pense que la double critique que formulaient Jacques Delors et ses amis au début des années soixante-dix reste tout à fait d'actualité :

1) notre société ne donne pas une « place à table » décente à tous ses membres ;

2) notre société ne permet pas à chacun de ses membres de s'épanouir pleinement.

Il faut agir radicalement dans ces deux directions.

Quel est le rôle du politique ? Quelle est la définition de l'autorité ? Rendre chacun auteur de sa vie, rendre chacun à sa liberté. Voilà une des plus belles définitions du politique que je connaisse. Cela suppose énormément de retenue mais cela suppose aussi d'accepter de se pencher sur les questions difficiles. Je ne suis pas un élu. Cependant, comme citoyen, je souhaite qu'émergent des questions auxquelles il est illusoire et dangereux de dire que chacun répondra seul. On a vu plus haut (à travers l'exemple du « clou qui dépasse » et de l'ouvrier de la chimie) que chacun, individuellement ou en groupe restreint, est incapable de réguler correctement le temps de travail. Il faut une réflexion, une décision et un mouvement collectifs. Je crois qu'une partie des questions liées au temps libre doit aussi être abordée collectivement. Une culture n'est pas faite de la juxtaposition d'idées et d'œuvres individuelles. Une civilisation est une œuvre collective.

Une société ne se juge pas seulement sur l'évolution du pouvoir d'achat des classes moyennes. Une société se juge sur le niveau de vie qu'elle permet aux plus faibles, aux plus « mal partis » – c'est la question de l'exclusion – et sur l'épanouissement personnel qu'elle permet à chacun – c'est la question de la pleine activité. Bref, il nous faut mettre la croissance économique au service du développement humain.

Vous parlez d'épanouissement personnel. N'est-il pas utopique de croire, comme le souligne notamment Bernard Perret, que la réduction du temps de travail constitue par elle-même un levier de progrès social et culturel ? N'allons-nous pas plus simplement nous consacrer davantage à des activités que nous pratiquions déjà auparavant, sans que cela soit un progrès majeur et bouleverse la société ?

Le seul fait de diviser par deux le nombre de chômeurs est, en soi, un vrai progrès social. Le chômage est en train de tout briser : des personnes, des familles, des quartiers, la cohésion de notre pays. Changer l'organisation de toutes nos entreprises et accepter une perte de salaire pour donner du travail à 2 millions de personnes constitue en soi un vrai progrès social. Cela, nous pouvons le répéter sans relâche.

Dans certains métiers, le fait de travailler moins est aussi un progrès en soi. Il reste encore, dans notre pays, du travail aliénant, fatigant, presque abêtissant. Les leaders d'opinion, les journalistes, les cadres, les intellectuels, les politiques ont souvent un travail passionnant et ne font pas toujours la différence entre leur travail et leur vie personnelle. Ils continuent souvent le week-end à réfléchir à leur travail. Mais la situation est très différente pour un grand nombre de salariés. Quand vous passez 8 heures par jour dans un abattoir à couper l'aile gauche du poulet, avec des centaines de poulets qui défilent toutes les heures, à faire simplement, à chaque fois, le même geste ; quand vous êtes camionneur, et que vous faites 10 heures par jour, soit en conduite, soit en attente chez les clients ; quand vous travaillez dans une compagnie d'assurances et faites tous les jours les mêmes règlements de sinistres, avec tous les jours des clients furieux de ne pas être remboursés assez vite, vous aspirez sans doute davantage à travailler moins que certaines professions passionnantes. Dans certains métiers, il y a peu de place pour l'intelligence créatrice. Dans ces conditions, travailler moins, obtenir un espace nouveau pour faire autre chose ou vivre autrement constituent sans doute un vrai progrès social.

Mais Bernard Perret a raison de souligner que réduire le temps de travail n'est pas synonyme *a priori* de développement de nouvelles activités. Son scepticisme nous pousse à la réflexion. Comment penser et organiser cet espace nouveau ? Comment donner la possibilité et l'envie à chacun de tirer le meilleur bénéfice (pas forcément le bénéfice maximum) de ce temps libéré ? Ce sont là deux questions fondamentales.

Dans Libération[4], *vous affirmiez que l'État devait se préoccuper du temps libre. N'est-il pas un peu paradoxal, voire dangereux, de demander à l'État de s'immiscer dans le domaine du temps libre ?*

J'ai dit qu'une réflexion *politique* sur le temps libre est indispensable. Le politique et l'État sont deux choses différentes. Le politique, s'il prend l'initiative de changer nettement les rythmes de travail, doit aussi réfléchir aux conséquences de cette rupture et aux rôles des différents acteurs concernés par le temps libre : les personnes, les familles, les associations, les collectivités locales, les télévisions, les entreprises, l'État... L'État n'est que l'un des acteurs de ce dossier. Et en vertu du principe de subsidiarité, nous ne pourrons définir son rôle qu'après avoir examiné quelles fonctions les autres acteurs peuvent être à même de remplir correctement.

La question du temps libre est double.

Première interrogation : qu'est-ce que je veux faire de ce temps neuf ? Qu'est-ce que je veux faire de ma liberté ? Qu'est-ce que je veux faire de ma vie ? Voilà bien un domaine où l'État ne doit pas intervenir. C'est le domaine de la liberté personnelle. Tout au plus le politique doit-il veiller à garantir la liberté de chacun, qu'il n'y ait pas de conditionnement, que l'éducation, que les télévisions, que les modes de vie ambiants ne soient pas trop contraignants, bref, que chacun soit vraiment libre de choisir ce qu'il veut faire de sa vie. C'est une question fondamentale mais où l'État n'a que peu à intervenir : « Qu'est-ce que je *veux* faire de ma liberté ? »

Deuxième interrogation : qu'est-ce que je *peux* faire de ma liberté ? Concrètement, moi, Pierre, Paul, Jacques, Jean, vivant à Pau, à Paris, à Trappes ou dans la banlieue de Rennes, est-ce que je peux réaliser mes projets ? C'est là une question éminemment politique.

Dire que le temps libre est forcément un temps d'épanouissement n'est pas automatiquement vrai pour tous. C'est

4. *Libération*, 10 septembre 1997.

peut-être vrai pour vous et moi qui avons un bon revenu, qui avons des amis, qui avons un bon niveau culturel, qui savons quoi faire de notre temps libre et qui avons toujours l'impression d'en manquer. Mais pour une personne aux revenus modestes ou une personne vivant dans un quartier un peu triste, où les activités culturelles sont inexistantes, où il n'y a qu'un bus toutes les demi-heures pour aller à la ville la plus proche, c'est nettement différent. J'étais récemment dans un quartier DSQ (Développement Social des Quartiers) d'une banlieue du Nord de la France. Il n'y avait même pas un carré de pelouse pour que les enfants et les adolescents puissent jouer au foot au pied de leurs tours. Dans ces conditions parler d'épanouissement personnel par le temps libre est sans doute illusoire. Sans réflexion politique, on peut craindre que le temps libre ne renforce certaines inégalités dans l'accès aux loisirs, à la culture ou au pouvoir.

En 1936, la plupart des Français n'ont pas pris de vacances parce que ni les mentalités ni les infrastructures n'étaient prêtes. « Ceux de Paris » avaient fait grève pour obtenir quinze jours de vacances mais, dans beaucoup de régions de France, les ouvriers n'y ont pas cru et certains, pendant l'été 1936, sont allés à l'usine pour vérifier qu'elle était vraiment fermée ! En 1936, la plupart des Français sont restés chez eux, à s'ennuyer ou à se reposer.

C'est en 1937 que la majorité a vraiment profité de cette nouvelle liberté. Parce que les esprits avaient évolué, parce que les gens avaient eu le temps de réfléchir à ce qu'ils voulaient faire pendant ces deux semaines de vacances et aussi parce que l'on avait mis en place les structures nécessaires. Léo Lagrange et ses équipes avaient mis en place des trajets économiques par le train, des centres de vacances au bord de la mer ou à la montagne. Sans empiéter sur la liberté des personnes, l'action du politique permettait au contraire à chacun de choisir vraiment ce qu'il voulait faire...

Vous parlez du temps libre de travail comme de la liberté. La semaine de quatre jours, c'est une société de liberté ou une société de loisirs ?

La société de loisirs n'est peut-être pas ce que nous pouvons envisager de mieux. C'est effectivement le plus probable. Le plus probable n'est pas nécessairement le plus souhaitable. Mais cela dépend de nous, c'est à nous de choisir. Dans *Le Meilleur des Mondes*, Aldous Huxley décrivait, de façon caricaturale, une des évolutions possibles : en 2000, nous allions travailler tous trois jours et demi par semaine et passer le reste du temps devant la télé à regarder des pubs et des films où se disputent violence et pornographie en buvant du Coca-Cola. J'aime bien le Coca, j'aime bien les pubs, je n'ai rien contre le porno mais, au bout d'un moment, je pense que nous finirons par saturer : les scénarios sont assez répétitifs. Nous pouvons désirer mieux que la société de loisirs annoncée par Huxley.

Avec quelques amis de notre mouvement, nous avons essayé de schématiser les grands enjeux sociaux des années à venir. Nous avons essayé de réfléchir aux choix que la société française devra faire dans les prochaines années. C'est évidemment un peu manichéen mais cela permet de bien distinguer la nature et l'importance des questions.

- 1er choix : Dérégulation ou régulation ? Nous avons déjà largement évoqué ce sujet : est-ce le marché qui répartit le temps de travail ou est-ce l'intervention du politique ? Est-ce que cela se fait de façon « sauvage » ou négociée ? C'est le premier carrefour, le premier choix pour notre société.
- 2e choix : La régulation par le politique est-elle intelligente et efficace ? Va-t-elle vraiment nous permettre de sortir du chômage, ou s'agit-il d'une régulation dangereuse ou inefficace ? Si elle est dangereuse ou inefficace, de prochaines élections seront peut-être l'occasion d'un nouveau mouvement de balancier. Le pouvoir changera de côté, et cette fois-ci il ira plutôt à l'aile ultralibérale de la droite. Alors que Juppé avait une politique que l'on peut qualifier de mi-chèvre mi-chou, ce sont sans doute MM. Sarkozy et Madelin qui mettront en œuvre la politique du nouveau gouvernement. On se dirigera vers le modèle anglo-saxon et un accroissement des inégalités. Une partie du RPR et de l'UDF s'est prononcée pour la suppression du SMIC.
- 3e choix : En supposant que l'on choisisse une régulation efficace comme la semaine de quatre jours à la carte, y a-t-il une réflexion politique autour du temps libre, ou est-ce le marché qui structure le temps libre ? La nature a horreur du vide. S'il n'y a pas de réflexion politique autour du temps libre, le marché s'en chargera. La consommation de loisirs

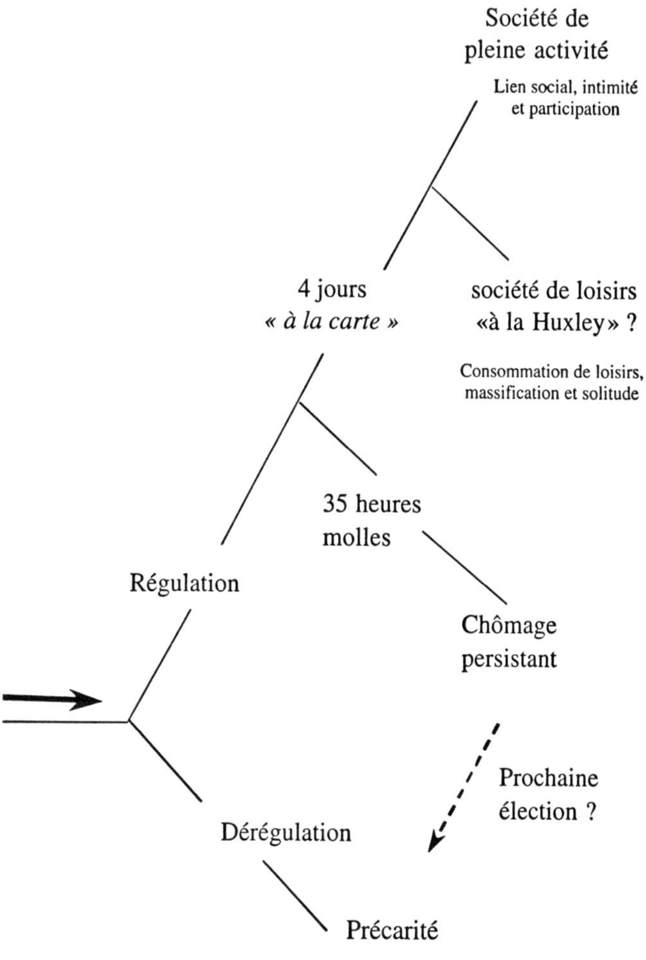
Société de
pleine activité
Lien social, intimité
et participation
4 jours
« à la carte »
société de loisirs
«à la Huxley» ?
Consommation de loisirs,
massification et solitude
35 heures
molles
Régulation
Chômage
persistant
Prochaine
élection ?
Dérégulation
Précarité

occupera une grande partie de ce temps, pour ceux qui auront les moyens de se payer ces loisirs.

Il y a, dans le dernier carrefour, un double enjeu :

– Est-ce que l'objectif de diviser par deux le chômage nous suffit pour « régler » la question sociale ou est-ce que nous nous attaquons vraiment à l'exclusion pour un jour l'éradiquer ?

– Profitons-nous du surcroît de temps libre pour réfléchir à ce que sont la liberté et l'humanité de l'homme et penser aux possibles évolutions de la société qui permettraient à chacun de vivre plus pleinement ?

Notre objectif n'est pas d'aller vers une société de loisirs mais d'aller vers une société de pleine activité possible, une société de participation.

Vous parlez de société de pleine activité. Partagez-vous l'analyse de Dominique Méda sur ce point ?

Dominique Méda a raison de dénoncer l'ambiguïté de certains politiques qui parlent de « pleine activité » parce qu'ils ne savent plus comment faire pour lutter contre le chômage et retrouver le « plein-emploi ». Plutôt que d'avouer leur échec sur l'emploi, ils noient le poisson en parlant de *pleine activité*. C'est chic et c'est moderne. On va donner une petite activité aux RMIstes et aux chômeurs, et ainsi ils ne nous casseront plus les pieds. On ne sait pas trop ce que l'on va leur faire faire, mais c'est de l'activité... Ce genre de discours est assez regrettable.

La pleine activité – la vraie – nous paraît en revanche souhaitable. Aller vers une société de pleine activité, c'est tout faire pour retrouver le plein-emploi – créer un maximum d'emplois dans la sphère économique – et compléter le plein-emploi de deux façons : lutter radicalement contre l'exclusion et permettre à chacun d'être pleinement actif, c'est-à-dire d'avoir part, comme il le veut, à quatre sphères d'activité.

Première sphère d'activité : du temps pour soi, sa vie personnelle, sa vie affective et familiale, les amis... C'est la sphère personnelle.

Deuxième sphère d'activité : le travail et la formation professionnelle.

Troisième sphère d'activité : l'éducation et la culture, le sport, les loisirs et la fête.

Et la quatrième sphère d'activité : une activité citoyenne associative, politique. Agir avec d'autres pour comprendre le monde et participer au mouvement du monde. C'est la sphère associative et citoyenne.

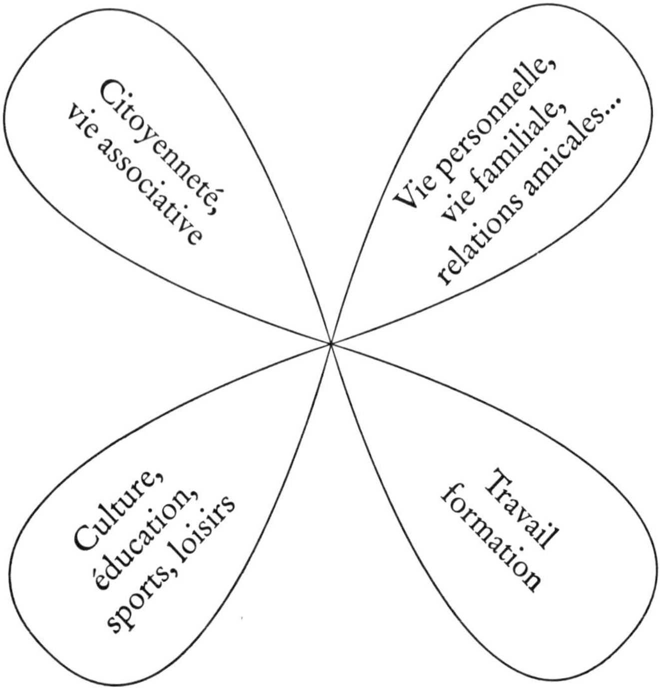

Voilà notre double objectif :

1) Lutter contre l'exclusion pour un jour l'éradiquer, permettre à tous d'avoir un revenu et un mode de vie décents.

2) Permettre à chacun d'avoir, s'il le veut, quand il le veut, librement accès à ces quatre domaines d'activité.

Ces deux dimensions de l'action me paraissent indissociables. Ce sont les mêmes valeurs, la même idée de l'homme qui nous poussent à « refuser l'inhumain et à chercher plus que le simplement humain » (J.-B. de Foucauld).

Parler de l'un sans l'autre me paraît obscène ou triste.

Parler de l'accès à la culture, au sport, à la vie associative, des salariés passés à quatre jours en oubliant qu'il y a 2 millions de pauvres me choquerait. Mais restreindre notre action à la lutte contre le chômage et contre l'exclusion, me paraîtrait manquer d'ambition. La dignité et l'unité de l'homme nous poussent à avancer en même temps selon ces deux directions.

Lutter contre l'exclusion

Commençons par la lutte contre l'exclusion. Vous pensez que la semaine de quatre jours peut améliorer la situation en matière d'exclusion ?

Je crois que si l'on s'en tient à la semaine de quatre jours, le risque existe, au contraire, que l'on aggrave l'exclusion. C'est à mon avis son principal défaut. Ses détracteurs ne l'ont jamais mis en avant, mais la semaine de quatre jours risque d'aggraver l'exclusion.

Pouvez-vous nous expliquer en quoi la baisse du temps de travail pourrait aggraver l'exclusion ?

Cela peut paraître paradoxal, c'est vrai. Mais imaginons qu'il y ait effectivement un mouvement général vers la semaine de quatre jours. Nous allons créer 2 millions d'emplois (sans parler des nouveaux métiers autour du temps libre, sans parler de la croissance). Les entreprises vont se tourner vers les 2 millions de personnes les mieux formées, celles qui savent travailler en équipe, qui savent répondre à un client avec le sourire : les personnes les plus qualifiées, les plus sympathiques, les plus facilement insérables. C'est logiquement qu'elles s'adresseront aux jeunes qui sortent de la faculté et aux chômeurs de courte ou de moyenne durée. Mais les entreprises ne vont pas spontanément, sauf exception, se tourner vers la personne qui est au RMI, qui commence à perdre le moral, qui n'a jamais été très qualifiée ou dont les compétences (qui n'ont pas été utilisées depuis un certain temps) commencent à s'effilocher. La semaine de quatre jours, si elle n'est pas accompagnée d'une politique de lutte contre l'exclusion, ne règle pas du tout ce problème.

Elle risque même de l'aggraver. En effet, si l'on fait chuter massivement le chômage des gens bien qualifiés, des cadres, des journalistes, des enfants de cadres, des enfants de députés... (c'est-à-dire de ceux qui font l'opinion), alors le risque existe que ces personnes se préoccupent moins de la question sociale. C'est triste à dire, mais il a fallu attendre 1992-1993, que les cadres, les journalistes, les neveux de députés et les fils de ministre soient touchés par le chômage, pour que tout d'un coup la question sociale soit vraiment à la une de l'actualité et en tête des programmes politiques. Avant 1993 on en parlait, bien sûr, mais il y en avait beaucoup que cela n'empêchait pas de dormir. Depuis 1993, c'est devenu vraiment un sujet de préoccupation pour un certain nombre d'« élites ». Il y aurait là un sujet de thèse sur la vision du chômage véhiculée par les médias et son évolution, à partir du moment où le phénomène s'est aggravé et qu'il a touché absolument tout le monde. Or, si ces classes privilégiées (dont je fais partie) sont moins touchées par le chômage, je crains que notre sensibilité aux questions sociales diminue, et que, du coup, l'on oublie qu'il reste 1 million d'exclus et 2 millions de personnes pauvres. Actuellement, on en parle, parce que le chômage nous touche tous, et que nous savons que la chute sociale peut être rapide. Nous avons tous vu dans les journaux l'histoire de tels ou tels cadres qui, au bout d'un an ou deux de chômage, devaient vendre leur maison, puis se séparaient de leur conjoint et n'avaient plus que le RMI pour vivre. C'est parce qu'actuellement n'importe qui peut être touché et que cette idée est largement répandue que nous sommes très sensibles à cette idée d'exclusion. Mais, si le chômage des personnes qualifiées baisse fortement sans que soient mises en œuvre des mesures radicales contre l'exclusion, on peut craindre que les exclus ne retournent progressivement à leur silence et à l'oubli.

C'est pour cela que notre association travaille en partenariat avec quelques-unes des nombreuses associations qui luttent contre l'exclusion au quotidien : ATD Quart Monde, FNARS, le COORACE, Solidarités Nouvelles face au Chômage. Ensemble, nous pensons que si nous n'arrivons pas à créer massivement des emplois, nous ne pourrons jamais vraiment lutter contre l'exclusion. Le passage à quatre jours est un préalable indispensable. Sans création d'emplois, ceux qui luttent contre l'exclusion ont l'impression de vider la mer avec une petite cuillère. Ils permettent à quelqu'un de reprendre confiance en lui, ils règlent les problèmes de logement, de santé, aident à retrouver du travail. Et puis, au bout de quelques mois, la personne accompagnée est licenciée de nouveau. Tout est à reprendre. Tant que le système, massivement, jette des gens par-dessus bord, tant que le nombre des précaires augmente, il est difficile de lutter contre l'exclusion. Faire vraiment reculer le chômage est donc indispensable. Mais, dans le même temps, il faut se donner les moyens de mettre en place des parcours de retour personnalisés vers l'activité.

On sait lutter contre l'exclusion. Grâce à ses associations, à ses collectivités locales et à différents services de l'État, la France a un grand savoir-faire dans ce domaine. Si nous créons deux millions d'emplois et si nous voulons faire de l'exclusion une véritable priorité politique, nous devons y mettre les moyens financiers et humains. Dans ces conditions, il est possible de faire reculer radicalement pauvreté et exclusion.

Que proposez-vous concrètement ?

Je propose que nous écoutions réellement ce qu'ont à dire toutes les associations qui luttent directement contre l'exclusion. Depuis quelques années, elles se sont regroupées. Elles ont confronté leurs analyses, échangé sur leurs modes d'action et sur l'évaluation de leurs « méthodes ». Le Secours catholique, le Secours populaire, ATD Quart Monde, le COORACE, l'UNIOPSS, la CIMADE, Emmaüs et une vingtaine d'autres mouvements de solidarité ont créé le réseau Alerte et ont formulé des propositions pour faire vraiment reculer l'exclusion.

Je ne peux que me faire le porte-parole de ce réseau. Je n'ai rien à ajouter. Passons à quatre jours et mettons en œuvre leurs propositions. La face de nos villes en sera changée.

L'expérience des associations caritatives montre que, si nous y mettons les moyens financiers et humains, si nous sommes capables de changer un peu notre façon d'écouter et de parler avec les personnes exclues, si nous gardons toujours en tête l'objectif de rendre à chacun sa dignité, cette ambition est non seulement raisonnable, mais constitue un devoir éthique.

Écoutons Joseph Wresinski, le fondateur d'ATD Quart Monde : « Tout homme porte en lui une valeur fondamentale qui fait sa dignité d'homme.

« Quels que soient son mode de vie ou sa pensée, sa situation sociale ou ses moyens économiques, son origine ethnique ou raciale, tout homme garde intacte cette valeur essentielle qui le situe d'emblée au rang de tous les hommes. Elle donne à chacun le même droit inaliénable d'agir librement pour son propre bien et celui des autres. »

Il ne s'agit plus d'assister des exclus considérés comme des « cas sociaux », mais de construire un partenariat, une coopération entre exclus (associés) et non-exclus (État, collectivités locales, associations, voisins, entreprises). Tous doivent s'associer pour lutter contre la misère.

De ce point de vue, l'intérêt de la semaine de quatre jours est double. Dans le même temps, un grand nombre de personnes, à peu près 2 millions, vont pouvoir revenir dans le monde du travail, vont pouvoir de nouveau être dans une logique contractuelle, avoir un travail normal, avoir un revenu, faire leurs preuves, travailler avec d'autres, agir avec d'autres. Cette logique contractuelle est essentielle. Mais, à travers l'augmentation du temps libre pour tous, il devient possible de développer une logique d'alliance, c'est-à-dire quelque chose qui échappe justement au contrat, quelque chose qui échappe au besoin d'être efficace économiquement, d'être dans une relation marchande. Notre époque a grand besoin de gratuité. Marcel Mauss a montré qu'il n'y a pas d'humanité sans gratuité, sans don. Les raisons du don sont parfois complexes (contre-don, potlatch...), mais s'il n'y a pas de gratuité il ne peut pas y avoir d'humanité. Ainsi, au-delà de toute logique contractuelle qui continuera à exister inévitablement dans le monde économique, il est bon, dans le temps libre, de développer une logique d'alliance.

Dans une logique d'alliance, je compte aux yeux de quelqu'un même si je ne suis pas efficace économiquement, même si je ne suis pas rentable, même si je ne suis pas efficient. Le développement de cette logique d'alliance inconditionnelle, de gratuité, peut permettre à chacun de s'épanouir davantage, de développer des compétences qu'il n'utilise pas dans son travail, de vivre plus complètement. Mais, comme l'indique Olivier Bobineau, le développement de cette logique non contractuelle peut également faciliter l'intégration des personnes qui n'arriveront jamais à s'intégrer dans une logique contractuelle. Il faut être clair, il y a des personnes qui ne pourront sans doute jamais retrouver une place dans l'économie et qui, en revanche, pourraient participer dans cette logique d'alliance, dans des activités non soumises à une sanction économique auxquelles participent « inclus » et « exclus ».

L'arrivée massive dans ces activités non marchandes de personnes normalement intégrées dans la sphère économique évite que ces activités ne soient perçues par les personnes en situation difficile comme des activités de « parking »...

Après la question de l'activité, l'une des priorités est le logement. Le passage aux quatre jours doit permettre de casser le chômage de masse et de réaliser, à moyen terme, des économies budgétaires importantes. Ces économies pourraient être affectées au désendettement de l'État mais aussi à des investissements très importants en matière de logement.

Lutter contre la misère pour, un jour, l'éradiquer suppose que cette préoccupation soit permanente. Il faut en particulier que les élus et le gouvernement aient régulièrement les moyens de connaître précisément l'évolution de ces situations de grande pauvreté (pas seulement de façon statistique, mais en s'attachant à la situation des personnes et des familles). L'évaluation des politiques publiques doit comporter systématiquement un volet « Bénéfices retirés par les personnes les plus pauvres ».

Les acteurs locaux de la lutte contre l'exclusion devront eux aussi toujours garder le souci d'une démarche de coopération-accompagnement et non d'assistance. Ils devront veiller à la simultanéité, à la globalité des actions d'insertion : retour à l'emploi et à la formation, retour à l'intégrité familiale et au logement, accès aux soins, éducation des enfants... Ces démarches doivent être, le plus possible, simultanées, sous peine d'être inefficaces. En effet, un couple qui retrouve un logement ou un emploi mais qui reste exclu de l'accès aux soins ou dont les enfants restent placés en centre social a toutes le chances de rechuter rapidement. Les travailleurs sociaux et les associations devront coopérer étroitement pour lutter de façon souple et adaptée contre les multiples exclusions. Ils devront également avoir un rôle socio-éducatif. En effet, il est nécessaire d'améliorer, à travers les médias ou l'école, l'information de l'ensemble de la population sur la nature et l'ampleur des situations de précarité et de grande pauvreté et sur les mécanismes qui y conduisent, afin de mieux mobiliser les capacités de solidarité.

La semaine de quatre jours permettra à un certain nombre d'entre nous d'avoir plus de temps pour s'engager, dans nos quartiers, dans la lutte contre l'exclusion (accompagnement personnel de chômeurs de longue durée, soutien scolaire, alphabétisation de personnes immigrées, aide administrative...).

Comment proposez-vous de financer ces différentes mesures ?

L'aspect budgétaire est évidemment essentiel. Il faudra trouver les moyens financiers pour changer l'urbanisme, construire de nouveaux logements, permettre l'accès à la santé, avoir un accompagnement de toutes les personnes exclues. Il est possible aussi qu'il faille baisser le coût du travail des personnes en fin de parcours d'insertion. Le système du CIE (Contrat initiative emploi) était très cher en termes de création d'emplois mais a permis, en termes de lutte contre l'exclusion, de remettre en tête de file les exclus du travail. Autant contre le chômage les politiques ciblées paraissent coûteuses et peu efficaces, autant elles semblent nécessaires pour lutter contre l'exclusion. Il faudra peut-être mettre en place un CIE amélioré.

La loi contre l'exclusion qui était en discussion au printemps 1997 prévoyait seulement 4 milliards de francs de redéploiements alors que le budget de l'État est de 1 500 milliards. La plupart des associations ont eu l'impression qu'on se moquait du problème de l'exclusion. La loi sur l'exclusion de juillet 1998 a marqué un progrès mais reste insuffisante. Pour un jour éradiquer l'exclusion, pour qu'un jour chaque homme vive dignement dans notre pays, il faut des moyens financiers plus considérables, il faut les moyens de faire la guerre à la pauvreté.

Saurons-nous dégager les moyens de faire rapidement reculer l'exclusion en même temps que nous passerons à quatre jours ? C'est un point essentiel pour l'avenir de notre société. Notre humanisme est-il seulement un humanisme de coin de cheminée où l'on partage le gâteau du travail avec ceux qui déjà étaient assez près du feu, bien au chaud (nos voisins, nos amis, nos enfants et ceux qui leur ressemblent) ? Ou sommes-nous capables d'un humanisme de grand vent, un humanisme profond qui veille à ce que celui qui est tout au fond, celui qui n'ose même plus parler de ses malheurs puisse retrouver sa complète dignité ? Est-ce que notre humanisme va jusqu'à aller chercher et accompagner celui qui est le plus brisé par la crise ?

Si la réponse est positive, si la fraternité n'est pas un mot vide, si nous voulons mettre en place des moyens humains et financiers, il faut le dire. En même temps qu'un référendum sur la question du temps de travail, je pense qu'il faudrait organiser un référendum pour que la Nation exprime solennellement sa volonté de faire reculer l'exclusion : adopter l'essentiel des demandes des associations du réseau Alerte et les financer par un relèvement de 0,5 point de RDS qui fournirait 25 milliards par an. Le passage à quatre jours permet de diminuer de 8 points le niveau des prélèvements. Il ne me paraît pas choquant qu'on les augmente de 0,5 % pour un chantier aussi important. Ce prélèvement subsisterait tant que nous n'aurions pas atteint un certain nombre d'objectifs chiffrés définis par les associations du réseau Alerte avant le référendum.

Pourquoi aussi ne pas supprimer deux jours chômés ? L'Allemagne a fait cela pour financer une partie de sa politique sociale. Pourquoi, symboliquement, ne pas renoncer à deux jours chômés ? L'augmentation du PIB permettrait à l'État d'avoir plus de ressources. Voilà une façon de financer, et un moyen de montrer concrètement notre volonté de lutter contre l'exclusion.

Le OUI au référendum sur les quatre jours permettra de sortir du partage inégal entre chômeurs (à 0 heure) et actifs (à 39 heures). Il sera une réaffirmation du principe d'égalité. Le OUI au référendum sur l'exclusion nous permettrait de réaffirmer de façon concrète, sonnante et trébuchante, notre fraternité.

Temps libre, individualisme et inégalités

Revenons à la question du temps libre. Dans une société où les loisirs sont souvent individuels et où, en revanche, le travail a des vertus socialisantes reconnues, augmenter le temps libre n'est-ce pas prendre le risque d'augmenter l'individualisme ?

Tous ceux qui ont actuellement un lien social par le travail le garderont. Ils travailleront un peu moins mais le passage à quatre jours conduit souvent à améliorer la communication dans les équipes. « On se voit moins mais on se parle plus et on se fait davantage confiance. On est forcé de compter davantage les uns sur les autres. » La qualité de la relation peut être meilleure. C'est une première réponse : on ne diminue pas le lien social pour les personnes qui exerçaient déjà une activité.

Deuxième élément de réponse : l'objectif premier de la semaine de quatre jours c'est de permettre à 2 millions de personnes de revenir dans la sphère économique. Ces personnes pourront ainsi retrouver cet élément de lien social essentiel qui est de travailler avec d'autres, d'avoir des projets professionnels avec d'autres.

Mais, c'est vrai, il y a un risque de faire progresser l'individualisme. C'est dans les années soixante que le temps de travail a le plus baissé depuis l'après-guerre. Nous sommes passés de six jours à cinq jours. Et c'est dans le même temps que, d'après de nombreux sociologues, l'individualisme a fortement progressé dans notre société. Mais à cette époque il n'y a eu aucune réflexion politique sur le temps libre. Les débuts de propositions que nous formulons sur l'évolution des rythmes scolaires et des rôles des différents acteurs de l'éducation, sur le développement de la vie associative et la citoyenneté au niveau local, devraient consolider le lien social en dehors de la sphère économique. Ce lien gratuit, qui ne dépend pas d'une relation contractuelle ou d'une relation marchande, devrait être de bonne qualité.

Mais vous avez raison de soulever ce point. Je peux vous dire que c'est une de mes inquiétudes. Si l'action que nous avons menée avec notre mouvement depuis quatre ans aboutit seulement à une marche vers les quatre jours, crée un grand nombre d'emplois mais n'est accompagnée d'aucune réflexion de la société sur elle-même, je ne suis pas sûr, à terme, que nous réalisions un vrai progrès social. Réduire massivement le temps de travail fait naître de nouveaux risques mais représente aussi des opportunités fabuleuses. C'est peut-être l'occasion de repenser nos modes de vie.

Nous l'avons dit au début de ce livre, la crise est vraiment globale, il y a aussi bien une crise du travail qu'une crise du lien social, une crise de la participation politique, une crise du sens, une crise de l'identité.

La réflexion collective sur les activités à développer en dehors de la sphère marchande est un moyen de répondre, en partie au moins, à la question de l'identité.

L'homme est-il simplement un acteur économique, un producteur-épargnant-consommateur ? C'est parfois l'impression que donne le discours politique. Ne souhaite-t-il pas développer vraiment d'autres dimensions de son être, dimensions affectives, spirituelles, intellectuelles, artistiques ou citoyennes ?

Comprenez-moi bien. Le but de notre réflexion sur le temps libre n'est pas de meubler intelligemment le temps libre (« l'oisiveté est la mère de tous les vices », il faut donc trouver d'autres occupations si le travail n'est plus occupant). Notre but n'est pas simplement d'éviter que le temps libre accroisse les inégalités, ni même de profiter de ce temps pour lutter contre les inégalités (même si cet objectif nous tient évidemment à cœur). Notre objectif est de voir comment la nouvelle donne qu'entraîne la lutte contre le chômage permet de revisiter quelques autres questions avec un regard neuf. Un changement rapide des rythmes de vie permet de poser des questions fondamentales et de proposer quelques réponses. Les activités que notre société choisira de développer pendant le temps libre diront qui est l'homme en cette fin de siècle. « Dis-moi ce que tu fais, je te dirai qui tu es. » Consommateur de divertissement ou acteur de son histoire personnelle et collective ?

En cette fin de siècle, le *cogito ergo sum* de Descartes – « je pense donc je suis » – semble parfois s'être transformé en un « je dépense donc je suis ». Il est grand temps de corriger le tir en affirmant collectivement qu'il y a d'autres activités que les activités marchandes qui méritent notre attention, qui donnent du sens à notre vie.

Il faudrait aussi que nous réfléchissions aux causes de l'individualisme grandissant de nos sociétés. Nous sommes nombreux à regretter l'individualisme montant. Quelle en est la cause ? Se trouve-t-elle dans nos modes de vie, dans la structure de notre société, les médias, la publicité ? Comment limiter l'individualisme, si c'est un objet de souffrance collective ?

Il faut évidemment mieux répartir le travail pour que le chacun pour soi, la « lutte des places », ne se développe pas. Mais il faut aussi réfléchir aux méthodes d'éducation, au bénéfice d'un service civil de solidarité...

À l'exception de la télévision, la plupart des activités hors travail sont payantes. De nombreuses activités culturelles ou de loisirs ne sont accessibles qu'à une minorité. Les inégalités ne vont-elles pas s'accroître dramatiquement avec l'augmentation du temps libre ?

C'est effectivement un risque important. C'est pour cela que nous demandons que le débat politique intègre ces questions. La semaine de quatre jours, en cassant le chômage, doit faire reculer une des inégalités les plus graves de notre époque, l'accès au travail, l'accès aux revenus, l'accès au lien social par le travail. C'est l'une des plus grandes injustices que l'on veut supprimer en répartissant mieux le travail. Mais il ne faut pas en permettant un accès plus juste au travail que l'on creuse les inégalités dans l'accès à la culture ou au pouvoir.

Il y a là un enjeu politique essentiel : le temps libre comme moyen de lutter contre les inégalités, comme moyen de permettre à chacun de prendre en main son capital de compétences de façon responsable. L'accès à la formation est tout à fait essentiel si nous voulons réellement et durablement lutter contre les inégalités économiques et de revenus.

En ce qui concerne la vie associative, l'accès à la culture, l'accès aux loisirs, il faut effectivement que les politiques mettent en place un système qui limite les inégalités dues au revenu. C'est une des raisons pour lesquelles nous souhaitons que la réduction du temps de travail ne soit pas financée par l'État, mais par l'Unedic. Cela permettrait que les quelques milliards que le budget de l'État peut dégager soient employés aux questions d'accès à la culture pour tous, de développement de la vie associative, de la vie sportive. S'il faut à chaque fois payer 300 francs par mois pour s'abonner à un club de sport, il y en a peu évidemment qui pourront en profiter. En revanche, si l'accès aux structures sportives est peu cher, voire même gratuit, nous serons plus nombreux à pouvoir être acteurs, et non pas seulement spectateurs des matchs devant la télévision.

Il y a aussi, derrière cette question d'inégalité face à la culture, des problèmes d'éducation. Le plaisir de lire, le plaisir d'aller au théâtre ou de faire du théâtre, le plaisir d'écouter de la musique, le plaisir de parler avec d'autres, de réfléchir ou d'agir avec d'autres, est aussi lié à l'éducation ; pas aux diplômes, mais à l'éducation au sens large.

L'intérêt de la semaine de quatre jours est qu'elle nous permet, mais aussi nous oblige, à tout repenser, y compris les questions d'éducation ou de formation.

11

Vers une société de pleine activité

La formation tout au long de la vie

Vous avez animé pour la Commission européenne un réseau sur l'articulation « temps de travail – temps de formation ». Quel est l'impact de la réduction du temps de travail sur la formation ?

La question de l'accès permanent à la formation est, en termes de justice sociale, un enjeu aussi important qu'une meilleure répartition du travail. Il faut partager le travail, mais il faut aussi partager les compétences et peut-être mieux partager les responsabilités.

Les réflexions du réseau européen « Accès aux compétences » mettent en avant des constats inquiétants : les difficultés en matière de formation s'accroissent et l'accès à la formation risque de devenir de plus en plus inégalitaire. On peut représenter ces tendances comme une succession de cercles :

L'écart entre les niveaux de formation se creuse avec d'un côté une population hautement qualifiée ayant accès aux nouvelles technologies et à plus de formation, et de l'autre un grand nombre de salariés précaires ou chômeurs n'ayant pas ou peu accès à des formations qualifiantes.

La difficulté ou l'inégalité d'accès à la formation selon les différentes catégories sociales est aussi liée à des questions

Population active et niveau de formation

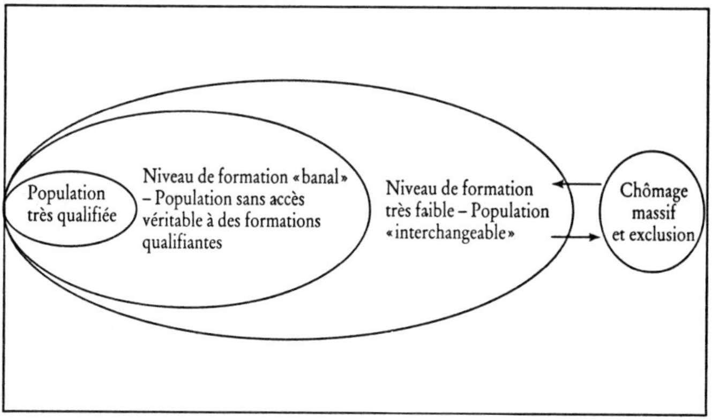

d'organisation. Une enquête récente de la DGXXII de la Commission européenne menée auprès de salariés de PME européennes révèle que, si 70 % d'entre eux souhaitent acquérir de nouvelles qualifications, 71 % indiquent ne pas avoir reçu de formation l'année précédente (*cf. Compendium* 1996). Les contraintes de taille et de compétitivité incitent à la polyvalence, mais, chacun semblant irremplaçable dans une petite structure, le départ en formation est toujours repoussé.

Améliorer la formation est une priorité non seulement d'un point de vue quantitatif mais également en termes de contenus. La question du temps de formation est primordiale. Si l'on veut lutter contre la dualisation du marché du travail, il est important de rechercher de nouveaux modèles d'organisation intégrant une réflexion globale sur le temps, la formation et le travail.

La réduction du temps de travail peut avoir de multiples conséquences. Tout d'abord, le fait d'aménager le temps de travail dans une entreprise est l'occasion de mettre en place des organisations qualifiantes. C'est-à-dire que le contenu du travail et l'organisation du travail évoluent. L'absence du chef un jour par semaine oblige à vérifier que chacun connaît bien sa mission, que chacun est bien formé. Je vous ai parlé de cet ouvrier logisticien qui, une fois par semaine, au lieu de pousser ses cartons au fond du camion, est sur l'ordinateur pour gérer les commandes. C'est un cas un peu exceptionnel mais très significatif. Le premier impact, c'est le changement du contenu du travail.

Le deuxième impact des quatre jours, c'est que le temps libéré peut être l'occasion de réfléchir à un co-investissement formation. D'un côté, l'entreprise finance la pédagogie et tous les frais annexes liés à la formation et, de l'autre, le salarié donne son temps. Avec les mêmes budgets et avec moins de désorganisation du travail, le volume de formation peut être beaucoup plus important. Cette notion de co-investissement formation est essentielle et révolutionnaire. Il y a déjà eu un accord de branche (les coopératives laitières) signé en juillet 1997 qui fait référence à cette idée. Concrètement, une entreprise de cette branche peut signer un accord incluant pour ses salariés du temps de formation sur les journées libérées. Par exemple, les salariés passent à quatre jours. Ils ont donc un jour de libre supplémentaire chaque semaine et consacrent chaque année 5 ou 10 de ces journées à la formation. Il y aura 5 ou 10 semaines dans l'année où le temps libre sera consacré à la formation. L'entreprise finance l'opération, les cours, le matériel, le transport, le repas de midi. Le salarié donne son temps. Ainsi, dans le budget formation de l'entreprise, au lieu de payer la masse salariale, il n'y a plus que de la pédagogie. Donc avec le même coût pour l'entreprise, c'est beaucoup plus de formation pour le salarié (formation au poste ou formation pour une évolution de carrière).

Il peut y avoir aussi un investissement formation choisi uniquement par le salarié. Je me souviens à Orléans de cet ouvrier qui m'avait dit : « J'en ai parlé avec ma femme, même s'il fallait perdre 5 % de salaire, nous avons envie de passer à quatre jours. » Il travaillait depuis vingt ans dans une PME, qui comptait entre huit et dix salariés. « Cela fait vingt ans que j'ai pas mis le nez dans un livre, vingt ans sans une heure de formation. À chaque fois que nous en parlons avec le patron, il dit que c'est une bonne idée mais que, c'est trop compliqué à organiser. Il ne sait pas comment nous remplacer si nous partons en stage. Je sais très bien que si je suis licencié, je suis bon pour le chômage de longue durée car je ne suis plus au niveau qu'on demande maintenant quand on embauche quelqu'un. Et ce n'est pas le soir quand je suis fatigué, ce n'est pas le week-end quand il y a les enfants que je peux me former. » Sa femme et lui pensaient que s'il avait un jour de liberté par semaine, « même si le patron n'était pas d'accord », il pourrait se remettre aux études. Il était donc prêt à perdre 5 % de son salaire. Ça avait de la valeur pour lui. C'est tout à fait essentiel.

Les lois de 1972 ont institué un droit à la formation. Ce fut un pas très important à l'époque. Cette formation s'effectue en principe sur le temps de travail. Mais concrètement les études de l'INSEE montrent que, dans les entreprises de moins de cent personnes, ce droit reste souvent tout à fait théorique. En moyenne, il y a quatre fois moins de formation dans les entreprises de moins de cent salariés que dans les entreprises plus importantes. Il y a là un enjeu essentiel, à une époque où il faut pouvoir changer de métier au cours de sa carrière, où les compétences doivent régulièrement évoluer du fait des nouvelles technologies.

Avoir en permanence réellement accès à la formation est très important. La faiblesse de la formation initiale et la grande difficulté à changer de métier une fois que l'on est sur des rails sont un des principaux regrets des Français. Améliorer la formation doit permettre aussi de développer la mobilité fonctionnelle des actifs et donc de limiter le besoin de mobilité géographique, les déménagements forcés qui suivent les fermetures d'usine.

C'est un chantier considérable...

Oui, c'est un chantier considérable mais il est primordial pour la compétitivité de la France à moyen terme et peut se révéler un atout essentiel dans la compétition face aux autres économies. J'ai lu récemment un article de Robert Reich, l'ancien ministre du Travail de Bill Clinton. Une de ses principales inquiétudes pour les États-Unis, à moyen terme, réside dans le fait qu'une grande partie de la population active américaine n'a aucun accès à la formation.

Si nous sommes capables, grâce à la semaine de quatre jours, de construire, de négocier l'accès permanent à la formation, notre économie peut sans doute améliorer très fortement sa compétitivité. Cela suppose évidemment que nous réfléchissions à l'utilisation des nouvelles technologies, que nous aidions chacun à se repérer dans le maquis des formations, que l'on fasse un peu le ménage parmi les vendeurs de soupe. Il y a bien un chantier considérable. Mais quand Jules Ferry a décidé que tous les enfants de France devaient savoir lire et écrire, c'était aussi un chantier considérable. Nous ne partons pas de rien. De nombreuses universités, le Conservatoire national des arts et métiers, le Centre national d'enseignement à distance, quelques branches pilotes, quelques chambres de commerce innovantes ont déjà construit un vrai savoir-faire. Il faut, à partir de ce savoir-faire et avec les nouvelles disponibilités qu'offre la semaine de quatre jours, généraliser l'accès permanent à la formation.

On reproche parfois aux partisans des quatre jours d'être des paresseux qui veulent travailler moins. J'ai au contraire l'impression que la paresse n'est pas de notre côté mais du côté de ceux qui refusent de se mettre à une table pour réfléchir sur ces chantiers : réorganisation du travail dans les entreprises, mise en réseaux dans les PME, accès permanent à la formation...

Nous commençons à peine à réfléchir sur la place des nouvelles technologies dans l'accès à la formation, sur le rôle des universités, de la formation à distance et des centres de formation professionnelle, sur la part de la formation individuelle et des démarches de groupe. Une chose est sûre : il faut sortir du système cloisonné qui existe actuellement. De trois ans à vingt ou vingt-cinq ans, vous vous formez : éducation et formation. Puis à partir de vingt-cinq ans, c'est la vie active avec un accès à la formation parfois difficile, surtout dans les PME. Enfin, à partir de soixante ou soixante-cinq ans, c'est le temps libre complet, c'est la retraite. Notre vie est cloisonnée, coupée en trois : formation, vie active, inactivité. En termes aussi bien de compétitivité que d'équilibre de vie, il est probablement souhaitable d'avoir une formation initiale un peu moins théorique (développement de la formation en alternance), puis une vie active avec du temps libre et un accès permanent à la formation. Enfin, une retraite bien méritée où on continuera d'autres activités non marchandes que l'on a commencées dans sa vie active. Il faut permettre une plus grande unité sur toute la vie.

J'ai d'ailleurs eu tort de ne parler que de formation professionnelle. Il y a aussi, pendant le temps libre, la formation pour soi-même, pour la culture, pour le sport, pour un engagement associatif ou politique. La formation à la langue française pour les personnes d'origine immigrée...

Il y a aussi dans votre mouvement une équipe qui réfléchit sur les questions d'éducation. Pourquoi ?

Parce que nous pensons que dans ce domaine également le passage à la semaine de quatre jours des adultes nous permet et nous oblige à repenser certaines choses. Cela étant dit, nous n'en sommes qu'au début de nos travaux. Nous publierons peut-être un ouvrage collectif quand notre réflexion sera vraiment mûre. Aujourd'hui, nous n'avons pas sur l'éducation de propositions aussi construites que sur la question de l'emploi. Un des rôles de l'éducation étant de préparer l'enfant à vivre dans la société, si la société change, l'éducation doit aussi, partiellement, changer.

Il nous paraît clair que le passage des adultes à quatre jours, ce changement de rythme des parents doit permettre de changer la donne pour les enfants, de leur naissance à leur entrée dans la vie active. Les parents, travaillant moins, pourront être plus présents auprès de leurs enfants, que ce soit dans les premiers mois et les premières années de la vie ou à l'adolescence.

Je vous coupe une minute. Pensez-vous que nous ferons plus de bébés si nous passons à quatre jours ?

Votre question m'embarrasse car je ne voudrais pas donner l'impression que la semaine de quatre jours règle tous nos problèmes, comme ces potions miracles du début du siècle qui soignaient le mal de dos, la calvitie, les cors aux pieds et les nausées des femmes enceintes... Si nous avions trouvé la pierre philosophale, je vous l'aurais dit tout de suite. Ceci étant dit, je pense effectivement qu'il y aura plus de bébés dans notre pays si nous passons à quatre jours.

Le chômage et la précarité subis massivement par les jeunes à l'âge où ils pourraient commencer à faire des enfants, ne les poussent pas vraiment à se lancer dans cette grande aventure. Par ailleurs, certains couples, même bien installés, se demandent à quoi bon donner la vie dans une société de plus en plus morbide où le chacun pour soi l'emporte et où le *no future* semble parfois s'imposer. Je crois vraiment que casser le chômage des jeunes et sortir de la sinistrose actuelle auraient un impact réel sur la natalité.

Ce que je vous dis n'est pas théorique. Dans le Nord de la France, une imprimerie est passée à quatre jours. L'un des cinq nouveaux embauchés est un homme d'une trentaine d'années. Peu qualifié, il avait galéré pendant longtemps en travaillant à la chaîne dans des abattoirs puis comme intérimaire. Il est resté dix-huit mois au chômage pour finalement être embauché dans cette imprimerie où le patron (un gars en or) et les autres salariés ont accepté de le former. Aujourd'hui, il parle de la semaine de quatre jours autour de lui, explique à qui veut l'entendre comment cela marche financièrement et envisage d'avoir un enfant: « Maintenant, ça vaut le coup ! »

L'une des dernières conférences sur la natalité en Europe a montré que la meilleure façon de faire remonter la natalité n'est pas de donner des primes ou des allocations mais d'abord de permettre à chacun (hommes et femmes) de mieux concilier vie professionnelle et vie familiale. Les aspects financiers sont évidemment importants mais viennent après la question du temps. La semaine de quatre jours est un pas important dans cette direction. Un dernier point: faire des bébés et s'en occuper est sans doute l'une des plus agréables façons d'occuper son temps libre.

Si l'on ne perd pas de temps, ces « petits » supplémentaires arriveront sur le marché du travail entre 2020 et 2030, au moment où l'on aura besoin d'eux pour payer nos retraites. Voilà un argument nouveau.

Merci pour l'idée.

Revenons à l'éducation.

Les parents auront plus de temps pour s'occuper des nouveau-nés et des enfants en bas âge. Ce point me paraît essentiel, car nous savons tous que des phases importantes du développement moteur, affectif et intellectuel de l'enfant se passent avant l'entrée à l'école. De nombreux psychologues pensent d'ailleurs que la présence du père est (presque) aussi importante que celle de la mère. Actuellement de nombreux jeunes parents, commerciaux ou cadres en début de carrière, ne voient pratiquement pas leurs bébés ou leurs jeunes enfants du dimanche soir au samedi matin. C'est frustrant pour les parents et loin d'être optimal pour l'enfant (ni pour la vie de couple, d'ailleurs).

Alors que tout le monde trouve dommageable la crise de la famille, le manque de communication entre conjoints comme entre parents et enfants, pourquoi ne pas réfléchir à ce que pourrait être une transposition à la famille de l'exigence de qualité que l'on trouve dans l'industrie ? Certes le « zéro défaut » est impossible en matière d'éducation et dans la vie de couple, mais le « zéro délai » ? Pourquoi la vie de famille n'a-t-elle bien souvent que les restes, le temps qui reste après le travail, le repos, les courses... ?

Que vous disent certains professeurs de collège quand des enfants rentrent en sixième en situation d'échec ? Bien que cela ne soit pas la cause principale, ils expliquent bien souvent que « certains parents sont des courants d'air », qui ne prennent plus le temps ou n'ont plus le temps d'écouter suffisamment leurs enfants. Ils les laissent, passifs, devant la télé, ce qui ne développe pas leurs capacités de langage. Ces professeurs vous disent que certains parents ne prennent plus le temps de raconter des histoires à leurs enfants, étape pourtant décisive pour l'apprentissage de la lecture. C'est peut-être une évidence, mais pourquoi ne pas la rappeler : pour éduquer un enfant, il faut du temps. Or la plupart d'entre nous manquons de temps. La semaine de quatre jours devrait nous donner un peu de ce temps si précieux.

La liberté que donnent les quatre jours aux parents devrait aussi simplifier les problèmes de garde d'enfants. On verra peut-être se multiplier les crèches familiales dans lesquelles quelques jeunes couples d'un même quartier assureront ensemble l'éveil et la garde de leurs enfants, aidés ou non par un salarié.

Le passage à la semaine de quatre jours peut nettement améliorer cette première étape de l'éducation qui se joue dans le triangle père-mère-enfant.

Je n'oublie ni les familles monoparentales ni les couples divorcés. Pour en avoir parlé avec plusieurs personnes concernées, je pense que la question de la garde des enfants et de leur éducation pourrait être facilitée là aussi par une plus grande disponibilité, un meilleur équilibre de vie du ou des parents.

En ce qui concerne les femmes, la semaine de quatre jours ne serait-elle pas le moyen d'éviter d'avoir à choisir entre un temps partiel avec toutes les contraintes que cela suppose (que ce soit en termes de salaire ou de perspectives de carrière), et un travail à temps plein qui implique un sacrifice, au moins relatif, de la vie familiale ?

Il y a beaucoup de femmes qui rejoignent notre association pour faire avancer cette idée. À Metz, une femme était venue me voir à la fin d'un débat en me disant : « Dépêchez-vous de faire passer la semaine de quatre jours avant qu'on nous renvoie à la cuisine ! » Avec l'aggravation du chômage, il y a un nombre croissant de gens qui disent que, si les femmes n'étaient pas sur le marché du travail, cela pourrait arranger les choses. Je pense que choisir tous ensemble d'aller vers la semaine de quatre jours, c'est vraiment un bon moyen pour promouvoir l'égalité entre les hommes et les femmes. Un bon moyen aussi pour limiter un peu les contraintes qui pèsent sur elles. Les femmes ont souvent très peu de temps libre. Celles qui travaillent assument la plupart du temps les contraintes ménagères en plus. Il y a souvent la « deuxième journée » : il faut aider les enfants à faire leurs devoirs, les laver, les coucher, préparer le repas... L'emploi du temps d'une femme est vraiment très chargé et, pour faire face à ces contraintes familiales, certaines femmes désirant avoir une activité professionnelle « choisissent » effectivement un temps partiel. La perte de revenus est alors très importante : quand on est quatre jours à temps partiel, on perd 20 % de son salaire. De plus, les perspectives de carrière pour quelqu'un à temps partiel sont souvent limitées. C'est pourquoi je crois que le fait d'aller ensemble (hommes et femmes, jeunes et vieux) vers la semaine de quatre jours peut permettre de limiter la pression qui pèse sur les femmes et qui les pousse à « choisir » un temps partiel.

Cela permet aussi aux femmes d'avoir du temps pour elles. Je me souviens d'une femme qui est passée à quatre jours et qui m'a dit : « Moi, je n'ai pas pris le mercredi. Je ne voulais pas retomber dans le travers "la-femme-qui-prend-le-mercredi-pour-s'occuper-de-ses-enfants". J'adore mon mari, j'adore mes enfants, mais je suis avec eux tous les soirs et le week-end et j'avais envie d'avoir vraiment du temps pour moi, du temps pour faire ce qui me plaît à moi. » Je crois qu'elle a pris son jeudi, je ne lui ai pas demandé ce qu'elle faisait. Mais c'est une attitude saine. Il y a du temps pour le travail, du temps pour la vie de couple, du temps pour la vie avec les enfants, du temps pour soi, pour faire une activité qui ne plaît pas forcément au conjoint. Et même, tout simplement, du temps pour ne rien faire, pour être tranquille, être un peu seul. Autant la solitude, sept jours sur sept pendant des années, peut détruire, autant un peu de solitude alors que l'on a par ailleurs une vie de couple, une vie avec des enfants ou une vie sociale bien garnie, peut être très agréable.

C'est ça qui peut être révolutionnaire, dans une société de masse où soit l'on n'est jamais seul soit l'on est trop seul. À certains, la semaine de quatre jours donne du temps pour être à deux, sans les enfants. À d'autres, elle permet de rester seul pour une activité nouvelle. À d'autres encore, elle permet de régler tous les problèmes logistiques en semaine pour que le week-end soit vraiment agréable. On a tous des raisons différentes de choisir la semaine de quatre jours.

Personnaliser l'éducation

Suggérez-vous de changer les rythmes scolaires ? Pensez-vous que les enfants devraient eux aussi passer à quatre jours ?

Il faut effectivement changer les rythmes scolaires et aller non pas vers la semaine de quatre jours mais vers des journées plus courtes pour les enfants. Cela fait longtemps qu'enseignants, médecins et parents dénoncent les journées trop longues des enfants. Cela fait vingt ans qu'on le dit mais que l'on n'avance guère. Pourquoi ne libère-t-on pas les après-midi, comme cela se fait en Allemagne par exemple ? Parce que les parents ne sont pas libres et que les enfants resteraient dans la rue ou passeraient leur après-midi devant la télé (en supposant qu'ils n'aient pas d'idées plus saugrenues). Pour éviter cela, il faudrait créer un nombre considérable de nouveaux emplois pour animer ces après-midi, ce qui serait très coûteux pour le budget soit des communes soit de l'Éducation nationale. Si les adultes passent à quatre jours, cette réforme essentielle devient possible à moindre coût. Il faudra sans doute quelques embauches mais une grande partie du « travail » pourrait être fait par des parents, des grands-parents, des adultes du quartier aidés de jeunes en service civil sous la coordination d'enseignants.

Mais aborder la question de l'école par le changement des rythmes n'est sans doute pas suffisant. Le passage à quatre jours des adultes est l'occasion de s'interroger vraiment sur le rôle, la mission, le contenu de l'éducation au début du XXIe siècle.

L'école s'est déjà beaucoup adaptée depuis cinquante ans, ne serait-ce que pour faire face à l'arrivée d'un nombre croissant d'enfants et d'adolescents. Sans doute ne joue-t-elle pas parfaitement son rôle. Mais, plutôt que de critiquer le système éducatif, ne devrions-nous pas voir les progrès accomplis et, dans une réflexion approfondie, s'interroger sur les objectifs que nous lui demandons d'atteindre ? Plutôt que de vouloir repeindre ou modifier l'existant à la marge, prenons le temps de réfléchir aux transformations profondes que les mutations de la société vont impliquer pour l'école dans les années à venir.

Quel est fondamentalement le rôle de l'éducation ? C'est de « conduire en dehors » *(ex-ducere)*, conduire en dehors de l'enfance, c'est-à-dire amener à l'âge adulte; conduire en dehors de l'ignorance, transmettre des savoirs; conduire en dehors de la famille, permettre à l'enfant de quitter le cocon familial pour vivre en citoyen debout dans la cité; conduire en dehors de l'immaturité pour que lui-même soit capable de donner la vie et d'éduquer ses futurs enfants...

Le but n'est pas de changer l'école pour le plaisir de faire une réforme supplémentaire. La question n'est pas d'abord de savoir comment l'école doit évoluer mais plutôt d'arriver à voir ensemble quelle sera la société du XXIe siècle : quelles seront les exigences de l'économie ? Quelle sera notre citoyenneté ? Quels seront nos modes de vie ? Et ensuite, mais ensuite seulement, nous pourrons réfléchir sur les responsabilités de chacun des acteurs de l'éducation : les parents, l'école, les télévisions, la publicité, les associations, les clubs sportifs...

L'éducation est une chose trop importante et trop complexe pour que la société puisse la confier tout entière à l'école.

Ce débat de fond sur les missions respectives de l'école et des différents acteurs peut-il avoir lieu aujourd'hui ?

Il faut évidemment commencer à y réfléchir mais je crois que tant que nous n'aurons pas cassé le chômage, mis en place l'accès permanent à la formation et visualisé grandeur nature les nouveaux modes de vie que va permettre la semaine de quatre jours, reconfigurer l'école sera difficile.

Aujourd'hui, le débat sur l'école est pollué par le fort taux de chômage des jeunes. On impute ce taux de chômage élevé à un dysfonctionnement de l'école. Or, cette analyse est largement fausse. Je l'ai dit : le chômage n'est pas dû en majeure partie à un défaut de formation. On constate d'ailleurs que le chômage des jeunes est plus court (8 mois) que le chômage des plus de 25 ans (15 mois). Ils sont, en moyenne, mieux formés que l'ensemble des actifs.

Passons à quatre jours, crevons l'abcès du chômage et nous verrons alors que l'un des principaux reproches faits à l'école était en grande partie injustifié. Nous pourrons alors, sereinement, nous attaquer aux deux principaux problèmes : les 10 % ou 15 % de jeunes qui sortent du système sans aucune qualification et l'évolution globale du contenu de l'éducation pour former les adultes du XXIe siècle.

Pour lutter contre l'échec des 10 % ou 15 %, que proposez vous ?

J'hésite à répondre à votre question car elle est très complexe et que nous commençons à peine notre réflexion. Là aussi, il faut écouter les enseignants et les parents qui vivent avec ces enfants. Une grande partie des défauts que l'on impute au collège ou au lycée viennent en fait des premières années de l'éducation. C'est dès le primaire et en particulier dès la maternelle et le CP qu'il faut lutter contre l'échec scolaire. Il est très difficile ensuite de corriger le tir. C'est pendant la petite enfance que se mettent en place (ou non) un grand nombre d'apprentissages fondamentaux.

C'est le cas évidemment de la lecture et de l'écriture mais c'est en grande partie à cet âge aussi que l'enfant va forger sa capacité à se concentrer, à faire des efforts, à faire silence, à écouter les autres, à expliquer une idée calmement et de façon argumentée, à travailler avec d'autres et à travailler tout seul. C'est à cette époque qu'il doit former sa volonté, qu'il doit apprendre ce qu'est l'endurance, qu'il faut lui montrer qu'on gagne parfois à ne pas zapper, même quand on bute sur des difficultés.

Mieux vaut prévenir que guérir (surtout quand on ne sait pas guérir). Une des premières étapes est sans doute de faire émerger chez l'enfant le plaisir de lire. Montaigne disait qu'« éduquer un enfant, ce n'est pas remplir un vase, c'est allumer un feu ». Allumer l'intelligence et l'humanité de chaque enfant, voilà l'ambition de l'école. Avant d'apprendre à lire à un enfant, il faut d'abord lui lire des histoires. La « méthode de la grand-mère » est sans doute une des meilleures méthodes pour donner l'envie de lire à un enfant. Qu'un adulte lui lise des histoires, lui montre que c'est grâce à un livre que l'on connaît la vie des animaux, que c'est dans un livre que l'on trouve une recette de cuisine et qu'on la recopie pour la garder. « On devrait tous avoir une grand-mère, surtout ceux qui n'aiment pas la télé ! » s'exclamait un enfant.

Ces premières années, maternelles et CP, sont essentielles. C'est là qu'il faut concentrer nos efforts. C'est là qu'une présence plus massive d'adultes, bien coordonnés par les enseignants, pourrait vraiment limiter la casse. Il faudrait sans doute plus d'orthophonistes pour détecter et « corriger » les difficultés des jeunes enfants. Des parents, des jeunes en service civil, des retraités du quartier pourraient également seconder l'enseignant pour que chaque enfant puisse trouver un adulte avec qui parler, un adulte à écouter quand il lit une histoire, un adulte à qui poser des questions quand l'enfant n'a pas bien compris ou qu'il a des soucis. Donner plus de temps aux adultes et les mettre plus nombreux au service des petits enfants devrait permettre de personnaliser les premières années de l'école.

Que voulez-vous dire par « personnaliser » ?

Nous savons tous qu'il n'y a pas deux enfants identiques. Dans nos familles, nous voyons bien qu'il faut s'adapter au rythme propre de chaque enfant, consacrer du temps à chacun, tenir compte des difficultés et des possibilités de chacun pour l'aider à avancer sans se bloquer, pour lui permettre de prendre des initiatives sans l'exposer à des risques excessifs. Pourquoi en serait-il autrement à l'école ? Par quel miracle un professeur pourrait-il, en permanence, avoir l'attitude et le mot qui conviennent à chacun ? Cela paraît impossible.

Les instituteurs et les psychologues expliquent qu'il y a parfois des enfants très intelligents qui ont du mal à apprendre à lire simplement parce qu'on n'a pas respecté leurs rythmes. Si cet apprentissage vient trop tôt ou trop tard, il ne se fera pas dans des conditions optimales.

Le développement affectif, psychomoteur et intellectuel d'un enfant ne se commande pas. Cela ne se synchronise pas par classes de vingt-cinq ou trente et c'est trop important pour que l'on accepte le taux d'échec actuel. C'est pour cela qu'il faut réfléchir à une éducation plus personnalisée.

On crée un peu partout en France des pépinières d'entreprises où les créateurs d'entreprise trouvent un accompagnement personnalisé, des aides et des conseils sur mesure. Dans la plupart des entreprises françaises, on tente aujourd'hui de remplacer les plans de formation uniformes par des « parcours individualisés de formation » déterminés en fonction des besoins de chaque salarié. N'est-il pas temps d'introduire cet effort de « sur mesure » là où il est le plus nécessaire : dans le développement de la personnalité des jeunes enfants ?

Pour cette raison, je pense qu'il faut garder les avantages de l'enseignement actuel et, progressivement, le personnaliser.

Cette personnalisation pourrait être facilitée par l'évolution des rythmes que vous proposez : des après-midi libres pour les enfants ?

En effet, deux, trois ou quatre après-midi libres par semaine permettent de penser autrement l'équilibre entre les enseignements abstraits et des activités plus concrètes. C'est sans doute l'occasion de revoir, pour certains niveaux, les programmes qui sont devenus trop lourds. Ces après-midi libérés pourront avoir un usage différent selon l'âge des enfants concernés. Éveil à la lecture pour les tout-petits et travail en groupe pour les plus grands. C'est du temps pour d'autres activités que les enseignements abstraits et notés qui dominent le cursus actuel. Cela permettrait sans doute de relativiser certains échecs, de valoriser d'autres formes d'intelligence. Pourquoi mettre en situation d'échec un adolescent qui ne comprend rien à l'oxydoréduction et à la chimie des solutions, alors que 99 % des adultes n'utilisent jamais ces équations ?

Changer les rythmes et demander aux parents de s'impliquer d'avantage, cela peut-être l'occasion pour l'enfant de participer à des activités artistiques comme la peinture ou le théâtre. Pour transmettre notre culture, faire travailler des adolescents un après-midi par semaine sur les *Mémoires* de de Gaulle, de Mendès ou de Monnet pour en tirer une pièce de théâtre qu'ils monteront en fin d'année ou l'année suivante n'est-ce pas une façon de compléter l'enseignement traditionnel du français ou de l'histoire ? Cela se fait déjà dans un certain nombre d'établissements. Pourquoi ne pas profiter de la nouvelle disponibilité des parents pour en faire profiter le plus grand nombre ?

Pour les éduquer à la responsabilité et à la solidarité, pourquoi ne pas confier à des lycéens des activités d'éveil à la lecture des enfants de maternelle ?

Il ne s'agit pas de multiplier de façon excessive les activités d'éveil. Il s'agit de les réaliser dans les conditions les plus profitables pour chacun des enfants. Les enseignants, les psychologues savent quel est le bon équilibre entre activités traditionnelles, activités nouvelles et temps pour la consolidation des connaissances.

Cette ouverture de l'école, cette évolution vers une école qui rassemble doit permettre aussi de renforcer le lien social dans un quartier autour de l'école ou du lycée. C'est l'occasion de responsabiliser davantage certains parents. Plutôt que de râler, plutôt que d'essayer d'échapper à la carte scolaire, ils pourront s'engager davantage dans le projet pédagogique de l'établissement de leurs enfants.

C'est aussi l'occasion de gommer un peu les différences sociales : ingénieurs et caissières, chômeurs et retraités, ouvriers et secrétaires se retrouveront autour de l'enfant, de la crèche familiale aux activités « théâtre » du lycée, dans une certaine égalité.

Vous pensez que cela sera suffisant pour assurer l'égalité des chances ? Une étude de l'INSEE de 1997 montre que la hiérarchie scolaire respecte la hiérarchie des origines sociales...

Non, je pense que cette personnalisation de l'éducation peut limiter les inégalités mais d'autres mesures sont évidemment nécessaires. La question de l'égalité des chances est une question complexe. Les enfants issus de milieux sociaux favorisés sont souvent mieux orientés que les autres : leurs parents ont une meilleure connaissance du système scolaire. Or l'orientation est souvent déterminante dans le parcours scolaire d'un enfant. Il faudrait probablement mieux informer les parents, et améliorer le système d'orientation. Celle-ci se fait essentiellement en fonction des résultats scolaires, par défaut, et des enfants se retrouvent très vite exclus du système classique, orientés dans des filières qui ne leur plaisent pas. Il leur est par la suite très difficile de se réorienter. L'accès permanent à la formation dont nous avons parlé offrirait néanmoins une porte de sortie. Il est aussi impératif de maintenir la gratuité de l'enseignement, alors que de nombreux parents doivent consentir à l'achat de manuels ou de fournitures supplémentaires. Le fait que les parents soient plus disponibles et consacrent davantage de temps à l'éducation de leurs enfants ne saurait donc suffire, même si cela peut contribuer à améliorer la situation.

Vous insistez beaucoup sur l'éveil à la lecture, au plaisir de lire. Craignez-vous la concurrence de la télévision ou d'Internet ?

Il est essentiel de garder à l'écrit sa place dans notre société. L'écran, la télévision, Internet doivent se développer mais cela ne doit pas se faire au détriment de l'écrit. Il y a sinon un risque pour le bon fonctionnement de notre mémoire collective, pour notre capacité individuelle à comprendre le monde et pour notre vie démocratique.

« La culture scolaire est en grand danger. Si elle veut survivre et revivre, il lui faudra chercher enfin, pour la première fois dans son histoire, à se fonder sur le sens qui est sa seule légitimité, à l'écart, donc, de ces deux logiques fatales que sont celles des arguments d'autorité et du divertissement consumériste. C'est dans cette optique que la télévision doit constituer non pas un obstacle ou un ennemi, mais une aide et un défi : une aide car elle peut souvent être l'alliée de la culture écrite, nombre d'émissions pouvant servir d'excellents supports à un enseignement de qualité, y compris centré sur la culture classique. Un défi, car il nous faut enfin tenter de rendre la culture écrite "concurrentielle", c'est-à-dire plus sensée, plus profonde et plus stimulante que celle de la télévision. »[1] Là aussi l'école n'est pas seule à pouvoir agir. Les parents, les politiques, les télés publiques et privées, les groupes de presse, l'économie des médias écrits sont également concernés.

On reproche à l'école de ne plus transmettre de valeurs. Cette critique vous paraît-elle justifiée ?

Je ne sais pas s'il faut continuer à accabler les enseignants ou à culpabiliser certains parents sur cette question des valeurs. Je ne dis pas qu'ils n'ont pas une responsabilité importante dans la transmission des valeurs mais je pense que nous devrions aussi nous pencher sur la responsabilité des politiques et de l'ensemble de la société. Que signifie, par exemple, le rétablissement des cours d'instruction civique, le fait de passer des heures sur l'organisation des conseils généraux, alors que 70 % des adultes ne se reconnaissent plus dans les partis de gouvernement ? Comment sanctionner un enfant parce qu'il a menti alors que, de fait, le mensonge est admis chez les politiques ? Le problème n'est pas nouveau mais il est peut-être ressenti plus nettement aujourd'hui. Que signifie la notion d'effort quand, dans certains quartiers, ceux qui ont fait l'effort de se former sont systématiquement au chômage ? De même, que signifie éduquer un enfant dans une ville où il ne peut pas aller de chez lui à l'école sans rencontrer un nombre croissant de mendiants (de plus en plus jeunes) ?

---

1. *Le Point*, n° 1306.

Avez-vous déjà vu un enfant en train de regarder un homme qui dort dans la rue et qui sent mauvais ?

Je crains qu'on ne sous-estime l'importance, dans la construction des futurs adultes, de la précarité croissante de notre société. Tous ceux d'entre nous qui ont plus de trente ou trente-cinq ans ont vécu leurs premières années dans une société qui n'était pas trop inquiète pour son avenir. Les moins de vingt ans n'ont connu que l'aggravation de la situation année après année, l'impuissance du politique, c'est-à-dire l'impuissance de l'homme à conserver à cette société son humanité.

Pour se former correctement, il faut pouvoir s'imaginer plus grand, s'appuyer sur du solide et se projeter dans ce que l'on sera dix ou vingt ans plus tard. La tâche est plus difficile pour les enfants d'aujourd'hui que pour nous quand nous étions petits.

Il y a quelques décennies, le statut de l'enseignant était sacré car, par le savoir qu'il dispensait, il donnait les clés d'une vie adulte bien insérée dans la société. Aujourd'hui, le chômage de masse décrédibilise une partie de son discours. Sortir rapidement du chômage et rendre à l'éducation-formation sa fonction de passeport pour l'avenir est capital.

Il faut toute une société pour éduquer un enfant, pour lui transmettre des connaissances, des capacités et des valeurs. La responsabilité des parents et la responsabilité de l'école sont essentielles mais elles ne doivent pas nous dispenser d'une réflexion sérieuse sur tous les autres aspects de l'éducation.

Mettre l'éducation et la lutte contre l'exclusion réellement au premier rang de nos soucis serait une avancée essentielle. Mettre l'enfant au centre de la société, responsabiliser l'ensemble des acteurs de la société autour de l'éducation et de la formation des adultes de demain, permettre à différentes générations de se retrouver autour des enfants, voilà sans doute une bonne façon d'humaniser notre époque.

Du temps pour la culture

La réduction du temps de travail peut-elle favoriser l'accès à la culture ?

Sur ce point, il est important de rappeler d'abord que l'accroissement du temps libre a, depuis les premiers congés payés, très largement profité aux activités culturelles. Contrairement aux prévisions des plus pessimistes, la réduction du temps de travail n'a pas engendré de flambées de violence, ou d'augmentation de l'alcoolisme, bien au contraire, mais a permis de consacrer plus de temps aux activités culturelles.

L'un des exemples les plus flagrants de ce lien positif entre activités culturelles et réduction du temps de travail, ce sont les voyages. Le développement du tourisme est bien évidemment directement fonction du temps disponible. Or il a été spectaculaire depuis la création des premiers congés payés, à un point tel que le tourisme est devenu une véritable industrie, dont la France est leader mondial. Aujourd'hui, une large part de la population a accès au tourisme.

Mais le temps libre ne sera pas nécessairement consacré aux activités culturelles. Comme le remarque Olivier Kaeppelin, inspecteur général de la création artistique à la Délégation des arts plastiques (ministère de la Culture) : « Une structure doit être mise en place, sinon, en matière d'orientation culturelle, rien n'est acquis. Il est difficile de compter sur le libre arbitre des Français. Dans notre société actuelle, l'enrichissement culturel est ardu. »

Ce qui est particulièrement important, c'est la relation vivante qu'entretient chaque individu avec un groupe, afin d'éviter que la consommation passive ne soit l'essentiel de la pratique culturelle. La consommation passive crée peu de lien social et donne peu de sens. C'est vrai pour la culture comme pour les activités sportives. Quelqu'un qui va faire deux heures de musculation par semaine dans un club en retire souvent moins de satisfaction que quelqu'un qui joue au foot dans une équipe de quartier ou qui entraîne les poussins de l'école de ses enfants. On voit alors toute l'importance du temps disponible de façon régulière. Mais consommation solitaire et pratique en groupe ne s'excluent évidemment pas : quelqu'un qui va visiter un musée en profitant du calme et de la solitude d'un jour de semaine peut aussi faire partie d'un groupe de peintres apprentis.

L'accès à la culture est fonction des revenus d'un individu mais aussi de son éducation : le plaisir de lire ou de visiter un musée résulte d'un apprentissage. Aussi n'y a-t-il pas en ce qui concerne les activités culturelles, plus encore que dans d'autres domaines, un risque d'accroissement des inégalités ?

Effectivement, c'est un vrai risque. Ce que l'on a souvent constaté, c'est un décalage dans le temps entre différentes catégories de population. Ainsi, en 1936 par exemple, les premiers à avoir consacré leur temps libre au tourisme étaient les ouvriers les plus qualifiés ou les ouvriers syndiqués (qui avaient depuis longtemps réfléchi à l'utilisation du temps libre et voulaient profiter du progrès social) ou enfin ceux qui avaient un accès privilégié à la culture. Les autres catégories de salariés ont mis plus de temps avant de partir en vacances ou d'employer leur temps libre à des activités culturelles. On constate ainsi que la pratique de ces activités est bien sûr fonction du revenu, mais aussi très largement du milieu culturel et de l'éducation. Toutes les mesures visant à simplifier l'accès à la culture des familles aux revenus les plus modestes sont donc nécessaires, mais elles sont insuffisantes. Tous les individus ne se tournent pas spontanément vers ces activités, même s'ils ont le temps et les moyens financiers nécessaires.

Avez-vous des propositions concrètes à faire pour faciliter l'accès à la culture des revenus les plus modestes ?

Des incitations tarifaires seront certainement utiles. On pourrait par exemple encourager les visites de musées en semaine. Je ne sais pas si un système de demi-tarif en dehors du week-end serait pertinent, mais on peut envisager ce type de mesure. À Berlin, les musées sont gratuits pour les Berlinois, pour inciter les habitants à s'y rendre en semaine, après le travail.

Il faut rappeler que de nombreuses pratiques culturelles sont moins chères en semaine que le week-end (cinéma, par exemple). On peut penser que si la fréquentation augmente, les prix baisseront encore.

Il faudrait également encourager les activités de proximité, peut-être par une fiscalité allégée. Le développement de centres culturels de quartier proposant diverses activités artistiques ou sportives serait certainement favorable au développement des activités culturelles. La proximité des activités joue en effet un rôle important. L'État pourrait également soutenir les entreprises intervenant dans le domaine culturel. Un autre moyen qui à terme devrait faciliter l'accès à la culture, serait le développement des nouvelles technologies. On pourra sans doute prochainement choisir librement ses programmes télé, à la demande, et ce parmi un très large choix de films ou d'émissions. L'accès aux programmes éducatifs sera donc facilité. Internet offre aussi de nombreuses perspectives de diffusion d'informations. Une fois encore, ce ne sont que quelques pistes. Les comités d'entreprise auront sans doute un rôle important à jouer pour faciliter l'accès à la culture des salariés. En 1997, un million de personnes ont profité des chèques vacances. Pourquoi ne pas créer sur le même modèle des chèques « sport et culture » ?

Vous connaissez sans doute le Mouvement des réseaux d'échanges réciproques de savoirs (MRERS). Des dizaines de milliers de personnes en font déjà partie. Les participants échangent leurs connaissances : cela ne leur coûte rien, et chacun trouve sa place, aussi bien pour profiter (pour apprendre de quelqu'un d'autre) que pour donner (soi-même, transmettre un savoir). Quelqu'un va prendre des cours d'espagnol ou recevra des cours de guitare et donnera des cours de cuisine... Ce mouvement n'a pas qu'un intérêt économique : il permet aussi d'instaurer plus de convivialité. Avec plus de temps libre, nous serons sans doute nombreux à nous impliquer dans ce type de structure.

Comment faire alors pour que ces mesures ne bénéficient pas essentiellement à ceux qui ont déjà accès à la culture ?

L'éducation a un rôle primordial à jouer. À l'heure actuelle on n'apprend pas aux enfants à gérer leur temps libre. Or il est nécessaire de structurer leur temps de loisir. C'est en principe le rôle du conseiller pédagogique, mais il faudrait développer cet aspect de l'éducation. Il ne s'agit pas seulement de donner aux enfants le goût des activités culturelles. Il s'agit bien souvent plus simplement de leur faire découvrir ces activités : la lecture (encourager l'utilisation des bibliothèques), les arts (encourager les visites de musées, d'expositions)... Par ailleurs la France est en retard par rapport à certains de ses voisins pour le développement des classes musées ou des classes de patrimoine. Une généralisation de ce type d'enseignement est sûrement nécessaire. De plus, les parents qui bénéficieront de plus de temps pour s'impliquer dans l'éducation de leurs enfants profiteront aussi, de façon indirecte, de ces mesures.

La modification des rythmes scolaires et l'invitation faite aux parents, aux retraités de s'engager plus directement dans l'éducation des enfants du quartier peuvent être aussi de bons moyens de faire renaître chez certains adultes le désir de culture : après avoir préparé la fête de fin d'année avec les CM2, ils auront peut-être envie de rejoindre un conservatoire pour se mettre à la musique ou au chant, après avoir monté *Les Fourberies de Scapin* avec la classe de quatrième, ils auront peut-être envie de se plonger dans les grandes œuvres théâtrales, après avoir étudié en classe de première la vie de Jean Monnet, ils auront sans doute envie de mieux comprendre les structures de l'Union européenne... Les adultes, en participant à l'éducation des enfants, vont aviver leur propre désir de culture.

Renouveler la citoyenneté

Si l'on reprend une nouvelle fois la définition de société de pleine activité dont vous parliez tout à l'heure, on voit que la quatrième sphère d'activité est la citoyenneté. Là aussi, vous attendez des progrès grâce au temps libéré.

Le passage à la semaine de quatre jours doit être l'occasion de réfléchir à l'exercice effectif de la citoyenneté, aujourd'hui, en France. Avant de réfléchir à l'opportunité d'une citoyenneté renforcée par le temps libre, l'accès à la formation et le développement de la vie associative, il nous faut d'abord nous demander comment nous avons pu en arriver là. Comment une démocratie, une République aussi riche que la nôtre, aux institutions apparemment si efficaces, a pu, sans réagir, laisser monter le flot du chômage et de l'exclusion jusqu'au niveau qu'ils atteignent aujourd'hui. N'est-ce pas là la preuve d'une grande faiblesse de notre démocratie ?

La citoyenneté est en crise. Le signe le plus visible en est l'abstention électorale. Le sentiment d'obligation vis-à-vis de la collectivité se délite par l'exclusion et le chômage. Ce sont d'ailleurs les plus exclus qui s'abstiennent le plus : adultes isolés, chômeurs, personnes présentes dans leur commune depuis moins de cinq ans. Cette crise affecte nos valeurs. Il est important que nous retrouvions l'envie d'être acteurs et non pas seulement spectateurs, que nous retrouvions l'envie de participer.

Les mêmes valeurs qui nous poussent à combattre radicalement le chômage et l'exclusion devraient nous amener aujourd'hui à rénover profondément le fonctionnement de notre démocratie.

Ces termes de démocratie, de citoyenneté et de civisme sont très à la mode.

Ces termes ont souvent été employés pour meubler des discours creux et habiller des projets sans réelle ambition. C'est vrai. Mais la démocratie, l'exercice par chacun de sa citoyenneté restent pour nous des valeurs fondamentales : vivre en démocratie, compter plus sur le débat et l'intelligence collective que sur l'affrontement et la violence, appliquer une idée quand 51 personnes l'approuvent même si 49 sont contre (alors que l'on pourrait se battre pour changer le rapport de force), c'est refuser la violence (mais non la confrontation), et lui préférer la puissance que nous donne notre unité, en étant certains que les 51 respecteront les droits des 49.

Vivre en démocratie, donner à chacun le même poids dans la décision finale (un homme, une voix), c'est dire que, fondamentalement, un polytechnicien « vaut » un balayeur. Normaliens et manœuvres peuvent les uns comme les autres participer au débat, apporter des idées neuves, s'unir ou s'opposer sur une réforme.

Vivre en démocratie, c'est reconnaître la valeur fondamentale de tout homme et toute femme. C'est reconnaître aussi que l'histoire des hommes n'est pas dominée par une quelconque fatalité mais qu'elle est entre leurs mains.

Il y a des animaux sociaux. Il y a des animaux qui vivent en société. Aucun ne vit en démocratie. La démocratie est fondamentalement un pari spirituel : elle nécessite, permet et donc affirme la grandeur de l'homme. « Si l'homme a été créé libre, il doit gouverner », affirmait Voltaire.

Dans votre premier livre, vous écriviez : « La politique est là pour permettre : ni pour empêcher ni pour faire à la place, assister. Notre but est que chacun redevienne sujet, acteur de son histoire et non plus le complément d'objet indirect : celui auquel on *demande son vote, celui auquel* on *donne le RMI, auquel* on *prépare un avenir plus ou moins triste..*

« Parce qu'il n'y a pas deux personnes semblables, parce que chacun de nous a en tête ses projets propres, parce que le fait de prendre sa vie en main est source de joie, parce que tous ceux qui prétendaient faire le bonheur des gens à leur place ont souvent accru leurs malheurs, nous voulons faire confiance à la liberté de l'homme. Nous faisons le pari que donner à chacun plus de liberté, c'est permettre à chacun et à la société tout entière de progresser en humanité. » Et vous ajoutiez : « Donner plus de liberté et plus de souveraineté à chacun nécessite d'agir simultanément à trois niveaux :

« 1. Donner à chacun tout au long de sa vie les moyens objectifs de prendre en main son existence.

« 2. Limiter les contraintes que fait peser la société sur la vie personnelle quand elles empêchent une liberté authentique.

« 3. Permettre à chacun d'exercer effectivement sa coresponsabilité sur l'évolution de la société. »

Pouvez-vous développer ces trois idées ?

Le premier point nécessite une nouvelle donne sociale. Ce *new deal* est l'objectif premier d'un passage à quatre jours : donner au plus grand nombre un vrai travail, un revenu décent et les moyens de se former. Il faudrait parler aussi des problèmes de logement, de santé. Nous avons déjà évoqué la question de l'éducation.

Le deuxième point nécessiterait une vaste réflexion sur ce qu'est la liberté à la fin du XXe siècle. Je ne suis pas assez philosophe pour m'y lancer vraiment.

Sartre affirmait que « l'homme libre, c'est celui qui réalise ses projets ». Il faut avoir l'esprit assez libre pour faire des projets : quelqu'un qui est pris par l'angoisse du lendemain n'a guère de projets ; c'est évident. Mais le citoyen parfaitement intégré économiquement jouit-il d'une liberté totale ? C'est une vieille question à laquelle nous ne pourrons pas répondre sans réfléchir au rôle de l'éducation, à celui des médias. Je ne serai pas plus long sur ces questions. Quelques-uns parmi les membres de notre mouvement y réfléchissent plus que je ne l'ai fait. Je m'exprime ici à titre personnel.

Sur le point concernant l'exercice effectif de la coresponsabilité, ce sont directement les questions du lien social et de la citoyenneté qui se posent. « Le pouvoir procède fondamentalement de la capacité des hommes d'agir en commun... Il s'évanouit quand les hommes se dispersent », explique Paul Ricœur[2]. On ne peut pas efficacement agir en citoyen dans une société où la cohésion sociale est trop faible. Casser le chômage, renforcer la cohésion sociale, ce n'est pas seulement un objectif « macro » parmi d'autres (balance des paiements, inflation...), c'est la condition nécessaire à toute transformation de la société par elle-même. C'est une condition *sine qua non* au plein exercice par chacun de sa coresponsabilité sur l'évolution du monde.

Avoir l'esprit plus libre et avoir plus de temps libre suffiront-ils pour renouveler vraiment la pratique démocratique dans notre pays ?

Je crois qu'il ne faut pas être trop optimiste. Là aussi, il y a sans doute une intervention du politique qui peut faciliter le mouvement. Je pense d'abord que la mise en place de la semaine de quatre jours doit être en elle-même l'occasion de revivifier la démocratie. J'ai indiqué comment un référendum me paraissait nécessaire tant pour instaurer vraiment un débat public sur ce sujet que pour assurer la stabilité dans le temps du dispositif, la pérennité des exonérations, par exemple. Mais un grand intérêt du référendum serait aussi de « forcer » un peu tous les Français à se plonger dans ce dossier. Souvenez-vous pour Maastricht, alors que le traité était illisible par un citoyen normal, des centaines de milliers de Français ont acheté le texte pour y réfléchir. On en parlait à la terrasse des cafés, on en parlait à la plage et à la montagne... Le dossier des quatre jours est nettement plus accessible que le traité de l'Union européenne. En s'y plongeant, un grand nombre de nos concitoyens vont se rendre compte que, finalement, la politique, c'est moins compliqué qu'on ne le

2. Paul RICŒUR, *Autour du politique*. Lectures 1, Seuil, Paris, 1991.

croyait. Finalement, on était tous capables de comprendre; la solution n'était pas très difficile à trouver. La prochaine fois, plutôt que de laisser empirer les choses, plutôt que de compter seulement sur les « élites politiques », peut-être pourrait-on y réfléchir par nous-mêmes, en s'y mettant sérieusement. Ce n'était pas la faute des immigrés ou de la mondialisation. La prochaine fois, on réfléchira avant de répéter ce que certains racontent.

Je pense qu'une loi-cadre sur les 35 heures aura peu d'effet sur l'emploi et nous maintiendra dans le mythe d'une société régulée par décret alors qu'un référendum sur les quatre jours créerait nettement plus d'emplois et tournerait une page dans l'histoire de notre démocratie. Ce pourrait être, de façon positive, un point de non-retour, une date qui resterait dans l'histoire de France.

Cela suffira-t-il ?

Non, d'autre mesures s'imposent. Sans doute faut-il permettre réellement le développement de la vie associative. Vingt millions de personnes sont déjà membres d'une association. Mais les associations manquent de moyens financiers et de locaux. Plus grave, une partie de la vie associative se détourne depuis quelques années de la défense des intérêts collectifs pour privilégier la défense d'intérêts individuels. Elle se développe dans les milieux les plus aisés et décroît actuellement en milieu urbain.

En 1994, vous avanciez neuf propositions pour développer la vie associative...

C'est en rencontrant un certain nombre de responsables associatifs ou de spécialistes de ces questions (Marie-Thérèse Cheroutre, du Conseil économique et social, par exemple) que j'avais avancé quelques idées sur le financement de la vie associative (en s'inspirant du financement des associations en Grande-Bretagne), sur l'accès des associations aux moyens logistiques des collectivités locales, sur leur capacité de publicité ou d'affichage, sur leur accès aux documents administratifs... Donner à tous plus de temps libre est essentiel pour donner plus de vie à la « société civile », mais il faut lui donner les moyens financiers de développer ses activités (ce qui créera de nouveaux emplois).

Il est important aussi, pour un sain développement de la vie démocratique, de veiller à la situation économique de la presse écrite. La démocratie exige un bon « partage du travail » entre l'écrit et l'écran. Si nous ne parvenons pas, dans les années qui viennent, à améliorer structurellement l'économie de la presse, on peut craindre qu'un nombre croissant de citoyens n'ait pas accès à ce média (à cause du coût élevé d'un quotidien) et que l'indépendance de certains organes soit limitée par leur rachat. Je renvoie sur ces questions aux propositions présentées dans *Ça ne peut plus durer* (TVA à taux zéro, distribution...).

Pour favoriser l'engagement collectif et individuel, il convient également d'améliorer le statut des élus locaux, de limiter le nombre de niveaux de décision et de clarifier les responsabilités de chaque échelon (ville, communauté de communes, région...).

Le cumul des mandats gèle actuellement des milliers de postes d'élus dont la libération oxygénerait la vie publique. Sa stricte limitation (en nombre et en durée) permettrait de favoriser nettement le mouvement par le bas, de nature à améliorer les décisions politiques. Cette question du cumul des mandats est déjà d'actualité. Mais limiter le cumul des mandats si les citoyens n'ont ni le temps ni les moyens de s'occuper réellement de la chose publique, ne fera qu'augmenter un peu le nombre des décideurs sans éviter qu'ils ne soient coupés de la base. De même que la décentralisation a parfois créé des petites baronnies au lieu de rapprocher le pouvoir du peuple, le non-cumul des mandats sans véritable renouveau de la société civile n'aura qu'un impact limité sur le fonctionnement de notre démocratie.

« La République est le régime où chacun a assez de temps et de liberté pour s'occuper de la chose commune », affirmait déjà Jaurès. Choisir par référendum une nouvelle efficacité contre le chômage, améliorer la formation, améliorer structurellement l'économie de la presse pour accroître son indépendance et augmenter son accessibilité, donner à chacun plus de temps libre, éduquer mieux les enfants à la responsabilité et à l'action en équipe, développer la vie associative, améliorer le statut des élus et limiter strictement le cumul des mandats... voilà qui nous permettra sans doute de ranimer notre démocratie !

La semaine de quatre jours va nous libérer de l'inquiétude du chômage et donner à chacun de nous davantage de temps libre. Qui dit liberté dit aussi responsabilité. Pourquoi ne pas demander à un groupe de responsables politiques et de personnalités qualifiées d'animer une réflexion visant à compléter la Déclaration des droits de l'homme par une Charte des devoirs du citoyen ?

Pourquoi ne pas envisager même, à l'orée du nouveau siècle, que, à l'issue d'un débat public approfondi sur ces droits et ces devoirs, le peuple français soit invité à adopter par référendum ce « paquet citoyenneté » (Charte des devoirs du citoyen, non-cumul des mandats, statut des élus, vie associative, presse, proposition de loi d'initiative mixte...) ?

Avec la semaine de quatre jours (affirmation de l'égalité) et le pacte contre l'exclusion (concrétisation de la fraternité), ce serait un moyen de confirmer notre vision commune de la liberté de l'homme et de sa coresponsabilité dans l'évolution du monde.

Vous y croyez ?

À la liberté ?

Non, au triple référendum.

Pour en avoir déjà parlé avec tel ou tel responsable de parti, je pense qu'un référendum sur la semaine de quatre jours n'est pas exclu. Obtenir ce référendum est l'objectif principal de notre mouvement.

En revanche, soyons francs, je n'ai qu'un espoir très limité que soit rapidement reprise l'idée de la triple question (emploi, exclusion, citoyenneté). Je le regrette profondément, car je suis convaincu qu'un pays a besoin, de temps en temps, de remettre les pendules à l'heure, de reformuler son contrat social. Un pays a besoin, de temps en temps, de dates clés et de symboles. Deux siècles après la Révolution française et alors qu'une nouvelle monnaie va bientôt faire surgir de nouvelles questions d'identité, un référendum portant de façon concrète sur les trois ambitions qui fondent la république serait un bon moyen de « refaire nation » autour de valeurs universelles. Il ne faut pas laisser le besoin de Nation et la dimension émotionnelle de la politique à ceux que révulse, fondamentalement, l'idée de liberté, à ceux qui acceptent l'accroissement des inégalités et refusent la fraternité.

Si nous n'y prenons garde, notre République finira par mourir d'inanition. Vous connaissez peut-être cette histoire du paysan qui pleure la mort de son cheval : « Quel malheur ! Mon cheval est mort alors que, petit à petit, j'allais l'habituer à vivre sans manger. » De même qu'il faut du grain à moudre pour que se développe le dialogue social dans l'entreprise, il faut du neuf pour nourrir la vie d'une démocratie. La modestie excessive de nos politiques finira par asphyxier la démocratie. Raison et ambition ne s'opposent pas. Vu la gravité de la situation, je pense que les utopistes ne sont pas ceux qui rêvent d'une nouvelle société. Les utopistes sont ceux qui croient que l'on pourra continuer encore longtemps en mettant simplement ici et là de nouvelles rustines. Je leur suggère de prendre parfois le métro ou d'aller faire un tour dans certains collèges. Ils comprendront vite qu'il faut agir.

Prendre le taureau par les cornes, demander par référendum aux Français de consolider les trois piliers de la République serait mettre fin au « circulez, il n'y a rien à voir » qui devient la règle du jeu de nos institutions entre deux élections. La démocratie, ce n'est pas seulement mettre un bulletin dans l'urne tous les quatre ou cinq ans. « Faites-en vos égaux pour qu'ils le deviennent », conseillait Montaigne. Voilà sans doute un principe clé pour installer en France une subsidiarité dynamique. Ce triple référendum (et, en particulier, le référendum sur l'exercice de la citoyenneté) sonnerait comme un appel à la responsabilité de tous. « Ne te demande plus ce que ton pays peut faire pour toi. Demande-toi ce que tu peux faire pour ton pays. » Demande-toi quelle société tu veux laisser à tes enfants.

Je vous l'ai dit : je ne crois guère, à court terme, à ces trois référendums. Le référendum sur l'emploi est sans doute la plus forte priorité, mais je ne renoncerai pas définitivement aux deux autres. Qui croyait à la semaine de quatre jours en 1993 ? Qui croyait aux congés payés avant 1936, ou à la Sécurité sociale et au vote des femmes avant 1944 ? « L'avenir n'appartient qu'aux optimistes. » (Goethe.)

En fait, quand on vous écoute, vous ne proposez pas de travailler moins mais d'être actif autrement : travail, formation, éducation des enfants, lutte contre l'exclusion, vie associative, sport, culture, citoyenneté... Nous n'allons pas chômer !

Oui, vous avez raison. Je vous l'ai dit tout à l'heure : la paresse n'est pas de notre côté. Cela étant posé, j'ai voulu seulement désigner quelques chantiers sur lesquels nous devons réfléchir. Mais chacun fera ce qu'il voudra. Chacun pourra garder du temps pour ne rien faire et du temps pour aimer, du temps pour écouter de la musique et pour rêver...

Pour ne pas conclure

« Les hommes ont toujours besoin d'avoir une idée de leur avenir. Aujourd'hui plus que jamais, puisqu'une grande partie de la population vit en état d'inespérance.

Les *performances* du capitalisme ne parviendront pas, comme le notait François Furet, "à supprimer la demande démocratique d'une autre société". »

Gilles MARTINET
(*in Le Monde* 3 décembre 1997)

Pierre Larrouturou, cela fait maintenant six ans que vous défendez ce projet. Vous avez conscience de l'ampleur des blocages. Vous ne vous êtes jamais découragé ?

Jamais totalement, non. Il y a eu deux ou trois fois, bien sûr, où j'ai eu besoin de souffler, mais je n'ai jamais voulu arrêter. J'y crois vraiment. Je pense que c'est vraiment une bonne idée pour notre pays. Et puis, je savais bien en commençant que ce ne serait pas facile et que j'allais recevoir des coups.

J'ai du sang basque et du sang béarnais dans les veines. Les Basques sont têtus. Les Béarnais ne sont pas toujours subtils (d'après ce que l'on dit à Paris), mais, quand ils ont une idée dans la tête, ils y tiennent. L'un de mes arrière-grands-pères était paysan. Quand il labourait son champ, il labourait son champ ! Il faisait le nombre d'allers et retours nécessaires pour que le champ soit labouré. Pour moi, c'est un peu la même chose. Mon but, c'est de casser les grosses mottes. Ce n'est pas moi qui convaincrai tout le monde ; ce n'est pas moi qui arriverai à enclencher le mouvement partout. Mon objectif c'est de casser les grosses mottes, de casser les gros doutes, les grosses inquiétudes. Je ne prétends pas faire dans la finesse mais, tant que l'ouvrage n'est pas fini, j'avance.

J'ai la chance aussi d'être soutenu par les membres de notre mouvement. Nous sommes de plus en plus nombreux à être convaincus. À chaque fois qu'on organise une rencontre avec un groupe local, c'est l'occasion d'approfondir la réflexion et de recharger les accus. Je suis également conforté par le nombre de cadres d'entreprise qui me disent, après mûre réflexion, que, chez eux, c'est possible. J'ai visité je ne sais combien d'entreprises en six ans. À chaque fois, ce sont des séances de réflexion approfondies. Et, à chaque fois, la conclusion est la même. Ça peut marcher !

Enfin, j'ai été conforté aussi par la diversité politique des gens qui nous encouragent. Je me souviens, par exemple, d'un jour où j'ai rencontré Raymond Barre. Quelques semaines plus tôt, nous avions déjà parlé de réduction du temps de travail, et je lui avais laissé nos documents. Il m'a dit qu'après avoir lu nos argumentaires il n'avait plus « ni critique ni question. Il y a assez de cas concrets dans vos dossiers pour considérer que la phase d'expérimentation est finie. Il faut accélérer ! » En le quittant, j'allais déjeuner avec le responsable d'une fédération CGT. Je me réjouissais de voir que, sur les mêmes documents, sur le même projet, Raymond Barre et un responsable CGT pouvaient m'encourager et me diriger vers telles ou telles de leurs connaissances pour faire avancer l'idée. Bien sûr, j'aurais aimé que Barre en parle en public ou que la CGT dise clairement qu'elle était favorable au projet. Cependant, déjà, cet accord sans ambiguïté était encourageant.

J'ai l'impression qu'en quelques années votre projet a évolué et que, surtout, votre ton a changé. Vous avez un discours plus politique.

Le projet a surtout gagné en crédibilité car, maintenant, dans chaque métier, nous avons des exemples d'entreprises qui sont effectivement passées à quatre jours. Sur le fond, le projet a peu changé car, avant de le mettre dans le débat public, j'avais demandé à un très grand nombre de personnes (salariés, patrons de PME, experts de ministère, syndicalistes, sociologues) de m'aider à le construire. J'avais une intuition; j'avais vu, en gros, que cela devait être possible, mais sans l'aide informelle de tous ces experts je ne me serais pas lancé dans l'aventure. Le projet des « quatre jours à la carte » est le fruit d'un travail collectif. Voilà pourquoi, sur le fond, le projet a peu évolué.

Sur le discours, en revanche, vous avez raison, nous avons évolué. En 1993, nous pensions qu'il fallait absolument dépolitiser le débat sur le temps de travail. L'échec de 1982 était dans toutes les mémoires. La droite arrivant au pouvoir était revenue du « tout-libéral » des années 1986-1988, mais elle était farouchement opposée à la baisse du temps de travail. C'est donc avec un discours uniquement technique que nous avons pu convaincre quelques-uns de la nécessité d'expérimenter. Mais, maintenant que la preuve est faite qu'il est possible partout de passer, en moyenne, à quatre jours (en acceptant certains efforts dans l'organisation et une certaine baisse de salaire), maintenant qu'il est possible, preuves à l'appui, d'affirmer que le chômage n'est pas une fatalité, il faut rendre au débat sa véritable dimension. C'est-à-dire une dimension essentiellement politique. Non pas politicienne, mais politique, dans le bon sens du terme.

C'est bien un choix de société. Ce ne sont pas des calculs économiques qui peuvent nous dire ce que nous devons faire. L'économie nous renseigne seulement sur ce qui est impossible. Mais, entre différents possibles, c'est bien à nous de choisir. Il revient à notre liberté d'exprimer des valeurs et de choisir, à partir de ces valeurs, d'aller vers telle ou telle façon de partager le travail. Allons-nous renvoyer les femmes à « leurs » cuisines ? Allons-nous laisser les jeunes devant des portes fermées ? Allons-nous donner seulement des miettes d'emploi aux moins qualifiés ? Ou sommes-nous capables de choisir ensemble un nouveau contrat social qui donne une juste place à chacun ?

Tous ceux qui s'expriment sur ce sujet font, en fait, de la politique. Ceux qui refusent toute réflexion sur un nouveau partage du travail, acceptent, *de facto*, le partage actuel. Ceux qui proposent de libéraliser complètement le marché du travail acceptent une précarité plus grande. À l'opposé, ceux qui veulent tout tout de suite, en sachant bien que ce n'est pas possible, ont renoncé à réellement faire bouger les choses.

Entre l'alliance Madelin-Lellouche et l'alliance Ligue communiste révolutionnaire-les Verts, il y a un large espace. On y trouve des partisans du *statu quo*, des partisans d'une démarche trop progressive pour changer vraiment la donne et un nombre croissant de Français qui n'attendent qu'une chose : qu'on sonne le rappel, qu'on parte à l'attaque contre le chômage, ce fléau.

Vous renvoyez dos à dos les « ultralibéraux » et la « gauche de la gauche » ?

Je ne les confonds pas, mais j'ai du mal à comprendre en effet comment des personnes intelligentes (je le dis sans rire) peuvent proposer pour notre pays des voies aussi dangereuses. Quand Pascal Salin propose de supprimer la Sécurité sociale, quand Pierre Lellouche propose de supprimer le SMIC, ont-ils conscience de la difficulté de vivre d'un nombre déjà considérable de nos compatriotes ? Je pense comme eux que l'on diabolise trop les États-Unis dans le débat français. Mais n'y a-t-il pas mieux à importer d'outre-Atlantique que la violence de la dérégulation ? Quarante-deux millions d'Américains vivent sans couverture santé. Est-ce une perspective motivante pour nos contemporains ? La gestion du marché par lui-même conduit rapidement à une ségrégation sociale incompatible avec les valeurs de la République. Plus grand monde, à gauche, ne croit encore à l'autogestion des salariés. Il est curieux de voir qu'à droite certains rêvent toujours d'une autogestion du marché. Ces « libéraux » qui, sous prétexte de lutter contre le chômage, sont prêts à accélérer la précarisation d'un grand nombre de familles et donc à réduire gravement la liberté d'un grand nombre de personnes me scandalisent.

Et quand, à gauche, les Verts et la LCR s'associent pour demander les « 35 heures tout de suite sans perte de salaire avec embauches intégrales et passage à 32 heures avant la fin de la législature », j'ai du mal à croire qu'eux-mêmes pensent réellement que le coup d'assommoir initial va favoriser le second mouvement. Et pourquoi deux étapes ? De même quand, « pour » l'emploi, certains proposent de s'affranchir des 3 % du traité de Maastricht, j'ai envie de leur rappeler que, Maastricht ou pas, dans quelques années il faudra rembourser l'argent emprunté. Il ne faut pas faire des 3 % un dogme. Pourquoi ne pas accepter un déficit plus important face à une situation exceptionnelle ? Mais il faudrait alors dire que l'objectif, en temps normal, n'est pas de coller à la barre des 3 % mais d'être, en moyenne, à 0 % le plus rapidement possible.

J'ai été, il y a quelques années, en débat avec Dominique Voynet. Elle était enceinte d'une petite fille. Depuis, je l'ai vue à la télévision, tenant dans ses bras une très belle petite Jeanne. Je propose à Dominique Voynet et à ses amis de calculer quel sera le niveau de la dette de notre pays dans vingt ou vingt-cinq ans (quand Jeanne commencera à payer ses impôts) si nous nous « libérons » des 3 % de Maastricht. Avec 300 milliards de francs de déficit par an, le calcul devient vite inquiétant. Jeanne passera une grande partie de son année à travailler pour payer les intérêts de la dette. Et l'État n'aura plus un sou à mettre dans l'éducation, la lutte contre l'exclusion ou l'accès à la culture... « Se libérer de Maastricht » sur ce point, c'est livrer les générations futures pieds et poings liés aux marchés financiers. C'est pour Jeanne et pour tous ceux qui ont son âge qu'il faut partager le travail, sans abîmer les entreprises ni renoncer à la maîtrise des finances publiques.

La fuite en avant a assez duré ! À chaque fois que l'on oublie de compter, ce sont soit les plus pauvres (*via* la TVA), soit les générations futures qui sont mis à contribution.

Ne craignez-vous pas que la loi sur les 35 heures compromette gravement la réussite de votre projet ?

C'est vrai que la situation est paradoxale : enfin, tout le monde parle du temps de travail ! Enfin, le politique affirme son rôle ! Mais le débat reste confus. On oublie la fin (sortir du chômage) pour s'enfoncer dans un faux débat sur les moyens.

La tactique de ceux qui veulent que rien ne bouge est double : faire peur (« C'est la guerre », « C'est la mort de l'économie française »...) et répandre du brouillard. Ils y arrivent très bien, jusqu'à aujourd'hui. Annualisation, temps partiel, 35 heures, loi-cadre et loi d'incitation, durée réelle, durée légale, durée effective, temps choisi, heures supplémentaires entre 35 et 39 heures, heures supplémentaires au-dessus de 39 ou de 41 heures, contingentement au niveau des branches ou des entreprises... Avec le brouillard volontairement entretenu par certains, il faut presque être un spécialiste pour s'y retrouver. Les choses pourtant ne sont pas si compliquées. J'ai essayé de montrer que ces différentes approches sont loin d'être équivalentes.

Quelle réduction du temps de travail ? Ce n'est pas un débat d'experts. Les conséquences tant sur l'emploi que sur la vie quotidienne de chacun d'entre nous seront éminemment différentes selon le projet retenu. Il est essentiel pour l'avenir de notre pays que les bonnes décisions soient prises. Il est essentiel aussi, pour l'avenir de la République, que ce choix soit fait de façon réellement démocratique.

Certains, à gauche comme à droite, voudraient donner l'impression que le débat est *pour ou contre la réduction du temps de travail ?* « On va s'opposer classes contre classes », se réjouissait en décembre 1998 un responsable du PS. Droite et MEDEF contre gauche et salariés. Comme ce serait pratique ! Et si l'enjeu principal n'était pas de rallumer les tensions entre groupes sociaux ? Et s'il était encore possible de construire un pacte social dans lequel tous les acteurs se retrouvent ?

Il nous faut sur ces sujets un vrai débat de société. La question n'est pas « Pour ou contre le partage du travail ? », mais « Quel partage du travail ? Pour quelle société ? » Je crois avoir montré que, si l'on met sur la table l'ensemble des questions qui se posent à notre société, une marche lente et partielle vers les 35 heures n'a pas grand-chose à voir avec un mouvement d'ensemble vers la semaine de quatre jours.

Donc la loi sur les 35 heures vous inquiète.

Nous sommes plus inquiets qu'il y a quelques mois, c'est vrai. Tant qu'on en était à la phase d'expérimentation, les choses avançaient lentement, mais bien. Petit à petit, les esprits s'ouvraient. Nous accumulions les preuves de l'efficacité de notre idée. Toutes les polémiques sur le coût du dispositif de Robien avaient permis de montrer quel niveau d'exonération est rentable pour les finances publiques et quel devrait être le financeur principal... On avançait lentement, mais c'était solide.

On entre aujourd'hui dans une période de turbulences dont il est difficile de prévoir l'issue. Si, après tout le bruit fait depuis 1997, on en reste à une incitation à passer à 35 heures, on peut fortement s'inquiéter pour l'avenir. En revanche, si le gouvernement muscle son dispositif (mouvement général, souple et bien financé vers les quatre jours), la France aura ouvert la voie à l'Europe sociale.

Le politique semble décidé à prendre ses responsabilités. C'est une très bonne chose. S'il les assume *vraiment*, nous pouvons gagner la bataille de l'emploi. Mais si, parce que telle ou telle grande gueule le paralyse ou si parce que l'eau est un peu froide, il s'arrête au milieu du gué, on peut craindre le pire. Le risque croît à la mesure de l'opportunité. Si la fusée décolle, les autres pays d'Europe suivront le « modèle français ». Si l'effet sur l'emploi est trop faible, les ultralibéraux, peut-être associés à une partie de l'extrême droite, sortiront vainqueurs. La France est à la croisée des chemins. Les demi-mesures ne sont plus possibles.

Vous pensez vraiment que Martine Aubry et Lionel Jospin peuvent changer d'avis ?

Non, s'il s'agissait de se renier. Mais il s'agit de faire mieux que ce qui était prévu. Mieux en termes d'emploi, mieux en termes de formation, mieux en termes de qualité de la vie... pourquoi ne pourraient-ils pas reprendre notre projet ? Sur un bon nombre de dossiers, le gouvernement a su redéfinir le programme sur lequel il a été élu. Pourquoi pas sur le sujet de la réduction du temps de travail ?

Si je critique aussi vivement la première loi et la deuxième loi en préparation, c'est que, sur un dossier que je connais bien et qui est essentiel pour l'avenir, une erreur historique est en train de se préparer. La loi-cadre sur les 35 heures, si le texte n'est pas profondément modifié, pourrait se révéler être un double piège. Un piège, d'abord, sur la voie du plein-emploi et du dialogue social. On va pourrir le levier le plus efficace qui soit pour sortir du chômage : se contenter de 100 000 emplois (« si tout va bien ») alors qu'on pourrait en créer 2 millions est proprement scandaleux. Le fait que tous les conseillers de nos ministres et un grand nombre de parlementaires aient conscience de cette erreur mais ne fassent rien rajoute au scandale.

On va aussi rater l'occasion de moderniser le dialogue social : au lieu de généraliser des accords « gagnant-gagnant », on va réintroduire du conflit dans un grand nombre d'entreprises. En donnant l'impression que le gouvernement a fait ce qu'il devait faire pour que tous les salariés profitent des 35 heures sans perte de salaire, mais sans – en fait – avoir trouvé le financement de cette évolution, on va pousser les salariés vers leur patron : « C'est le patron qui ne veut pas des 35 heures », « Le patron nous impose une flexibilité forte. On va passer à 35 heures sans créer d'emplois et sans nouvelle qualité de vie. » Le dialogue social est déjà fragile en France. Il souffre du défaut de confiance qui s'est installé, année après année, dans notre pays. On peut craindre que l'épisode des 35 heures n'aggrave encore la situation. Avec la semaine de quatre jours bien financée, au contraire, on pourrait passer d'une logique d'opposition à une logique de partenariat.

Enfin, la pseudo-loi-cadre sur les 35 heures révèle un piège politique dangereux pour la démocratie. Si Jospin et Aubry échouent à faire reculer le chômage alors qu'ils donnent l'impression d'utiliser les grands moyens, qui sera appelé par le peuple pour les remplacer ? Une grande partie des adultes de ce pays ne se reconnaissent plus dans l'action des partis du gouvernement. Une bonne part de l'électorat frontiste et une partie de la jeunesse de notre pays font plus confiance à l'insulte et au coup de poing qu'au dialogue et à la loi pour régler les problèmes de la société. Si nous ne sommes pas capables de débattre vraiment des questions d'emploi, ni de voter ensemble une vraie loi et de l'appliquer, ne risque-t-on pas de les conforter ?

Je suis convaincu que si la France est morose aujourd'hui, ce n'est pas parce qu'elle est pauvre – elle n'a jamais été aussi riche. Mais parce que les Français sentent tous qu'il se passe quelque chose de grave, qui touche aux fondements de notre dignité d'homme, qui touche aux fondements de notre « vivre ensemble ».

Chacun sent confusément qu'il doit bien y avoir des solutions et qu'elles passeront sans doute par un effort collectif et un petit effort individuel. Mais personne n'appelle aujourd'hui les Français à cet effort.

Si nous étions capables ensemble de larguer nos peurs et de mettre notre volonté en mouvement, je crois que chacun de nous pourrait se regarder plus facilement dans la glace le matin et que nous pourrions nous regarder plus facilement dans les yeux quand nous nous croisons.

Votre mouvement compte plus de mille cinq cents adhérents. Ne faudrait-il pas que vous soyez plusieurs milliers voire plusieurs dizaines de milliers pour faire avancer votre projet ?

Oui, effectivement, si nous étions plus nombreux à nous engager, les choses iraient plus vite. C'est la meilleure façon de combattre l'indécision des politiques. S'ils voyaient que nous sommes nombreux à prendre du temps pour réfléchir et pour agir, de façon organisée, de façon cohérente, cela pourrait certainement faire changer leurs discours. Il ne manque peut-être pas grand-chose pour faire bouger les politiques. Ils sentent bien qu'on est au bout d'une logique. Ils sentent bien que, un jour ou l'autre, il faudra qu'ils prennent leur courage à deux mains et avancent.

Nous voulons constituer une force nouvelle pour obtenir notre premier objectif, un référendum sur les quatre jours. Dans le même temps, nous voulons continuer à réfléchir aux conséquences des quatre jours ; aux risques et aux opportunités d'un tel changement des modes de vie. Des groupes de travail vont approfondir nos propositions sur l'exclusion, l'éducation et la formation, la citoyenneté, la culture, la vie associative et l'Europe sociale.

Développer concrètement l'ensemble du projet et être plus nombreux à expliquer, à convaincre, à organiser des débats, sont nos deux priorités.

Vous voulez contribuer à renouveler l'offre politique ?

Nous ne pouvons pas nous contenter de dire « ils sont tous nuls ». Ce serait nous installer dans la facilité que nous reprochons aux élus. C'est maintenant que chacun de nous doit se demander en tant que citoyen adulte : qu'est-ce que j'ai fait moi, qu'est-ce que je fais pour que ça bouge ? Nous ne pouvons pas nous contenter de critiquer. La crise est comme un test, un test de notre courage. Allons-nous brader nos valeurs ? Allons-nous déserter le lieu du combat ?

À Lyon, un cadre affirmait : « Nous les cadres devrions nous engager davantage dans le débat politique et social. C'est bien nous qui avons modernisé l'économie depuis vingt ans. C'est bien nous qui avons inventé et mis en place toutes les machines qui remplacent le travail humain. Nous ne devons pas avoir honte de ce que nous avons fait. Mais nous devons assumer nos responsabilités jusqu'au bout et mettre autant d'intelligence pour moderniser la société que nous l'avons fait dans nos usines. » L'expertise et le cynisme ne vont pas bien ensemble.

Je me souviens aussi d'une intervention d'une mère de famille, à Toulouse, qui disait : « On a les politiques que l'on mérite. Cela fait vingt ans que le chômage augmente, cela fait vingt ans que l'on s'enfonce dans la crise, et, les uns et les autres, on se sent désarmés devant cette crise. Mais est-ce qu'on a pris assez de temps pour y réfléchir ? Pour être honnête, qui d'entre nous, jusqu'à ce soir, avait pris deux heures, deux petites heures en vingt ans, pour réfléchir à fond sur le problème ? C'est quand même de l'avenir de nos enfants qu'il s'agit ! On passe des heures à aider nos enfants à faire leurs devoirs ; on passe des heures à amener nos enfants au basket ou au poney. Mais on n'est pas capables de prendre deux heures pour réfléchir au chômage et à tous les changements de société ? La défausse générale sur les politiques est dangereuse. Visiblement ils ne sont pas à la hauteur. Alors prenons-nous en main ! »

Vous lancez un appel au lecteur ?

Oui.

Je suis convaincu que, si nous sommes nombreux à nous engager pour la semaine de quatre jours, nous pouvons faire bouger les politiques.

Une nouvelle société, plus humaine, plus solidaire, ne demande qu'à naître des fractures de l'ancienne. Si nous le voulons, nous pouvons casser le chômage et construire ensemble un nouvel équilibre entre travail et vie personnelle, un nouvel équilibre entre générations, un nouvel équilibre entre l'entreprise et les salariés, entre l'État et le citoyen.

Il n'est pas trop tard. AU TRAVAIL !

Pour joindre notre association :

RÉFÉRENDUM 4 JOURS
93, rue Lafayette
75010 PARIS
Tél. : 01 53 25 14 14
Fax : 01 53 25 14 15
E-mail : s4j@infonie.fr
3615 : 4 Jours
http :\\www.4jours.org

Annexes

1

L'impact macroéconomique des quatre jours, selon Patrick Artus

Patrick Artus, directeur des études économiques de la Caisse des Dépôts, a exploré le bouclage macroéconomique de la formule Larrouturou. Sa conclusion est formelle : « Il tient. » Ce qui, précise-t-il, « ne présage en rien de la faisabilité pratique du passage à la semaine de quatre jours... ». Voici le texte de l'article qu'il a rédigé à ce propos[1].

Pour que la semaine de quatre jours constitue un remède envisageable au problème du chômage, il faut éviter qu'elle provoque des déséquilibres graves et donc assurer à la fois le maintien du potentiel de production, la stabilité des coûts de production unitaires des entreprises, la stabilité (ou éventuellement la hausse) du revenu disponible et l'absence d'aggravation du déficit des administrations publiques.

• La stabilité de la capacité de production implique que la hausse de l'emploi (N) et celle de la productivité horaire du travail (P) compensent la baisse de la durée du travail, en l'espèce 18 %. Soit N + P = 18 %. Quelle peut donc être l'évolution de la productivité horaire avec le passage à la semaine de quatre jours ? La baisse de la durée du travail est normalement un facteur de gains de productivité (moindre

1. *Options Finance*, 15 avril 1993. Texte intégral.

fatigue, moindre absentéisme, nécessité d'achever le travail en quatre jours...). Le coût organisationnel peut toutefois compenser ces gains. On peut donc formuler deux hypothèses : un gain de 5 % de productivité horaire (P = 5 %, N = 13 %) et une absence de gain (P = 0 %, N = 18 %).

• Puisque la production est stable, la stabilité du coût unitaire de production implique que la variation du salaire par tête (W), celle de l'emploi et celle du taux de cotisations sociale (t) à la charge des entreprises s'annulent. Le coût unitaire varie donc avec la masse salariale multipliée par 1 + *le taux de cotisations sociales.* Le taux apparent de charges sociales des entreprises était de 34,2 % en 1992. Lorsque la production horaire ne varie pas (P = 0), on a N = 18 % d'où t + 1,34 (W+18 %) = 0.

Si elle augmente (P = 5 %), l'équation devient t + 1,34 (W + 13 %) = 0. La baisse du taux de cotisations sociales doit compenser la variation de la masse salariale accrue des charges sociales.

• L'absence de dégradation du déficit budgétaire implique que la baisse des charges sociales des entreprises liée à la baisse des taux (t) soit couverte par la hausse des charges sociales due au surcroît éventuel de masse salariale qui apparaît grâce à l'augmentation de l'emploi, par la baisse du coût du chômage et par un supplément de pression fiscale directe sur les salaires si les autres recettes ne suffisent pas. Le coût global du chômage en 1992, de 260 milliards de francs environ (prestations + coût de la politique de l'emploi), situe le coût moyen d'un chômeur à 102 000 francs l'an (pour un chômage de 2 550 000 personnes au sens du BIT, alors que la masse salariale moyenne par tête dans les entreprises (hors charges salariales) est de 126 000 francs. Cela implique que le surcroît d'impôts qui équilibre le budget (T) est donné (en pourcentage de la masse salariale hors charges sociales des entreprises) par :

T = -t –34,2 % (W +N) – 0,80 N. Le premier terme (-t) reflète l'effet de la baisse du taux de cotisations sociales, le second (–34,2 % [W + N]) celui de la hausse possible de la masse salariale, le troisième celui de la réduction du coût du travail (0,80 = 102 000/126 000).

Lorsque P = 0, T = -0,75t – 14,1 et lorsque P = 5, T = – 0,75t – 10,4, le gain en emploi étant plus faible dans ce second cas, la réduction du coût du chômage est plus limitée.

• Le revenu disponible varie avec la masse salariale (W + N), et diminue avec la réduction des prestations liées au chômage et dépend du surcroît (ou de la baisse) d'impôts nécessaires (T) pour équilibrer le budget.

La stabilité du coût unitaire de production implique que 1,32 t (W + N) = -t (la baisse du taux de cotisations sociales équilibre la hausse de la masse salariale accrue des charges sociales). La variation du revenu disponible s'écrit donc R = – 0,75 t – T – 0,80 N = 0. Le premier terme reflète l'évolution de la masse salariale (W + N), le second la hausse éventuelle des impôts (si T est positif, le revenu disponible est réduit), le troisième la baisse des transferts liés au chômage. En reportant l'expression de l'équilibre budgétaire ci-dessus, on obtient R = 0. Il n'y a donc pas de variation du revenu disponible. Le dernier agent économique, c'est-à-dire les ménages, ne connaît pas non plus de variation de ses revenus.

2

Un nouvel enthousiasme

par Pierre Larrouturou et Michel Rocard[1]

La croissance sera forte en France dans les deux prochaines années, mais le chômage ne baissera que faiblement. La nouvelle était, il y a peu, à la une de tous les journaux. Les prévisions du FMI confirment celles de l'OFCE pour alimenter le malaise ambiant et nous remettre, collectivement face à nos responsabilités : la croissance pour quoi faire ? Au service de quelle stratégie antichômage ?

Contre le chômage, il n'y a pas de solution unique, mais le dossier du temps de travail nous paraît être crucial. Martine Aubry regrettait récemment le manque d'enthousiasme que suscitent les 35 heures. Sans doute faut-il se méfier du travers bien français de la critique systématique. Mais nous sommes nombreux à penser qu'il est possible d'améliorer la loi sur le temps de travail. Lionel Jospin et son équipe ont su rétablir la confiance – l'amélioration de la consommation en est une preuve –, mais l'enthousiasme manque encore. Il ne pourra venir que de victoires nettes et durables contre le chômage.

Le 10 octobre 1997, Lionel Jospin a signifié clairement que l'un des rôles du politique est de mettre l'économie au service de l'homme. Il a rappelé que la loi est un outil qui peut renforcer le lien social et la liberté du plus grand nombre. Il a exprimé la primauté du politique sur l'économique. C'est

1. Article publié dans *Le Monde*, 21 mai 1998, quelques jours après le vote de la loi Aubry.

sans doute ce qui explique la réaction épidermique du CNPF. Symboliquement, le « retournement » nécessaire a eu lieu. Mais, concrètement, tout reste à faire ! Il serait dramatique que cette affirmation forte de la primauté du politique ne débouche pas sur un recul massif du chômage.

Comment éviter que le mouvement ne soit trop lent ? Comment casser le chômage qui est en train de détruire notre République ? Il nous faut respecter quatre facteurs clés de succès : créer une dynamique nationale autour du temps de travail, dépasser les 35 heures, casser deux tabous financiers et donner enfin son sens à la mutation que nous vivons.

Créer d'abord une vraie dynamique autour du temps de travail. Aujourd'hui, on en est loin. Le débat est confisqué par quelques experts. Un brouillard épais entoure ce dossier et la majorité des Français ne croit pas à l'impact sur l'emploi des 35 heures. On ne change pas la société par décret. Surtout si chacun doute de l'équilibre du système et nourrit, au fond, le sentiment que le remède pourrait être pire que le mal. Le besoin d'explication est considérable.

Pour sortir du scepticisme et de la confusion, il nous faut un bon projet mais aussi un vrai débat public sur le temps de travail. C'est le seul moyen de répondre à la multitude de questions que chacun se pose sur ce sujet, de casser les peurs et de permettre à l'ensemble des citoyens d'être vraiment acteurs du changement. Le chômage est au cœur des inquiétudes de nos concitoyens ; il mérite bien un débat national avant que les partenaires sociaux ne commencent réellement à négocier. L'adoption solennelle d'une loi-cadre sur le temps de travail, précédée d'un débat approfondi, permettrait de définir ensemble un nouveau contrat social, d'assurer la stabilité de la nouvelle norme et de responsabiliser tous les acteurs.

Que mettre dans ce nouveau contrat ? Il nous faut un objectif mobilisateur. Or, pour beaucoup de salariés, les 35 heures n'ont guère de sens. Comment un camionneur, un cadre ou un employé de banque peut-il faire sept heures par jour ? On ne va pas fermer l'agence une heure plus tôt, ni embaucher quelqu'un pour une heure chaque soir. Dans un nombre croissant de métiers, seule une réduction du nombre de jours travaillés est pertinente. C'est un point essentiel : si les cadres ne peuvent pas s'approprier ce projet, la dynamique restera faible dans les entreprises. Dans certaines entreprises, le passage à 35 heures a élargi le fossé entre les « indispensables » (qui continuent, *de facto*, à faire 45 ou 50 heures) et les « interchangeables » (passés à 35 heures).

Pour vraiment faire reculer le chômage, il faut aller, sans étape intermédiaire, à une semaine de quatre jours. Même avec plus de flexibilité, même avec des gains de productivité importants (5 % ou 10 %), l'entreprise devra nécessairement embaucher. En Allemagne, Klaus Zwinckel, leader d'IG Metall, affiche l'objectif des 32 heures en 2000. En Belgique, le PS et les deux grands syndicats de salariés demandent les quatre jours. En France, la CFDT, depuis son dernier congrès, demande une loi cadre sur les 32 heures. À FO, à la CGT, à la CFTC comme à la CFE-CGC, un nombre croissant de responsables et de fédérations prennent position pour les « quatre jours-32 heures ».

C'est un des paradoxes du dossier : tout se jouera dans la négociation entreprise par entreprise, mais il faut créer une dynamique nationale avec un objectif, un symbole mobilisateur. Slogan pour slogan, les quatre jours à la carte nous paraissent meilleurs que les 35 heures. Avec plus de trois millions de chômeurs, les demi-mesures ne sont moralement, socialement et politiquement plus acceptables.

On n'arrivera pas à financer un mouvement général massivement créateur d'emplois sans casser deux tabous : la question des salaires et l'utilisation des fonds des caisses de chômage. Il n'est évidemment pas question de diminuer les revenus proches du SMIC, mais, quand la réduction du temps de travail est assez massive, la plupart des salariés acceptent de baisser un peu leur salaire (3 % en moyenne et jusqu'à 5 % pour les cadres). « Parler de la semaine de quatre jours, en refusant de baisser les salaires, c'est parler de vacances supplémentaires. Dans un pays où il y a quatre millions de chômeurs, c'est obscène », expliquait récemment un militant CFDT en Bretagne. Dans le Gers, c'est un délégué CGT qui s'exclamait : « Trois pour cent, c'est tellement minime que, pour moi, ça n'est pas une baisse de salaire. » Ne sous-estimons pas la capacité de solidarité et le réalisme économique d'un grand nombre de Français.

Second tabou : il faut mettre sur la table la question d'une autre utilisation des fonds de l'Unedic. Si, comme annoncé le 10 octobre 1997, c'est à l'État de financer la manœuvre, le budget des caisses de chômage est supérieur à 130 milliards de francs. La création d'emplois va faire baisser le nombre des chômeurs et augmenter le nombre des salariés cotisants aux caisses de maladie et de retraite. Les partenaires sociaux qui gèrent ces systèmes devraient donc tous souhaiter le succès de cette dynamique. Et si, dans certaines branches, les gains de productivité sont faibles – et donc l'effet sur l'emploi plus important –, une partie des 60 milliards de « plus-values » que la croissance va apporter au budget de l'État pourra être mise à contribution pour éviter toute augmentation du coût du travail peu qualifié.

Le chômage et l'exclusion sont à la source de l'essentiel des problèmes de la société française. Il est temps d'arrêter l'homéopathie et d'engager les grandes manœuvres. Selon le groupe « emploi » de l'Association nationale des docteurs ès sciences économiques, une baisse de 20 % de la durée moyenne du travail accompagnée d'une baisse de dix points des cotisations pourrait créer 1,5 à 2 millions d'emplois. C'est un chantier gigantesque mais l'objectif est autrement motivant que les 200 000 à 400 000 emplois attendus avec le texte de la loi.

Enfin, il faut que nous disions le sens de l'évolution en cours. Trente-neuf heures, 35 heures ou 32 heures ? En fait, le chiffre, on s'en moque. L'essentiel est dans une réduction massive de l'horaire de tous ceux qui travaillent, débouchant sur de réelles créations d'emplois. Et puis, c'est de nos vies qu'il s'agit ! La question est de savoir si, malgré les doutes, tous les échecs, nous avons encore envie de vivre ensemble, de « faire nation » pour que vivent les valeurs universelles de liberté et d'égalité. La question n'est plus « Pour ou contre la loi-cadre ? », mais plutôt : « Dans quelle société vivrons-nous demain ? La France est-elle capable d'humaniser la mondialisation ou bien va-t-elle se laisser ronger par ses peurs ? » C'est sans doute la force de la semaine de quatre jours : elle ouvre pour chacun de nous et pour l'ensemble de la société la possibilité de nouveaux modes de vie. Elle peut apporter à notre pays un grand souffle d'enthousiasme.

3

Alfred Sauvy juge la journée de huit heures[1]

1919 : la journée de huit heures. « Dès la fin de la guerre, la journée de huit heures, pratiquée, avant 1914, par certaines entreprises d'avant-garde seulement, est rendue obligatoire par la loi du 23 avril 1919. Selon l'article premier, "la durée du travail effectif ne peut excéder soit huit heures par jour, soit quarante-huit heures par semaine, soit une limitation équivalente établie sur une période de temps autre que la semaine". Selon l'article 2, "la réduction des heures de travail ne pourra en aucun cas être une cause déterminante de la réduction des salaires..."

« Dans les milieux conservateurs, les réactions sont nombreuses contre la journée de huit heures. Le plus souvent, il s'agit de considérations sur le prix de revient générateur à son tour de "vie chère"... Voici, en particulier, comment s'exprime Lazare Weiller, sénateur d'Alsace, sous le titre "À bas les huit heures" : "Cette question des huit heures empoisonne la vie nationale. Elle paralyse tous les efforts tendant à cette production intensive qui est, cependant, la condition de notre relèvement... Nous avons besoin de beaucoup de blé, de beaucoup de viande, de beaucoup de vin, de beaucoup de tissu, donc de beaucoup d'engrais, de beaucoup de machines..."

1. Alfred SAUVY, Anita HIRSCH, *Histoires économiques de la France entre les deux guerres*, vol. 2, Economica, Paris, 1984, p. 211.

« Ce raisonnement arithmétique a beaucoup de fondements mais il est incomplet : à tout moment, la réduction du temps de travail apparaît sous un jour défavorable, parce qu'à tout moment, elle provoque dans l'immédiat un réduction ou une moins-value de la production et de la rentabilité de l'entreprise. Celle-ci est toujours en mesure d'affirmer que sans la loi, elle pourrait payer des salaires hebdomadaires plus élevés ou pratiquer des prix plus bas, ou encore investir davantage.

« Dans une telle optique, jamais aucune réduction ne sera faite. Mais, puisque l'objectif de longue durée n'est pas contesté, il faut bien, à un moment donné, franchir une marche et forcer un peu le destin. Or le moment paraît opportun... »

Alfred Sauvy détaille ensuite, secteur par secteur, l'impact du passage aux huit heures avant de porter un « jugement général » sur cette loi : « La reconstruction se serait évidemment faite plus vite avec un travail accru. Quelque optimisme que l'on puisse professer en la matière, la loi n'a pas eu pour effet de relever de 20 % ou 25 % la productivité de l'heure de travail... Et cependant, si la France avait attendu la fin de la reconstruction pour procéder à la mesure, d'autres raisons auraient encore retardé un progès indispensable.

« Pouvait-on prévoir un progrès par paliers, par exemple, une réduction de un quart d'heure par an pendant six ou sept ans, plus facile à absorber ? C'eût été possible et plus sage sans doute, mais d'application plus difficile. Au moment de l'inflation, des arguments puissants auraient été émis pour suspendre l'application de la loi. *Étant donné la maturité de ce progrès social, le capitalisme était tenu de le réaliser ou de se démettre.* »

4

Le passage aux quarante heures en 1936

Le passage aux quarante heures, en 1936, a eu des conséquences négatives au plan économique. Ne serait-il pas dangereux de recommencer une mesure aussi brutale ?

Le passage à la semaine de quatre jours ne répète pas les erreurs de 1936. Il ne s'agit pas d'une réduction immédiate et générale. Un délai de deux ans serait laissé aux entreprises.

Au-delà, le contexte est très différent, et se révèle beaucoup plus favorables à une réduction massive du temps de travail (réserve de main-d'œuvre qualifiée très importante, outillage moderne, formation professionnelle développée, etc.). Certains détracteurs du passage aux quatre jours rappellent que le passage de six jours à cinq en 1936 a relancé l'inflation du fait, entre autres causes, de l'absence d'actifs qualifiés. Ils oublient d'indiquer que le nombre de chômeurs était alors voisin de 340 000 : un peu plus de 10 % du nombre actuel de sans emplois !

En 1936, les salaires ont augmenté de 12 % (« La CGT était en même temps dans la rue et dans les ministères ! ») et la capacité de production a été réduite nettement. Nous proposons, au contraire, de baisser les coûts dans la même proportion que le temps de travail et de maintenir stable ou d'augmenter légèrement la capacité de production.

Réduction du temps de travail :
les leçons de 1936 et les facteurs clés de succès

1936 Erreurs et faiblesses	QUATRE JOURS Facteurs clés de succès
1. Application immédiate et générale, goulots d'étranglement de la production non pris en compte	1. Temps laissé aux entreprises pour se réorganiser et former le personnel 2. Souplesse de mise en œuvre Dérogations possibles
2. Forte augmentation des coûts salariaux	3. Masse salariale inchangée
3. Outillages et équipements souvent obsolètes freinant les gains de productivité	4. Équipements moderne réserves de productivité
4. Pénurie de main-d'œuvre qualifiée Faible mobilité des travailleurs	5. Réserve de main-d'œuvre qualifiée et mobile importante 6. Possibilité de développer la formation professionnelle dans des délais suffisants
5. Affrontement avec syndicats permanent	7. Présence de syndicats responsables

Table

Composition : D.V. Arts Graphiques à Chartres
Achevé d'imprimer en février 1999
par **Bussière Camedan Imprimeries**
à Saint-Amand-Montrond (Cher)
Dépôt légal : février 1999
Numéro d'imprimeur : 990773/1